flor de lis

Revisão Lyslei Nascimento
Projeto gráfico e diagramação Caroline Gischewski
Editores Alencar Perdigão
Cláudia Masini
Luciana Tanure
Thásia de Medeiros

Catalogação na Publicação (CIP)

P693

Piva, Marina
Flor de Lis / Marina Piva. 1. ed. - Belo Horizonte :
Quixote+Do, 2019.
294 p.

ISBN 978-85-66256-56-7

1. Ficção brasileira I. Título.

CDD: B869.3

Bibliotecária responsável Fernanda Gomes de Souza CRB-6/2472

Quixote+Do Editoras Associadas
www.quixote-do.com.br
Rua Fernandes Tourinho, 274
Belo Horizonte, MG, Brasil
Tel: (31) 3227.3077

EDITORAS ASSOCIADAS

flor de lis

Marina Piva

Prólogo

Se sou vilão ou mocinho
da história que vai ler,
sinceramente, não sei dizer,
você é quem vai decidir.
Existe muita mentira
escrita aqui, mas não há como
negar alguns fatos. Só peço que
pare um pouco o que estiver fazendo
e se concentre, por favor, eu imploro.
Depois que acabar, explico tudo o que
for dúvida, e estou preparado para
qualquer tipo de reação. Desculpa por
isso, e por tudo.

Capítulo 1

O cheiro da comida acordou Theodora. Ela estava de férias do colégio e gostava de acordar já com o almoço na mesa. Ouvia do quarto a voz dos pais chegando do trabalho, o barulho das louças sendo colocadas à mesa e sabia que já era hora de descer para comer.

— Bom dia, mãe, bom dia, pai.

Essa entonação já deixava claro que ela ainda nem estava totalmente acordada. Os cabelos atrapalhados e o rosto todo marcado pelas intermináveis horas de sono também eram fortes indícios de que ela tinha se levantado há, no máximo, dez minutos.

— Boa tarde, Dora! Meu Deus, o dia está lindo, quantas vezes preciso dizer para você aproveitar mais o sol lá fora, tomar um ar? Férias são para isso, não para dormir o tempo todo. Na minha época, saía de casa às sete da manhã e só voltava no fim do dia. – Respondeu seu pai, Otavio, aproveitando para dar um sermãozinho básico.

Ele era um homem animado, muito ativo. Tinha os cabelos castanhos e lisos, que estavam sempre um pouco fora do lugar, devido a sua natural agitação. Ele havia crescido no interior e sempre gostou de estudar. "Você há de ser um professor", diziam para ele, quando criança. Mas, na verdade, não foi bem isso que aconteceu. Gostava de contar histórias, era curioso e amava escrever. Acabou por fazer jornalismo e era dono do jornal de Flor de Lis, a cidade onde moravam.

— Anrrã...

Isso era era tudo o que Theodora conseguia responder, ou resmungar, naquele momento. Ouvia esse discurso com bastante frequência e o pai já sabia sua resposta. Ela gostava mais da noite, nas férias. Amava ficar em seu quarto assistindo séries, filmes, mexendo em redes sócias ou lendo. Achava silencioso e fresco, ninguém a incomodava. Com muito esforço, formulou a primeira frase completa do dia:

— Esqueci de te falar, mãe, peguei aquela sua blusa florida emprestada ontem. Não encontrava o que vestir e estava com muita pressa.

— Ah, então é por isso que não encontrei hoje de manhã! Mistério desvendado! – Disse Elisa, sorrindo. — Sem problemas, filha. Agora coloca mais salada nesse prato. Trouxe folhas frescas hoje, estão deliciosas.

Elisa era uma mulher incrível para qualquer um que estivesse ao seu redor. Quase sempre sorrindo, optava pela gentileza até nos momentos ásperos. Cuidava de todos com muito amor, tanto em casa quanto no trabalho. Era professora do jardim de infância na escola onde Theodora estudava desde criança, uma escola católica muito tradicional em Flor de Lis. Morena, de cabelos levemente cacheados herdados pela filha, tinha o andar delicado, a voz macia e um perfume suave que teimava em permanecer nos lugares, mesmo quando ela saía.

Vivia muito bem com Otavio. Eles tinham um casamento estável e apenas uma filha, por opção. Moravam numa bela casa, clara, fresca, como sempre sonharam. Apesar do conforto, não eram uma família rica. Economizavam no que podiam para que Dora pudesse ter oportunidades que eles não tiveram na infância.

Eles se casaram logo após a formatura, pois Otavio conseguiu emprego em um jornal de uma cidade do interior e se apaixonaram pelo lugar. Flor de Lis era uma cidade pequena, não tinha prédios altos, nem asfalto. Fazia calor na região e, por isso, as ruas estavam sempre cheias de famílias passeando. Seus canteiros floridos encantavam e coloriam a paisagem observada por um povo, em geral, amável e comunicativo.

O casal resolveu ficar por ali mesmo. Cheios de sonhos e com a vida toda pela frente, eles se sentiram acolhidos pelo lugar e pelas pessoas que nele viviam. Elisa logo arrumou emprego na escola e planejaram o primeiro filho. Nasceu Theodora.

Dora, como era chamada por todos, não gostava muito de seu nome quando criança. Nem adiantava dizer que era em homenagem à avó materna, que morrera pouco antes dela nascer, e fora uma mulher esplendorosa. "Criança não entende essas coisas", repetia Otavio para Elisa, sempre que ela se sentia culpada pela insatisfação da filha que, desde pequena, não era de muitas amigas, mas tinha as melhores: Alice e Betina. Elas se tornaram adolescentes inseparáveis. Por terem crescido no interior, os programas que faziam juntas eram quase sempre os mesmos: sorveterias, lanchonetes, cinema e as alegres e ruidosas reuniões em suas casas.

— Querer eu também quero, mas essa semana minha calça quase não fechou, sabia? Acho que preciso diminuir essas saídas com você. Toda vez é isso: comemos um mundo de doces e voltamos para casa direto para o sofá. E você não engorda, ou pelo menos não aparenta engordar. – Disse Betina, rindo, enquanto se dirigia para a mesma mesa de Dora. Tomar aquela direção já era automático para ambas.

— Acho que estamos só piorando. Antes, não vínhamos dia de semana. Agora, além disso, saímos direto do treino para cá. Ou seja, jogamos fora todo aquele maldito esforço.

Betina era uma menina bonita e cheia de personalidade. Tinha facilidade em se expressar e levava tudo o que fazia muito a sério. Cheia de métodos, gostava de saber que estava sob controle das coisas e era brava quando queria. Gostava de prender os cabelos castanhos em um rabo de cavalo bem alto, o que a deixava ainda mais esguia e elegante. Também tinha talento para moda e era sempre consultada pelas amigas quando o assunto era o que vestir, o que calçar, como se pentear ou maquiar.

— Tudo bem, vamos pensar em diminuir as calorias. Tomamos sorvete de morango, em vez do de chocolate ou do de creme. Pelo menos é uma fruta, certo? Tem vitamina C, eu acho... – Ia dizendo Dora, enquanto Alice se aproximava de suas costas. — Se vocês estão em busca de vitamina C, acho melhor desistirem do sorvete. – Disse Alice, com seus novos cabelos, recém-pintados e cortados na altura dos ombros.

As três cresceram juntas. Estudaram na mesma escola e na mesma sala, desde que podiam se lembrar, e sempre se deram muito bem. Alice era gordinha, dramática e amava cozinhar. Tinha problemas com a família, seu pai era muito inconstante. Num dia, estava bem disposto e feliz, no seguinte, não queria conversar nem trabalhar e brigava por tudo. Isso gerou em Alice uma ansiedade sem fim. Dizem que, por isso, ela resolveu descontar na comida, de forma inconsciente. Em todos os momentos livres de sua vida, ou ela estava cozinhando ou inventando receitas, fazendo doces ou comendo tudo o que fazia, de uma vez.

Isso acabou sendo conveniente para Dora e Betina, já que tudo na casa de Alice era delicioso. Sempre que tinham problemas, as meninas se reuniam lá para comer e desabafar. Alice era como a mãe da turma, sempre pronta para ouvir e para consolar. Mas costumava precisar bastante de consolo também.

— Que cabelo lindo, Lili! Realçou seus olhos, sua pele, iluminou seu rosto! – Disse Dora. Ela achava Alice muito bonita. Traços delicados como os de uma boneca, olhos cor de mel. Os quilos a mais não a ofuscavam, ela tinha muita presença. Tinha charme, também, e muito talento para música e para culinária. Sua forma doce de conduzir as coisas levava as amigas a creditar que sua casa no futuro será muito diferente do caos no qual cresceu.

As três ficaram ali por algumas horas, conversando e tomando sorvete. Dora contava sobre o que tinha descoberto a respeito da nova turnê de uma cantora famosa que amava. Betina falava sobre o menino que entrara na aula de vôlei, recém-chegado de outra cidade, muito lindo. Alice ria dos casos e comia mais.

Voltando para casa, distraídas com uma foto que Betina mostrava em seu celular, do tal menino do vôlei, começaram a atravessar a rua.

— Cuidado, Dora! – Gritou Alice, tarde demais. A amiga já estava no chão, derrubada por uma bicicleta que vinha na contramão.

— Meu pé! – Chorava Dora. — Está doendo muito, alguém me ajuda!

— Deixa que eu ligo para o meu pai e te levamos para o hospital. – Disse o menino da bicicleta.

— Não precisa. Você não está vendo que ela está acompanhada? Não precisamos de nada que venha de você, seu, seu...–Falava Betina, quase gritando, nervosa. Alice estava abaixada tentando ajudar a amiga a se levantar, mas ela não conseguia. Provavelmente, tinha quebrado o pé.

— Eu sinto muito, não queria causar isso, estava distraído ouvindo música e não vi vocês atravessando. Meu nome é Raul.

Ele conhecia as meninas de vista, como quase todo mundo em Flor de Lis. Mas estudava em outro colégio, era de outra turma. Seu pai era dono de quase tudo na cidade. Da maioria dos imóveis alugados no centro para comércio, da melhor padaria, das farmácias. Era uma família tradicional na região, acumulando riquezas por gerações. Eram também conhecidos pela boa educação.

— Não precisa mesmo, Raul. Eu me viro. – Disse Dora, nervosa.

Ele insistiu bastante e acabou levando Theodora para o hospital, permanecendo ao seu lado, na tentativa de ajudar. Enquanto os pais dela não chegavam, aproximou-se para conversar.

— Acho que você ainda vai ter um pouco de trabalho com esse pé, não é? Nem sei como me desculpar, eu realmente sinto muito. Tem algo que você queira comprar ou comer que vai te fazer se sentir melhor?

— Não. Estou apenas com o pé quebrado, só isso. Não precisa ficar aí sofrendo. Foi um acidente, você não me deve nada. Vá para casa. – Disse Dora, que estava, irredutivelmente, brava. Não gostara de forma como Raul a olhava, sentia muita dor e estava irritada com seu jeito politicamente correto.

No dia seguinte ao acidente, Dora recebeu um vaso com flores muito delicadas e um cartão, com um pedido de desculpas de Raul e o número de seu telefone. Não conseguiu segurar o sorriso, apesar de achar tudo aquilo um exagero. Por educação, mandou uma mensagem para o celular dele, agradecendo e dizendo que adorara as flores.

A partir de então, Raul passava na casa dela com frequência para vê-la e para saber de sua recuperação. No início, ela achava inconveniente e percebia que o pé quebrado era apenas uma desculpa que ele tinha para passar por ali, mas acabou se acostumando com aquelas visitas e sentia falta quando ele ficava muito tempo sem aparecer. Mesmo depois de tirar o gesso e voltar à vida normal, ele continuava indo. Tornaram-se amigos. Ele trazia chocolates, tortas, biscoitos, tudo que ela adorava comer, e riam bastante. Ela não percebeu em que momento confundiu os sentimentos, mas em uma tarde, no portão de sua casa, ele a beijou. E ela não pode negar que gostou.

— Ele me venceu pelo cansaço! – Disse Dora, ao ligar para Betina e contar que decidiram namorar, algum tempo e bastante insistência depois. — Na verdade, ele gosta muito de mim, me trata como uma princesa. Além disso, meus pais o adoram. Ele é culto, inteligente, responsável... Já trabalha com o pai, mesmo tão novo, para aprender a gerenciar os negócios, sabe? E é bem bonito também. Acho que estou feliz.

— Amiga, não acho que você goste dele. Mas se é isso que vocês decidiram, te apoio. Acho ele uma graça também, apesar de ter berrado na primeira vez que conversamos. – Disse Betina, rindo.

Elas conversaram sobre o assunto por muito tempo e Dora desligou o telefone decidida a levar aquela história adiante.

Certo dia, Raul disse a Dora que seus pais estavam convidando-a para um jantar. Ela já conhecia os dois de vista, mas nunca haviam conversado. Acabou gostando da ideia, assim como sua mãe, que ficava feliz de ver a filha convivendo com pessoas tão boas. O fato de eles serem tão ricos era apenas um detalhe para todos da família de Dora. A questão mesmo era a tradição, a educação e a boa fama da família Monteiro.

Elas compraram um belo vestido, num tom cinza, com mangas até os cotovelos. Todo justo, porém com comprimento chegando perto do joelho, passando a imagem que queriam: bonita, elegante e discreta.

Na entrada da mansão dos Monteiro, sem sombra de dúvidas, a maior casa da cidade e região, Dora ficou impressionada com a beleza de tudo. Plantas por todos os lados, com focos de luz indireta, realçando as paredes externas da casa. Uma grande escada precedia a porta da frente, larga o suficiente para entrarem várias pessoas ao mesmo tempo.

Aquilo tudo a impressionou e encantou. Desde que chegou, Dora foi muito bem recebida pela família toda, tratada com muito respeito e educação. Conseguiu, no fundo, até sentir certa satisfação por parte dos sogros com o namoro. Após algumas taças de vinho, Sr. Agenor, pai de Raul, começou a contar para os demais presentes, o quão boa era a família de Theodora.

— Conheço os pais dela há muitos anos, desde que se mudaram para Flor de Lis. Pessoas muito trabalhadoras, de boa índole, muito respeitadas. Gosto de gente assim. São com elas que meus filhos precisam se envolver. Certa vez... – E começou a contar um caso infindável sobre uma conversa que teve com seu pai no clube, há anos. Vários foram os casos, várias foram as taças de vinho até que todos se levantaram da mesa e Dora, exausta, pediu que Raul a levasse para casa.

Dora era uma menina sonhadora. Sempre gostou de descobrir o que havia para além dos limites da pequena cidade. Seus pais não tinham o hábito de viajar. Iam no máximo para a praia, a mesma praia, todos os verões, onde seu avô tinha uma casa agradável, muito aconchegante. Mas ela queria mais. Apaixonada por livros e seriados, amava outras culturas além da sua, queria conhecer pessoas diferentes, outras religiões, outros costumes, outras línguas.

O fato de morar em uma cidade de que gostava, não a deixava satisfeita, afinal, não era o único lugar bom do mundo. Além disso, a mentalidade da maioria das pessoas do interior, às vezes, a incomodava. Todos sabiam da vida de todos. Qualquer coisa que acontecia era motivo para a cidade toda comentar.

A própria família da Dora nunca sofrera com isso. Eles tinham uma vida normal e pacata. Nada demais para ser comentado. Nenhuma tragédia, nenhuma briga homérica, nenhum crime. Mas ela se incomodava por ver a dor das amigas. A família de Alice, por exemplo, sofria muito. Todos sabiam dos problemas do pai dela e comentavam "é por isso que aquela menina é problemática", "desconta tudo na comida", "se emagrecesse um pouco, ela seria linda".

Quando ela começou a namorar Raul, fulana contou para beltrana que a pessoa X comentou que "aquilo ali só pode ser golpe do baú", e coisas do tipo. Ter que lidar com isso não era exatamente agradável. Seus pais diziam não se importar, aquilo não significava nada na vida deles. Além do mais, eles também falavam dos outros, apesar de serem muito discretos ao fazê-lo.

E assim o tempo foi passando.

A formatura da escola já estava próxima, da mesma forma que o vestibular. Mas ele não foi problema nem para Dora, que passou para o curso de Pedagogia, nem para Raul, que passou para Administração. Betina fez prova para Fisioterapia, e Alice, claro, Gastronomia. Todos foram aprovados na faculdade que a família de Raul conseguiu trazer para Flor de Lis há muitos anos, tornando a cidade ainda mais alegre e cheia de vida, e aumentando bastante também os lucros de seus negócios na região.

A vida de Raul já estava toda traçada para ele. Estudioso e sério, muitas vezes deixava a diversão de lado. Dora não falava muito a esse respeito, mas sentia falta de uma vida mais emocionante. Tudo girava sempre em torno dos negócios. Jantares, festas, contatos, mas sempre com as mesmas pessoas. Ela não bebia, não se divertia nessas ocasiões, apenas recebia os convidados, conversava sobre os mesmos assuntos e terminava a noite entediada.

O que ela gostava mesmo de fazer era ficar em seu quarto lendo, navegando na internet e sonhando com uma vida fora dali. Longe das mesmas pessoas, com os mesmos interesses. Divertia-se muito, ria, chorava, ficava angustiada e aliviada com as tramas que acompanhava. Seus pais, às vezes, até se preocupavam com isso.

— Você precisa se interessar mais pelos assuntos da família de Raul, minha filha. Mais cedo ou mais tarde, vai acabar sendo envolvida pelos negócios deles. Seu sogro não perde a oportunidade de me dizer isso, todas as vezes que nos encontramos. – Aconselhou seu pai, no dia que ela tinha dispensado uma recepção para locatários dos imóveis do centro, para assistir uma nova temporada de uma série que tinha estreado na internet.

— Eu sei, pai. Mas hoje eu estou cansada mesmo, é só isso. Tive um dia difícil na faculdade.

Seus pais acreditavam que Dora era muito feliz com Raul e sua família. Em momento nenhum, pensavam que ela poderia estar entediada ou frustrada. Eles pareciam bem, quando estavam juntos. Além disso, nunca haviam pensado de forma diferente. Eles já se conheciam há tantos anos, as famílias se davam tão bem, tinham a mesma idade... mais cedo ou mais tarde, ao fim da faculdade, ia acabar acontecendo um casamento.

Betina chegou à casa de Dora, na segunda semana das férias, por ter se cansado de ligar e ouvir que ela queria descansar e dormir.

— Amiga, saia desse quarto, vamos para o clube. Chega disso. Já deu para descansar, e estou começando a me preocupar. Vamos ligar para Alice. Parece que tem uma torta de morango deliciosa lá na casa dela, vamos passar por lá no caminho!

Elas foram para a casa de Alice, comeram bastante torta de morango com suspiro, experimentaram várias novas invenções dela, aprovaram todas e seguiram para o clube. O clube de Flor de Lis, o único da cidade, era um lugar gostoso onde todos se encontravam. Diante do calor escaldante, após um mergulho, encontraram um cantinho discreto, de onde poderiam ver o movimento enquanto se secavam ao sol.

— Alice, você não tem achado Dora um tanto desanimada? – Quis saber Betina.

— Não sei, talvez um pouco... preguiçosa demais! – Disse ela, fazendo as outras duas sorrirem

— É verdade. Nunca fui assim. Mas acho que, no fundo, eu estou enxergando meu futuro e não estou gostando do que vejo. Isso tem me desanimado a seguir com a mesma força de vontade nas coisas, sabe? – Começou a desabafar Dora. — Não sei muito bem como explicar. Tenho um relacionamento estável e feliz e, com Raul ao meu lado, tenho tudo praticamente construído. Tenho boas notas na faculdade, consegui o estágio que queria na nossa antiga escola, estou até ganhando algum dinheiro... Mas, no fundo, tudo o que tenho vontade de fazer, além de encontrar vocês e provar as delícias da Alice, é assistir ou ler qualquer coisa que me transporte desse lugar para qualquer outro, no mundo. – Parecia que, naquele momento, ela havia tirado um peso enorme dos ombros. Dividir aquilo com as amigas era um alívio. Ela nunca havia colocado aqueles sentimentos em palavras. Falando assim, tudo parecia mais real.

— Te entendo. Tudo que desejo para mim é encontrar um amor, abrir um bistrô ou algo do gênero, aqui mesmo, e criar uma família linda. Pensar em sair da cidade não é algo que me atrai, mas entendo perfeitamente quem pensa diferente. Morar no interior tem seus prós e seus contras. Eu conheço bem os contras. – Alice parou de falar, parecendo estar triste. Talvez ela estivesse pensando em tudo que já passou com a família. Talvez ela estivesse triste por nunca ter tido um namorado. Talvez ela só estivesse com fome.

— Além do mais, sinto que não terei muita escolha. Vou acabar trabalhando com os negócios da família do Raul, quando me casar. Nada vai me pagar mais que isso, ou vai me dar mais regalias. É difícil pensar que vamos lutar para trabalhar com o que amamos, quando recebemos propostas que qualquer pessoa daria tudo para conseguir. Vou acabar me acomodando, me encaixando no que está sendo construído para mim. Mas não por mim, vocês entendem? Tenho sorte, por um lado. Mas por outro, talvez esteja sendo levada, sem saber se quero ou não. – Dora já estava com os olhos cheios d'água. As amigas a observavam surpresas por estarem ouvindo aquilo. Na verdade, todos sempre pensaram que ela era uma das pessoas de mais sorte na cidade. – Às vezes acho que nasci no lugar errado.

— O que acho é que você culpou várias coisas até agora. Seus pais, por terem procurado uma cidade ótima para te criar. Seu namorado, por ter insistido por semanas, até conseguir sua atenção e a família dele, por ter te recebido de braços abertos e deixar espaço separado para você participar dos negócios deles e ganhar dinheiro.

A própria cidade, por ser localizada no interior. Mas e você? O que fez ou faz para mudar isso? Ficar no quarto mexendo no computador, para mim, não é opção. Não sei ao certo o que te dizer, se nem você sabe ainda o que quer. Mas precisa começar a pensar a respeito. Você é jovem e pode mudar quase tudo na sua vida. Mas as coisas só mudam se você mudar a forma acomodada de pensar. – Betina acabou a frase se sentindo uma psicóloga com anos de experiência sobre o mundo. – Falei bonito, né? é – E as três riram.

Naquele dia, Dora chegou em casa cheia de ideias na cabeça. Queria conversar com os pais a respeito. Talvez isso fosse um começo.

Seu pai estava na sala, começando a ver o jornal, quando ela entrou.

— Pai, queria conversar com você.

Ela contou tudo o que estava sentindo. No meio da conversa, sua mãe chegou do mercado, carregando várias sacolas.

— Alguém me ajuda com as compras aqui? Está pesado. – Pediu ela. Quando viu a cena de conversa, que parecia séria, ficou curiosa: — Aconteceu alguma coisa? – e foi para sala, onde Dora recomeçou o discurso, desde a primeira frase, para que ela também pudesse opinar.

Ficaram ali, conversando por horas, como há muito não faziam. Foi ótimo, Dora se sentiu amparada, amada como sempre, mas não conseguiu diminuir sua aflição. Tudo que seus pais acreditavam e amavam estava ali, à disposição dela: um bom emprego, um bom marido, uma boa cidade, um pouco (muito, no caso dela) de dinheiro, amigos, lazer e paz. Eles acreditavam que ela estaria desperdiçando uma vida muito feliz se abrisse mão do que tinha, para se aventurar em algo.

— Se você dissesse para nós, com certeza, o que quer, te apoiaríamos. Mas você mesma está perdida. Como podemos adivinhar sua vontade? Não podemos te oferecer nada além do que já fizemos. Você é educada, inteligente e amada por todos. Agora, as escolhas que fizer, serão por sua conta, mas é preciso fazê-las. Não basta ficar estagnada na insatisfação. – Disse o pai. — Acho mesmo é que você está entediada nas férias, já que Raul continua trabalhando e você está arrumando problema onde não há. Já pensou nisso?

— Porque não procura a Alice e pede umas dicas de culinária? Talvez te ajude a passar o tempo! Ou vá para a academia com a Betina. Dizem que reformaram a sala de musculação do clube e ficou um espetáculo! – Disse a mãe.

Eles não entenderam. Ou não se sentiram capazes de ajudar. Ou tiveram medo da filha jogar coisas importantes para o ar, em busca de um sonho de adolescente. Ou acharam que era besteira. Mas ela percebeu que não adiantaria levar aquilo para frente. Então, achou melhor concordar e ir terminar o capítulo do livro que estava lendo e adorando.

— Tudo bem, vocês têm razão. Acho até que vou mesmo para a academia. Quem sabe amanhã?

Tentou também conversar com Raul. Ele bem que quis ajudar, mas acabou piorando tudo.

— Meu amor, o que te incomoda? Infelizmente, não posso me ausentar da cidade por mais de quatro ou cinco dias. Mas quem sabe não vamos para a capital ou para a praia? Às vezes, você se distrai e esquece essa bobagem. Essa cidade é tudo para nós. Ela que nos deu tudo o que temos. Somos respeitados aqui, bem vistos. Precisamos dar valor a tudo que minha família construiu por gerações. Não posso, simplesmente, dizer que cansei daqui e ir embora.

Porque não marcamos o casamento e montamos um apartamento maravilhoso? Sei que somos muito novos, mas já sou independente e tenho certeza que minha família apoiaria. Faz tempo que eu já venho pensando nisso, sabia? Sair da casa dos meus pais, decorar um apartamento novinho para receber nossos amigos... Vou programar as coisas, me organizar para marcarmos nosso noivado! Isso iria mudar tudo, não vai faltar adrenalina! – Ele ria, satisfeito com a ideia. — Tudo o que não quero é te ver triste.

Pronto. A tentativa de fugir do destino tinha se tornado um acelerador das coisas.

Em uma noite de sábado, menos de um mês após aquela conversa, chegou uma mensagem de Raul no celular de Dora: "Seus pais estão em casa? Diga-os para se vestirem para um jantar de gala. Hoje é o nosso dia."

Dora entrou e chamou os pais, sem qualquer euforia. Elisa ficou eufórica com o convite.

— Jantar de gala? Como assim, eu nem fui ao salão, deveria ter comprado um vest...

— Mãe! Anda logo. Você está linda e tem muita roupa bonita. Agora se arruma , avisa e meu pai. Estarei no meu quarto me arrumando também.

Dora sabia o que aconteceria dali por diante. Era casamento. Ele ia pedir sua mão nesta noite. Ela sabia. E com toda essa pompa, famílias envolvidas, expectativas... Ela não tinha escolha. Nenhuma. Ou aceitava o pedido, ou aceitava. Tinha essas duas opções. Magoar as pessoas que mais ama na vida não era algo a ser considerado.

Maquiou-se, colocou uma boa roupa. As mãos tremiam, ela sentia enjoo. Só queria que aquilo não estivesse acontecendo. Pensou em fugir para casa de uma das amigas, em simular um desmaio, em fingir um surto, mas sabia que não tinha saída. Ela era tão nova, deveria ter tanta coisa pela frente... Mas não tinha. Vai ser melhor assim, pensava ela. Meus pais sabem o que é melhor para mim, eles devem saber.

Saíram todos naquela noite, arrumados, perfumados, ansiosos. Um carro os esperava na porta. Assim que chegaram, Raul serviu champanhe da melhor qualidade. Entregou flores para Dora e Elisa, colocou para tocar músicas que eles gostavam. Tudo perfeito para impressionar, agradar e passar a sensação de que seria um bom marido.

O jantar aconteceu em paz, com as duas famílias presentes. Dora mal conseguiu tocar na comida. A vontade era de chorar. Sorrisos amarelos a noite toda, mas ninguém parecia perceber.

Raul pediu a palavra, leu um discurso lindo, falando de amor, de companheirismo, de princípios e de religião. Citou os futuros filhos, o quanto as famílias ali presentes eram maravilhosas e o tanto que se sentia honrado por partilhar o momento com aquelas pessoas. Desde a primeira palavra dita, as lágrimas embaçaram a visão de Dora e insistiam em cair. A saliva estava amarga e o coração pulsava em seu pescoço. Sua falta de palavras e de reação fez com que todos acreditassem que a felicidade com a surpresa era tão grande que ela estava em choque, o que aumentou ainda mais a animação dos presentes, diante de tantas emoções.

Ele, então, tirou uma caixinha bolso, com um lindo anel de brilhante. Um brilhante enorme, ouro branco, o mais bonito que Dora já vira. Todos aplaudiram. As mães de ambos já estavam aos prantos quando ele se ajoelhou.

Desse dia em diante, só um assunto existia na vida de Dora: casamento. Uma data foi prevista para o próximo ano, vestido, apartamento, festa... As amigas ligavam querendo detalhes. Ela fingia adorar tudo aquilo, mas aquela leve insatisfação inicial tornou-se um tormento. Surgiu uma aversão da situação, quase insuportável, que apertava seu estômago sempre que pensava a respeito. Logo ela, tão sonhadora, tão romântica. Chorava em casamentos, lia livros e mais livros com lindas histórias de amor. Não entendia porque aquilo estava acontecendo.

Tente se divertir, Theodora. Isso só vai acontecer uma vez na sua vida, tem que ser mágico – repetia ela para si mesma, todas as manhãs, antes de enfrentar um dia novo.

Saiu do quarto certa manhã, com muito apetite, querendo tomar um café caprichado com os pais, como fazia aos domingos desde criança. Pegou uma revista em cima da mesa da sala de jantar e foi em direção à sala de estar, de onde vinha a voz da mãe.

— Claro, concordo sim! Rosas brancas são fúnebres, apesar de lindas. Acredito que em um tom creme ou champanhe seja mais elegante. Poderíamos por um pouco de... Olha, ela acabou de entrar aqui! Vou passar o que conversamos para ela e já te falo o que ficar decidido, está bem assim? Obrigada! Beijo. – Elisa desligou o telefone. — Era a sua sogra, filha. Ela estava vendo um site de flores para festas de casamento e ligou para saber o que estávamos pensando. Ela já adiantou que, apesar das tradições serem diferentes, a família deles faz questão de arcar com todos os custos da festa. Isso porque eles precisam fazer uma lista enorme de pessoas, o que não seria nosso caso. Em princípio, não concordei, mas a forma com que eles levam tudo isso é muito natural. A festa é muito importante para eles!

Dora observou ao redor. Sua mãe tinha várias revistas de noiva, decoração de festas e panfletos de bufê. Ela estava realmente empolgada com o assunto, envolvida de verdade.

— Mãe, você está feliz com essa história toda? – Perguntou, já imaginando a resposta.

— Olha, filha, claro que todo esse glamour é gostoso. Me empolgo sim, você sabe que gosto de festa, de coisas bonitas, luxuosas. Mas, para mim, o mais importante é fazer algo que vai ficar em sua lembrança, para ser a mais doce delas. Você é a minha única filha e quero que sua vida seja a mais gostosa e perfeita possível. Vejo o tanto que essa família te ama, te trata bem, te respeita. Raul é maravilhoso, será um ótimo marido, vocês terão um lar saudável. É isso que me faz mais feliz. Saber que quando eu não estiver mais por aqui com você, tudo continuará bem.

Ver sua mãe falar assim, amoleceu o coração de Dora. Ela amava aquela mulher ali na sua frente mais do que qualquer coisa na vida. E, talvez, casar fosse assim mesmo. Talvez todas as noivas sentissem dúvida.

Quer saber? Eu estava era pressentindo que seria pedida em casamento e comecei a pirar, pensando que sou infeliz, que estou insatisfeita. Mulher sente essas coisas. A ansiedade me dominou. No fundo eu sempre fui muito feliz, e serei ainda mais, morando em uma casa maravilhosa, montada exatamente do meu jeito, com um homem bonito e carinhoso ao meu lado. Terei também um casamento de princesa. Nunca visto antes nessa cidade. Todo mundo vai desejar ser eu, pelo menos por uma noite! Pensou ela, antes de dormir naquele dia.

Na manhã seguinte, ela acordou mais animada. Olhou para seu anel e se levantou.

— Mãe, vamos olhar um local para eu fazer natação. Quero estar com o corpo em dia quando meu casamento chegar. Não sei, mas acho que nessas férias ganhei uns quatro quilos.

— Ganhou mesmo, Dora. Não queria te dizer, mas você passou mais horas do que deveria na frente desse computador. Está na hora de viver a vida real. Você precisa também aprender a cuidar de uma casa. Vou te levar ao mercado e mostrar algumas coisas. Claro que você terá muitas pessoas para te ajudar, mas é sempre bom saber se virar.

E lá foram elas. Passaram uma tarde deliciosa vendo coisas para casa, para casamento, roupas... há muito tempo não faziam nada parecido. No meio da tarde, Raul ligou, chamando-a para uma recepção à noite em sua casa. Disse que dessa vez seria muito importante para fechar um contrato com novos fornecedores para a padaria.

— Coloque uma roupa bem linda e esteja adorável para as pessoas mais desagradáveis que você vai conhecer. – Ele disse, rindo. — Precisamos de muita paciência, não é?

Dora não achou a mínima graça.

— Você jura que precisaremos disso, logo hoje? Comprei vários ingredientes para tentar cozinhar algo gostoso para nós! Vi num filme um prato muito bom, me deu realmente vontade de fazer, já que não vende nada parecido por aqui... – A voz dela foi sumindo ao fim da frase, tamanha sua decepção. Na verdade, em muito tempo, era a primeira vez que se importava com algo em seu namoro.

— Cozinhar? Você nem gosta disso, meu bem. Dê os ingredientes para Diva. Ela faz o que você quiser. Só esteja pronta na hora combinada, ok? Amo você. – Disse Raul e desligou.

Todo o sentimento ruim que ela tinha conseguido afastar durante o dia voltou numa questão de segundos. Seu rosto enrubesceu, seus olhos se encheram de lágrimas. Ela olhou para o lado e viu sua mãe fitando-a, preocupada. – Aconteceu alguma coisa, filha?

— Não. Eu só não sei se quero mesmo me casar. Queria, na verdade, que o Raul desistisse. Que ele me traísse e todos ficassem com raiva dele. Ou que os pais dele proibissem. Ou que... – E foi interrompida.

— Chega! – Gritou a mãe. — Sei que não é isso que você quer, então é melhor nem falar. Cuidado com o que deseja. As coisas vêm com a força do pensamento, já ouviu sobre isso? Não duvide! – Elisa parecia realmente brava.

Capítulo 2

A música alta da academia atrapalhava a conversa de Leopoldo com uma loira qualquer.

— Você vai sair hoje? Conheço um lugar muito bom, posso te levar lá mais tarde... – Ele dizia, próximo ao ouvido da loira.

— Leo! – Gritou Malu, sua mãe. — Vamos embora, olha o horário! Vai acabar se atrasando, meu filho! Sua namorada vai lá em casa hoje, esqueceu?

Ele odiava quando ela fazia isso. Mas não tinha mais o que dizer, a própria mulher entendeu o recado e voltou ao exercício que estava fazendo.

— Mãe, quantas vezes já pedi para não fazer isso? Você me faz parecer um cafajeste!

— E você é o que, Leopoldo Albuquerque? Um príncipe? Quer enganar a quem? – Eles riram juntos, enquanto saíam da academia. – E já te falei milhões de vezes que esse tipinho de mulher prejudica sua imagem. Você pode até se divertir com elas, mas não em público, por favor, muito menos perto de mim. Me da enjoo.

Mãe e filho tinham uma sintonia incrível. Malhavam juntos todos os dias. Leopoldo, ou Leo, como era conhecido, era um menino especialmente charmoso. Cabelos loiros, casualmente (ou nem tanto) atrapalhados, que reluziam ao sol, brilhando feito ouro, competindo apenas com o brilho profundo e intenso dos olhos azuis. Era esguio e elegante ao andar, sabia o efeito que causava com todos aqueles músculos bem torneados a cada movimento e ele os administrava como ninguém. Fazia muito sucesso com as mulheres e tinha aprendido isso com sua mãe. Claro que sua excelente educação, fluência em três línguas e cultura abrangente demais para sua idade ajudavam bastante nesse quesito.

Seu pai contribuía, mas de outra forma, para aumentar seu charme. O cartão de crédito, os carros, as roupas que podia comprar... Ele estava acostumado com luxo, fartura e ostentação. Gostava do mundo em que vivia. Muito poder, dinheiro, mulheres, regalias sem fim. Eles moravam na capital do país, uma cidade grande, cheia de pessoas importantes.

Maria Lúcia, ou Malu, sua mãe, era uma musa inspiradora em seu círculo social. E fora dele. Mãe dedicada de dois rapazes, Leopoldo e Filipo, não parecia fazer esforço para ter o corpo de uma atleta adolescente, cabelos hidratados e pele de seda. Não podia evitar, a maquiagem era a fiel companheira de todas as horas, escondendo qualquer tipo de imperfeição que por teimosia, insistisse em permanecer. O perfume já era marca registrada, anunciando sua chegada aos lugares e não deixando que ninguém a esquecesse quando saía.

Vivia para cuidar principalmente de si. Malhava todos os dias, fazia aulas de pilates, yoga e natação. Procedimentos estéticos faziam parte de sua rotina, era assídua no dermatologista, não perdia por nada as sessões de massagem redutora e frequentava salões de beleza quase diariamente. Isso sem falar nos shoppings. Como amava os shoppings!

Não havia uma loja chique na cidade que não conhecesse Malu. Ela era a cliente que todos queriam. Além de pagar em cash suas contas astronômicas, ainda fazia muito sucesso por onde passava. As pessoas queriam copiá-la, morriam de inveja. Nada caía tão bem em alguém quanto caía nela. O porte de uma atleta, combinado com a delicadeza de uma doce bailarina fazia com que as roupas parecessem feitas sob medida.

No entanto, por mais que fizesse questão de não lembrar, ela não nascera assim, tão glamorosa. Malu, que na época era Lucinha, cresceu em uma cidade miserável, não muito distante de onde morava agora. Sempre sonhou em ser rica, tinha vergonha da situação econômica da família. Também não era tão bonita. Alta e desengonçada, insistia, sem tréguas, em tentativas de melhorar a aparência com poucos recursos, o que nem sempre surtia o efeito esperado. A angústia em mudar aquela realidade crescia mais a cada dia. Eu nasci para brilhar, pensava com ardor.

Cheia de frustração, após perder mais um emprego por tentar seduzir um cliente rico que a olhou com a expressão de nojo que ela conhecia tão bem, passou distraidamente por um cartaz que anunciava um comício que aconteceria na cidade. Parou. Voltou alguns passos e observou a foto do candidato, sorrindo. É a minha chance! Anotou a data na palma da mão e no dia, sem nenhum segundo atraso, lá estava ela.

Observando por alguns minutos os arredores do palco, onde aconteciam os discursos daquela tarde, descobriu uma forma de entrar no camarim do candidato ao senado mais famoso da região, Leopoldo Albuquerque. Na verdade, ela não descobriu, criou uma forma, seduzindo o segurança que estava na porta.

— Eu te deixo entrar, mas tem que ser rapidinho.

Eles entraram juntos, ela pagou o "suborno" oferecido e demorou apenas o tempo suficiente para pegar uma chave que se encontrava na parte de dentro da porta. Homens são tão previsíveis! Mais tarde, ao fim do discurso, quando Leopoldo entrou na sala reservada para descansar um pouco, antes de voltar à capital, encontrou uma mulher nua em seu sofá.

Albuquerque, como era conhecido, não era um homem bonito. Pelo contrário, nunca fizera sucesso com as mulheres, nem após o vertiginoso crescimento na carreira política. Já exercia seu segundo mandato, um como prefeito e outro como deputado estadual. Só pensava em trabalho, não tinha tempo para vida pessoal. Para chegar à posição que chegou, com tamanha popularidade e em tão pouco tempo, era preciso muito esforço.

Ambos eram jovens na época, apesar de Malu ainda ser menor de idade e vinte anos mais nova que ele. Mesmo na imaturidade de seus dezessete anos, já sabia muito bem onde queria chegar e não via motivo para esperar mais para agir. Se pudesse, não passaria mais um dia na casa pobre onde morava.

Albuquerque se assustou ao ver aquela cena, mas, passada a surpresa, não pensou duas vezes, se aproveitando da menina de todas as formas possíveis. Não chegou sequer a perguntar seu nome.

Passados alguns meses, após a eleição que tinha lhe trazido uma bela vitória, conforme o esperado, recebeu em seu gabinete uma carta. Não havia dúvida, pela letra delicada, tinha que ser uma carta de mulher. Não tinha ideia do que se tratava, mas ficou curioso, por nunca receber correspondências desse tipo.

Resolveu abrir, sem passar por Carmem, sua assessora. Ela filtrava tudo que chegava pelo correio e só lhe encaminhava o que julgava extremamente importante. Como era uma carta manuscrita, aparentemente de teor pessoal, a discrição falou mais alto e ela repassou a correspondência sem maiores questionamentos.

— Você está bem? – Perguntou Carmem ao entrar na sala e encontrar Albuquerque com as mãos no rosto, suando muito e tremendo dos pés à cabeça.

— Cancele para mim, por favor, tudo o que tiver de compromisso marcado para hoje. Preciso ir visitar alguém e vou sozinho. Apenas peça para prepararem meu carro, desço em meia hora.

— Mas, hoje é a reunião do partido para discutir questões decisivas para seu mandato, não tem como cancelar! – Argumentou Carmem, assustada. Ele nunca tinha feito nada assim antes, sempre honrou com seus compromissos.

— Diga a eles que passei muito mal. Não, melhor, diga que minha mãe passou muito mal e fui levá-la ao hospital fora da cidade, para evitar a mídia. Diga que estou muito abalado.

Albuquerque falava alto, descontrolado, como nunca fizera antes. Ele era um homem calmo, ponderado e educado. Cabelos já levemente grisalhos davam um tom de seriedade em tudo o que dizia, e todos os quilos que perdeu durante a campanha, fizeram parecer um homem disposto ao trabalho, forte e capaz, e ao mesmo tempo, experiente, já se aproximando dos quarenta anos. Dispensando o motorista, entrou em seu carro, desesperado. Dirigia de forma insana, mal via o que passava por ele. Corria como se o mundo estivesse acabando. O ódio que sentia era algo novo para ele. Nem seus opositores, nem sua família, ninguém nunca o fizera se sentir assim.

Chegou ao destino, um lugar que julgou horrível, desde a primeira e única vez que visitou. Sujo, pobre, cheio de pessoas carentes, muito violento. Dirigiu-se até o endereço indicado naquela maldita carta. Bateu na porta de um casebre muito humilde e quem abriu foi ela. Aquela mulher, da qual não sabia nem o nome.

— Você veio rápido! Deve estar ansioso por notícias de seu... – Ia dizendo ela, ao vê-lo.

— Cala e a sua boca! Sua imunda! – Gritou Albuquerque, o mais alto que conseguiu, e segurou forte o braço de Maria Lucia, chacoalhando-a com violência. — Quem você pensa que é para me chantagear? Miserável, nojenta, sem dignidade! – continuava aos berros, e a soltou, atirando-a ao chão.

— Eu pensei que você não quisesse piorar sua situação. Mas estava enganada. Atirar uma mulher grávida no chão? – Disse Maria Lucia, se levantando com a mão sobre a barriga, grávida de oito meses. — Escuta aqui, Leopoldo, vou te falar uma vez só. Tudo que escrevi nessa carta é verdade. Eu era menor de idade, você me engravidou, abusou de mim, uma pobre e desamparada eleitora. Tenho imagens gravadas daquele dia. E acabei de gravar essa cena da agressão também. Ou você se casa comigo e me tira daqui, ou isso tudo vai parar na imprensa, e você nunca mais vai ter um voto na vida!

Algum tempo depois, Malu já estava instalada no apartamento novo do casal. Uma cobertura maravilhosa, no melhor bairro da capital. Decorou seu quarto, o quarto de seu filho e todo o resto da casa conforme desejou. Leopoldo não fez nenhuma exigência, não fazia questão de nada. Ele estava deprimido, cabisbaixo, sempre bêbado quando voltava para casa. Passava algumas noites em seu escritório, fazendo e refazendo relatórios, revendo as contas. Essa era sua única fuga.

— Como vai se chamar nosso filho, meu amor? Você tem algum nome em mente? – Perguntou Malu, um dia.

— Eu nunca quis esse filho, nunca quis você. Faça como quiser. – Respondeu bêbado, mais uma vez. Essa indiferença em nada abalava Malu. Ela criou em sua mente uma fantasia de família feliz, de amor, de um lar alegre. Acreditava naquilo, vivia em um mundo paralelo. Dizia para as pessoas o quão maravilhoso era seu marido. O tanto que ele era amável e fazia todas as suas vontades. Além do mais, ela sabia que as coisas não seriam assim para sempre.

Quando a criança nasceu, o telefone do escritório tocou. Por mais deprimido que estivesse com tudo o que ocorreu nos últimos meses e por mais que odiasse aquela mulher e toda a situação, o coração de Albuquerque começou a bater forte. Ele estava quase eufórico para conhecer o bebê. Saiu correndo para o hospital, sem pensar em mais nada além de conhecer aquela criança que seria sangue do seu sangue, a perpetuação de sua existência.

— É um lindo menino. – Disse a enfermeira, com o bebê no colo, assim que ele entrou no quarto. Malu estava dormindo. — Ela está muito cansada. Teve um parto difícil. Vai precisar ficar aqui mais alguns dias para ser tratada e se recuperar. – Explicou, ao perceber que Albuquerque olhava para a mulher. — Toma, e, segura e seu filho. Vou deixar vocês à vontade.

Ele pegou o bebê e olhou em seus olhos. Era muito lindo. Mais que todos os que já vira, que já pegara no colo em campanha ou que já visitara na casa dos amigos. Ele tinha a mesma cor de seus olhos, assim como a pele clara, mas os traços eram delicados como os da mãe. Olhou, então, para Malu e se deu conta de que tudo que aquela criança tinha no mundo eram pais que se odiavam, que haviam começado uma história com promiscuidade, golpe, chantagem e violência. Um ser tão puro não merecia viver naquela sujeira.

Enquanto divagava e aninhava o bebê em seu colo, Malu acordou.

— Já está aí há muito tempo? Não ouvi você entrar. – Ela disse numa voz muito fraca e baixa. — Não deu tempo de te ligar ontem. Como não dormiu em casa, não consegui te encontrar. Passei muito mal e só conseguir chegar ao hospital horas depois. Achei que não fosse sobreviver a tanta dor, de verdade.

— Ouvi dizer que o parto teve algumas complicações e, por isso, você precisa descansar. Mas já está tudo bem, estou aqui. Daqui a pouco vamos para casa. – Ao dizer isso, Albuquerque se sentiu um grande homem. Crescido, maduro, capaz de passar por cima dos problemas. — E já escolhi um nome para ele. Vai se chamar Leopoldo Albuquerque Filho. Vai continuar trazendo alegrias para minha família. – Ao terminar de dizer a frase, ele viu o rosto de Malu sorrir suavemente, antes de voltar a dormir.

Após alguns dias de hospital, todos voltaram para casa, felizes com a criança, parecendo uma família de verdade. Malu tinha notado certa mudança em Albuquerque, e não poderia estar mais feliz. Ela conseguira tudo que queria: uma casa linda, dinheiro, luxo e um filho saudável de um homem admirado por todos. Com o tempo, conquistaria sua a confiança e, quem sabe, até o seu amor.

Passados os primeiros meses, Leo já era um bebê adorado por todos. Carismático como o pai, era muito sorridente e bonito. "Parece criança de novela", diziam as pessoas. Sua mãe o tratava como um troféu. Fora aquela criança que trouxera todas as vitórias de sua vida. Era uma mãe zelosa, atenciosa aos mínimos detalhes. As noites em claro, ela passava sozinha com ele, não deixava Albuquerque acordar nunca, queria poupá-lo de qualquer trabalho. Quando ele voltava do escritório, Leo estava sempre limpo e cheiroso, alimentado e de ótimo humor.

Dia após dia, chegar em casa era o momento mais esperado por Albuquerque. Ele amava voltar, sentir o cheiro delicioso da comida preparada por sua funcionária, ver a mesa posta com todo o cuidado do mundo por Malu e pegar aquela criança adorável para brincar. Passava horas com o filho. Esquecia o mundo, os problemas, as mágoas, tudo. Só queria saber de fazê-lo rir ou tentar ensiná-lo a falar.

Com o tempo, acostumou-se com a presença calada de Malu. Ela era sempre quieta, não o chateava. Não apareciam em público juntos e, por isso, ela deveria ser uma mulher discreta na vizinhança. Inteligente como era, entendeu logo seu lugar. Dormia no quarto com Leo, sempre, desde antes de ele nascer, na cama de solteiro colocada lá. Apenas cuidava dele, da casa, das roupas de Albuquerque. Não exercia o papel de esposa no relacionamento. Ainda.

Com a paixão absoluta de pai e filho estabelecidas, ela começou a mudar. Não comia mais nada calórico, fazia exercícios todos os dias, lavava os cabelos longos e secava-os até ficarem lisos e brilhantes. Estava sempre perfumada e maquiada, mas não chamava atenção para nada, permanecia quieta.

Ao fim de uma reunião pesada e cansativa, depois de muitos problemas no trabalho, Albuquerque resolveu sair com Emanoel, um estagiário do escritório. Foram a uma boate e ficaram ali, bebendo e observando as mulheres, todas bonitas, ricas, cheias de si. Ele tentou conversar com algumas, tentou dançar, mas não conseguia. Não levava jeito, não conhecia as músicas, tudo o que dizia parecia inadequado.

— Você vai morrer solteiro! – Disse Emanoel, rindo, sendo puxado pela gravata por uma morena estonteante, para dançar. Ele se sentiu deprimido, incapaz, sozinho.

Mas não precisa ser assim – pensou, ao beber um último gole de whisky. — Tenho uma mulher me esperando em casa.

A partir daquela noite, eles passaram a dormir juntos. Malu fazia tudo o que Albuquerque gostava, estava sempre disposta, disponível, sem trazer-lhe nenhum tipo de aborrecimento. Ele disse um dia:

— Você tem poucas roupas, não é? Vou pedir à secretária que peça um cartão de crédito para lhe dar. Compre roupas, maquiagens, sapatos, faça o que for preciso para ficar elegante e bonita. Assim começarei e te levar em eventos comigo. Vamos ver como se portará. – Ele tentou parecer firme, mas, na verdade, sabia que estava começando a sentir algo por aquela mulher.

Assim ela fez. Comprou tudo o que queria e sonhava. Até agora, tinha vivido apenas com o que Albuquerque deixava para que gastasse com Leo. Era bem mais do que se fazia necessário para uma criança, então, Malu acabava usando um pouco. Não era muito e ela preferia não exagerar para não irritá-lo, mas, com a chegada de seu cartão, se transformou na mulher mais sofisticada que a cidade conhecia. Lia revistas, livros de etiqueta, aprendia como combinar as peças, tudo sobre grifes, perfumes, bolsas e sapatos.

Fez praticamente uma faculdade a respeito do assunto. Todo o tempo que não estava com o filho, dedicava-se a isso. Leo já estava crescidinho, não demandava tantos cuidados. Além disso, ficava boa parte do tempo na escola e em aulas de natação, inglês, francês, tênis e música.

Albuquerque não queria assumir, mas tinha uma mulher maravilhosa em casa. O corpo já era bonito, mas ela o esculpia cada dia mais. A pele e os cabelos pareciam saídos de uma pintura. Seu sorriso, suas mãos, tudo nela o encantava. Não sobrara nada daquele ódio inicial, nem da indiferença que se seguiu. Malu tinha conseguido o impossível: conquistara o amor do homem que chantageou, que usou para abandonar a própria realidade.

O casal começou a fazer discretas aparições públicas e chamaram a atenção. Albuquerque passou a ser invejado pela mulher tinha. Sempre linda, charmosa, refinada e solícita. Ele não se queixava dela com ninguém, pareciam viver num mar de rosas. Como nunca tinha tido algo parecido, amava a sensação de exibi-la, ver as pessoas comentarem a respeito, ouvir elogios dos amigos.

Foi quando decidiu casar-se com ela. A festa foi cheia de luxo. Convidados ilustres, comida da melhor qualidade, bebida abundante, flores por todos os lados do salão, fotógrafos e afins. Gerou uma ótima publicidade para Albuquerque, agora visto como pai de família, casando-se com a mãe misteriosa de seu filho, que até pouco tempo, nunca esteve presente. Leo entrou na igreja segurando as alianças, emocionando a todos.

Mais tarde, veio Filipo, para completar a família. Assim que o mandato de Albuquerque acabou, ele resolveu dedicar-se apenas ao escritório de gestão financeira que possuía, onde trabalhava como consultor, para poder ficar mais próximo à família. Eles viviam em paz e tudo o que Leo e Filipo conseguiam se lembrar era de terem pais normais, uma família que se amava. Eles nunca souberam como as coisas aconteceram, ninguém nunca falava sobre o passado.

Leo foi um adolescente muito amigo dos pais, mimado e bastante inteligente. Era manipulador como a mãe, conseguia tudo o que queria. Fazia muito sucesso com as mulheres e era incentivado por seu pai, que nunca conseguira o mesmo. Entrou para a melhor faculdade de Direito do país, muito bem colocado, após um ano de muita dedicação. Seus pais não conseguiam expressar o tamanho do orgulho que sentiam dele. Albuquerque, então, sentindo que conseguira encaminhar bem o filho mais velho, estava muito inclinado a voltar para a política.

Foi então que se deu o escândalo.

Capítulo 3

— Dora, abra já essa porta! Agora! Eu não estou brincando, vou contar até três! – Berrava Elisa, usando todas as forças que tinha para esmurrar a porta trancada.

A música alta atrapalhava a ouvir o que estava acontecendo no quarto. A princípio, ouviu Dora chorando, mas resolveu deixar. Sabia que a filha estava muito ansiosa com o casamento, o que era normal, e precisava extravasar. Além do mais, Raul havia telefonado e dito alguma coisa que não a agradou, devia estar chateada por isso, mas começou a demorar demais. Raul ligou na casa e disse que não conseguia falar no celular de Dora, então ela se preocupou.

— Eu não consigo arrombar essa porta, mas vou chamar seu pai! Você vai ficar de castigo, não pense que não tem idade para isso! – Gritava a mãe. — Chega de rebeldia, minha filha. Abra essa porta agora!

Nesse último grito, Dora acordou. Levou susto, não sabia que horas eram.

— Já vou!!! – gritou de volta. Levantou e olhou ao redor.

Que bagunça havia feito! Sua cabeça doía muito forte, sentia pontadas. Foi até o som, desligou a música e sentiu um incrível alívio. Ao se afastar do som, passou em frente ao espelho do quarto. Por ter chorado, a maquiagem estava borrada, espalhada pelo rosto, o cabelo todo atrapalhado. O suor havia secado e ela tinha um aspecto horrível. Tentou limpar o rosto rápido, prendeu os cabelos em um nó acima da cabeça e abriu a porta, tentando sorrir.

— Desculpa e-me, mãe, eu estava dormindo.

— Minha filha, que cara é essa, o que houve de tão grave? – Disse a mãe, abraçando-a enquanto entrava no quarto. — Aconteceu alguma coisa que eu não saiba? – Perguntava Elisa, confusa.

Dora sentiu vergonha. Não tinha acontecido nada. Perdera completamente o controle, fazendo papel de louca. E sua mãe tocara no ponto principal: fizera isso sem motivo.

Não tinha como explicar. Ninguém havia feito nada para magoá-la, pelo contrário! Tudo o que todos faziam era para vê-la feliz. O fato de não poder fazer o que queria naquela noite, especificamente, não justificava aquele ataque. Pensou nas pessoas que, em sua concepção, sofrem de verdade, por perderem alguém ou ficarem doentes. Sentiu vergonha de tudo.

— Não houve nada, mãe. Só estou mesmo muito confusa e ansiosa com o casamento. Cada pequena coisa que acontece me deixa nervosa. Só quero ser a melhor esposa desse mundo. Raul é maravilhoso, tenho medo de não estar à altura... – Mentiu ela, tentando parecer convincente.

— Dora, você é que é maravilhosa. Não há nada nesse mundo maior do que seu coração. Não se preocupe, vai dar tudo certo, estamos todos aqui para te apoiar, está bem? – Disse a mãe, colocando a cabeça da filha em seu colo. — Vou ligar para Raul e dizer que você não vai poder ir à recepção hoje, por estar indisposta, ok? E vou ligar, também, para Betina e Alice. Elas poderiam vir para para cá. Vocês assistem a um bom filme, pedem uma pizza... Que tal?

— Ótimo. É tudo que eu preciso agora mãe. Além de um banho quente. E enquanto as meninas não chegam, vou tentar dar um jeito nessa bagunça.

Bem longe dali, no mesmo momento, uma investigação acontecia no prédio da Polícia Federal. Os agentes chegaram à conclusão de que o próximo passo daquela operação seria descobrir a relação de um antigo político e economista com o esquema montado para desvio e lavagem de dinheiro público.

— Leopoldo Albuquerque é o nome dele. Investigue tudo o que conseguir, por favor. – Disse um dos agentes para o outro, enquanto se levantava e pegava sua pasta para ir embora. — E o último que sair, por favor, apague a luz.

Leo tinha acordado cedo naquele dia, sem motivo. Não tinha aula, pois era feriado, mas mesmo assim não conseguia dormir mais. Levantou, cheio de preguiça, foi até a cozinha, pegou um copo de leite gelado e se dirigiu para a sala de televisão.

Como tinha TV no quarto, quase não ficava naquela sala. Mas nesse dia, achou melhor sair um pouco da cama.

Ligou a TV e tentou assistir a uma série qualquer, mas o sinal da internet estava ruim. Resolveu, então, deixar em um canal aleatório, sem pretensão de encontrar nada interessante, àquela hora da manhã. Mexia no celular, respondendo mensagens de mulheres que tinha conversado na noite anterior, sem dar real importância para nenhuma delas. Só queria mesmo fazer charme e jogar um pouco de conversa fora. Está um pouco cedo, vou parecer muito carente, respondendo assim tão rápido? Talvez sim, mas estou tão entediado, que um pouco de conversa não vai me fazer mal, e essa Ju parece tão... – Pensava ele, quando foi abruptamente interrompido por algo que chamou sua atenção no jornal.: "... investigado Leopoldo Albuquerque, ex-senador e economista de renome em todo país, foi flagrado em uma conversa telefônica polêmica e comprometedora. Ele falava a respeito das pessoas de uma pequena cidade. Acompanhe" – Dizia a apresentadora do jornal da manhã da principal emissora do país. Léo perdeu a cor. As mãos tremiam, começou a suar frio, pensou que fosse desmaiar. O copo cheio de leite caiu no assoalho se estilhaçando e fazendo barulho suficiente para chamar a atenção de Malu, que estava chegando da corrida e passava pela sala naquele momento.

— Leo, o que foi? Você está branco, aconteceu alguma cois... – Ia dizendo ao entrar na sala, mas virou a cabeça na direção para a qual o filho apontava, ainda sem palavras, e viu a cena transmitida.

A tela da televisão ficou azul, com um diálogo sendo transcrito em letras brancas em duas caixas de texto. Uma delas tinha uma pequena fotografia de Leopoldo e a outra, uma de Kleber, um companheiro de partido. Ouvindo o áudio, não havia dúvida de que era mesmo os dois.

— Eles querem saber o perfil dos moradores da cidade. Honestamente, acho engraçado isso. Povo da roça tem perfil? – Perguntava Albuquerque, fazendo o outro homem rir alto. — Eles são um bando de animais adestrados. Não têm informação, acham que somos deuses, basta aparecermos na televisão. Sei o que estou dizendo, já vi pessoalmente muita cidadezinha como essa, em comícios. Eles choram quando chegamos, entregam tudo, até o próprio corpo, se pedirmos. Aliás, até sem pedir! Acreditam em cada coisa... Fácil demais enganá-los, fazendo quase nada. Essa obra aí vai ser o evento da cidade. – Continuava dizendo, ambos gargalhando. — Não tem porque se preocupar com a obra. Qualquer coisa vai ser mais que suficiente para essa gentinha. Vamos gastar nossa energia com coisas que realmente importam!

A imagem da jornalista foi retomada, e ela seguiu:

— O ex-senador, que foi gravado ao telefone, está sendo acusado pela Polícia Federal de fazer parte de um esquema relacionado a obras na universidade da cidade de Flor de Lis. Na conversa que acabamos de ver e ouvir, ele se referia a uma reunião realizada para pesquisar acerca das necessidades dos estudantes locais, com intuito de dar início às obras ainda este ano. Nenhuma irregularidade foi comprovada até o momento, mas o diálogo resgatado pela polícia tem gerado muita polêmica entre moradores....

Leo já não ouvia mais nada. Não conseguia se mexer, sentia o rosto enrubescer, era difícil respirar. A vergonha que tomara conta de seus pensamentos nesse momento o cegou para qualquer outra coisa que pudesse estar ocorrendo ao redor, como o fato de o leite estar escorrendo e molhando seus pés, após ter ensopado o tapete da sala.

A mãe, parada de pé ao seu lado, também não conseguira ainda, esboçar qualquer reação. Estava calada, séria, encarando a TV, mas não parecia ouvir mais o que diziam. Ela olhou para o filho naquele estado e sentiu ódio. Muito ódio do marido, da polícia, do jornal. Tudo podia acontecer a ela ou a qualquer outra pessoa, mas seus filhos eram intocáveis. Imaginar a dor que Leo estava sentindo e pensar no mesmo ocorrendo com Filipo era insuportável.

Não souberam precisar por quanto tempo permaneceram assim, parados, na mesma posição, até que o telefone da casa começou a tocar. Quando uma das empregadas da família se moveu para atender, Malu gritou:

— Ninguém atenda a esse telefone até segunda ordem. Deixa tocar o quanto for! – Sua voz, como seu corpo todo, tremia, estridente.

Leo começou a chorar compulsivamente, sem conseguir dizer nada. Ela foi até ele, sentou-se ao seu lado, tremendo, e o abraçou.

— Nós vamos passar por isso juntos, meu filho. Como sempre foi. Eu e seu pai já passamos por muita coisa que você nem imagina, e vencemos. Estamos aqui. Dessa vez não vai ser diferente. – Ela diizia, como que para ouvir e acreditar naquilo também.

Mais tarde, Albuquerque chegou em casa. Fotógrafos e jornalistas estavam na porta esperando por um depoimento dele, algo que pudesse dizer para se defender ou explicar. Cidades do interior do país todo estavam em polvorosa. Aqueles que ainda não o conheciam, passaram a odiá-lo. A TV aproveitou a situação para aumentar a audiência nas pesquisas e não parava de fazer entrevista com pessoas revoltadas de Flor de Lis, falando do descaso dos políticos com o povo, da falta de respeito, da honestidade... Mesmo sem ter qualquer crime comprovadamente cometido por ele já era tido como culpado pelo povo em todas as acusações.

Ele entrou na garagem com os vidros do carro fechados e nada falou. Voltava do clube, onde tinha ido aproveitar o feriado com amigos, e de lá recebeu um telefonema de Carmem, explicando a situação:

— Vá para casa. À essa altura, sua família já deve estar sofrendo algum tipo de pressão, você precisa estar ao lado deles. Mais tarde vamos marcar um momento para conversarmos. – E desligou sem dizer mais nada. Ela tinha informação de que uma investigação contra Leopoldo estava em curso, mas não previu aquele desastre e se sentia culpada por isso.

Carmem era uma mulher de meia-idade, cabelos loiros, na altura dos ombros, um pouco acima do peso. Trabalhava com Albuquerque desde a adolescência. Começou a trabalhar em seu escritório para fazer serviço de banco e, aos poucos, foi ganhando sua confiança. Passou a lidar com a vida política do patrão, acompanhando-o em todos os seus mandatos, tornando-se imprescindível, também, na vida pessoal.

Além de grandes amigos, eram confidentes. Não havia nada que Carmem não soubesse, pois tinha conhecimento de cada passo de Albuquerque e fazia qualquer coisa para protegê-lo e ajudá-lo. Além do apreço pessoal que tinha pelo chefe e gratidão pela confiança depositada nela, não encontraria qualquer outro emprego que lhe pagasse tão bem. Conseguia ter uma vida com certo luxo, mesmo sem muito estudo e tendo vindo de uma família simples. Como não se casara nem tinha filhos, sua única ocupação era o trabalho, sua paixão. Dedicava-se cem por cento ao escritório, vinte e quatro horas por dia, sete dias por semana.

Alguns dias antes do escândalo vir à tona, Carmem havia convocado uma reunião urgente com Albuquerque em seu escritório. Nesse encontro, ela avisou:

— Pessoal de nossa confiança, infiltrada na polícia, descobriu que vão investigar você, sobre vários esquemas de lavagem de dinheiro. – Disse ela, com calma e frieza. — Precisamos garantir que tudo continua sob controle. Não se esqueça de informar à sua família para evitar exposições desnecessárias, é hora de sermos discretos.

— Não se preocupe, Carmem. Vou revisar tudo o que já foi feito, mas não temo investigações. Você sabe muito bem que é impossível nos alcançarem. Tudo sempre foi muito bem articulado, meu nome jamais apareceu em nenhuma transação, não tem como chegarem até mim. – Disse Albuquerque, certo da impunidade, após alguns segundos de silêncio, olhando para a vista panorâmica que tinha em seu escritório.

— Acredito que avisar à minha família não seja necessário, já que eles nunca souberam de nada. Não tem como atrapalharem nossos planos. Além do mais, confio neles, sei que não têm nada a esconder de investigação nenhuma. Melhor assim, para não assustar ninguém, sem motivo.

Essa decisão de não precaver a família fez com que todos, sem aviso, assistissem àquela cena horrível pela TV, com o restante do país. Não era nenhuma comprovação de envolvimento com corrupção, mas escancarou a todos seu caráter, a forma como enxergava grande parte de seu eleitorado que fingia tanto amar.

Leo não havia parado de chorar ainda, quando o pai entrou. Agindo como uma criança perdida, continuava aninhado ao colo da mãe, que tentava acalmá-lo. Tudo que passava em sua cabeça agora era a vergonha que sentia de ser filho de um homem que falava aquilo, em rede nacional, ofendendo de graça, tanta gente inocente. Ele era mimado e não conhecia muito sobre sofrimento, mas não concordava, de forma nenhuma, com o que foi feito. Como encararia a faculdade na segunda-feira? Seus professores todos viram aquilo, seus colegas de classe...

— Como você faz isso com a sua família? – Perguntou Malu, ao vê-lo entrar.

— Em algum momento, pensou em nós, ao falar dessa forma pelo telefone? Você é uma figura pública, Leopoldo. Sempre pensei que soubesse disso. – Disse ela, num tom baixo, sem se alterar.

O marido observou a cena que encontrou. Seu filho mais velho ali deitado, encolhido, chorando em silêncio feito um fraco. No chão, um leite encardido expandia, se misturando a tapete e cacos de vidro. Era uma cena deprimente, não tinha o que dizer.

— Como assim, pensar antes de falar ao telefone? Essa é a sua preocupação? Não te importa nem um pouco ser casada com um homem que pensa dessa forma sobre as pessoas que te criaram? Você veio do interior e da pobreza, mãe! – Leo começou a gritar, descontroladamente, sem encarar o pai. — Eu pensei que conhecia melhor vocês dois. Pensei que ele entraria aqui e pediria desculpas pelo que disse, daria qualquer justificativa. Mas não. Continua aí parado, sem fazer nada, vendo a carreira ir embora com a dignidade! – Ele continuava aos berros.

Vendo que nenhum dos dois reagiria, que eles estavam perdidos com a situação, Leo resolveu sair da sala. Ao se levantar descalço, pisou em um caco de vidro e cortou o pé. Mas a raiva era tanta, que nem sentiu dor, e continuou andando, marcando o chão com seu sangue.

Albuquerque encarou a mulher, que ficou de pé à sua frente.

— Eu não sabia que estava sendo gravado. Na verdade, há algum tempo, soube das investigações, mas nem me lembrei dessa conversa, não significou nada para mim, foi apenas uma bobagem, uma falação infeliz. A mídia precisa desse tipo de coisa idiota para ganhar dinheiro. – Dizia ele, enquanto abraçava a mulher, cínico.

Ela se deixou envolver pelo abraço, mas sentiu ódio dele. O marido sequer se desculpou por tê-la citado no áudio de uma forma tão leviana, rindo. Mas ela não tinha direito de falar nada, nem deveria. Aquilo que ele dissera, se referindo a mulheres, era sobre sua própria esposa, e era a mais pura verdade, verdade que ela sempre se lembrava de esquecer. Malu nasceu odiando tudo ao seu redor, as pessoas, a mentalidade delas, a pobreza. E fez o que fez para se livrar daquilo. Agora tinha que ouvir o marido falando daquela realidade em rede nacional e não poderia sequer se sentir ofendida. Ninguém sabia que aquilo a ofenderia, já que era uma dama da sociedade, sem passado. Mas seu coração, secretamente, sentia ódio.

Albuquerque, por sua vez, se sentia bem. Apesar de todo o escândalo que ainda teria que lidar, bem lá no fundo, acabara de se sentir superior à mulher. Ele a perdoou, a amava. Mas o fato de abraçá-la, sabendo que ela era obrigada a fingir que não entendeu o que dissera ao amigo, e nunca poderia dizer nada, o fez se sentir poderoso, vingado. Apenas os dois sabiam daquilo, e ele tinha vencido. Humilhou-a por dentro, inconscientemente, e não sabia que sentiria tanta satisfação.

— O que temos que fazer agora é manter a família unida. Nada melhor para a imagem de um homem, do que sua família ao seu lado. Vamos esperar Leo se acalmar, acordar Filipo e conversar com eles. Tudo vai ficar bem, tenho certeza disso. – Dizia Albuquerque, ainda com os braços envolvendo Malu, apoiando a cabeça dela em seu peito. — Trocadilhos à parte, agora, não adianta chorar pelo leite derramado.

Leo continuava deitado em sua cama, em choque. Não conseguia nem explicar porque estava tão perturbado. Após entrar na faculdade, tinha convivido com gente de todo o tipo. Aprendeu a respeitar mais as pessoas, a ser mais humano. Tinha crescido sendo poupado de todo e qualquer tipo de problema, então não sabia que existiam pessoas com necessidades maiores que as dele, que sofriam e que mereciam ajuda.

Depois de mais velho, quando passou a ver o mundo com os próprios olhos, se deparou com uma realidade dura e precisou aprender a encará-la. Na faculdade, todos o conheciam como o filho de Leopoldo Albuquerque, o admiravam pelo simples fato de ter, como pai, o ex-político, o homem de sucesso. Albuquerque já havia feito várias visitas à sua sala, deu palestras, recebeu homenagens... Tudo isso enchia Leo de orgulho. Todos o enalteciam como um homem bom, fossem ricos ou pobres.

Agora, depois daquilo que vira e ouvira, Leo se questionava se tudo o que conhecia do pai, se tudo o que aprendera a amar e admirar nele era uma grande farsa. Até a forma como a mãe reagiu, o assustou. Além disso, aquela gravação só veio à tona porque a polícia estava investigando esquemas de corrupção. Será possível? – Pensava ele. Além do mais, havia outro agravante: o fato de seu pai ter dito que as pessoas entregam até os próprios corpos... será que ele andava por aí com outras mulheres? Ao pensar nisso, lembrou-se do tanto que seu pai sempre admirou o fato de ele fazer sucesso com as mulheres. Ele parecia se divertir com isso. Se ele pensa assim, é porque deve ser igual – Concluiu. – Preciso proteger minha mãe desse monstro. Eu não quero ser igual, não quero ser igual. – Repetia ele, mentalmente, como um mantra. Repensou seus atos, o fato de usar mulheres, de ser tão canalha e não se importar com isso. Sentia-se sujo, com medo de ser como o pai, que agora, parecia ser um preconceituoso sem coração, corrupto, falso e que ainda traía a confiança daqueles que mais o amavam.

Esse conflito o atormentava de forma tão absurda, que ele permaneceu ali, deitado, com o pé ainda machucado pelo vidro, por incontáveis horas. Já anoitecendo, sua mãe entrou no quarto e disse:

— Filho, venha conversar conosco. Não fique assim, meu amor... Isso tudo vai passar, essa imprensa é muito sensacionalista, veicula as coisas sem pensar que pode ferir a família, os próprios envolvidos... – Dizia ela, enquanto se aproximava, doce e carinhosa. — Venha lavar o pé, fazer um curativo nesse machucado, que está muito feio, e comer alguma coisa. Preparo algo bem especial.

Leo decidiu tomar um banho e se juntar à família. Estava exausto e com muita fome. O fato de ser quinta-feira e feriado o acalmava, pois sabia que, até na segunda, poderia permanecer em casa, sem ver ninguém, até colocar os pensamentos no lugar e decidir que postura tomar.

Todos se uniram à mesa de jantar, a pedido de Malu. Filipo havia acordado bem mais tarde, e soube de tudo pelos pais, que não deixavam ninguém ligar a TV nem atender ao telefone, que tocara o dia todo. Sendo assim, ele estava mais calmo, porque não sabia ainda da gravidade da situação, nem quão asquerosa fora aquela gravação.

— Gostaria de pedir a todos que, durante o nosso jantar, vocês me ouvissem. – Disse Albuquerque, de uma forma quase profissional. Ele era um orador nato, sabia lidar com as palavras. — Já falei com a mãe de vocês e nós dois concordamos que a melhor maneira de enfrentarmos essa tempestade é permanecermos juntos. Uma família que se ama, unida, é mais forte do que qualquer intriga, qualquer oposição. Lembrem-se de que cada um de nós passou por problemas e todos os outros estiveram ali, para apoiar. Apesar de ser o pai dessa família, eu sou um ser humano, e erro também. Agora preciso do apoio de vocês.

Leo ainda digeria o que ele dizia, pensava, olhando em seus olhos. Filipo, mais novo, ainda no colégio, e amedrontado com tudo aquilo, apenas desejava isso: que todos permanecessem unidos, guiados por um pai seguro, que resolveria todos os problemas, como sempre fora.

— Claro, pai. – Disse ele. — Pode contar comigo para qualquer coisa.

— Muito importante, também, é ressaltar que pessoas envolvidas no esquema de corrupção que vem sendo investigado, com o qual eu não tenho qualquer relação, vão querer dar ênfase a essa diálogo bobo que foi ao ar, justamente para desviar a atenção do povo para o que está por ser descoberto. Eles vão me usar, me pintar de mal, enquanto enchem os bolsos de dinheiro público. – Prosseguia Albuquerque, cheio de si. — Pensam que nasci ontem? Sei muito bem como funcionam essas coisas. Esse caso vai ter mais repercussão que o esperado, em função disso. Mas não vamos nos deixar abater!

A mulher olhava para Albuquerque, com orgulho de sua coragem. O sentimento ruim que sentira pela manhã já tinha sido superado. Ela passou por ofensas piores na vida e, se não fosse pelo marido, estaria sofrendo ainda mais, jogada onde nascera, infeliz. Malu tinha uma capacidade muito desenvolvida, que era a de selecionar os acontecimentos que iria superar, esquecer. E fazia isso como ninguém. Já estava pronta para apoiá-lo, ir à TV se preciso, enfrentar o povo. Não tinha medo, se estava ao lado dele.

O jantar acabou, Leo optou por não se pronunciar. Levantou-se e foi para o quarto. A mãe o seguiu.

— Filho, você precisa me ouvir. Entendo bem o que você está sentindo. Quem nunca teve uma dúvida a respeito do caráter de alguém que confia? Quem nunca se sentiu traído na vida? – Dizia ela, deitando-se ao lado do filho, em sua cama. — Mas você precisa perdoar as palavras de seu pai. Ele não quis magoar ninguém. Não sabia que estava sendo gravado e... – Leo, que não aguentava mais aquele discurso, afastou a mãe de seu peito, onde ela havia se encostado, e disse firme:

— Para de justificar, mãe! Não importa o que ele disse ou se sabia da gravação. O que importa é que ele pense assim. Você não se sente ofendida? E a sua família? E as mulheres que ele cita? Cadê seu sangue, mãe? Estou revoltado, em parte, pensando em você!

— Escuta aqui, Leopoldo Filho! Chega dessa história! Se você tem a vida que tem, com luxo, beleza, apoio e tudo mais que precisou para se desenvolver e tornar- se a pessoa que é hoje, é porque eu tive muito sangue correndo nas veias e lutei por você! Você não imagina o que tive que passar para vencer e fazer do meu filho mais velho um vencedor. Abri mão de tudo, da minha origem, dos meus receios, dos medos, de tudo! Você não sabe de um terço do que vivi, não sabe nada sobre sofrimento e dor. – Dizia Malu, começando a chorar e se alterando cada vez mais. — Então, se quer ajudar essa família e ter o caráter que você diz ter, trate de perdoar seu pai e ajudá-lo. Seu irmão está sofrendo, precisando de amparo também. Seja homem uma vez na vida, sem pensar em vagabundas ou em dinheiro, e ajude quem precisa de você! – Ela terminou a frase gritando, já de pé, chorando muito.

Quando a mãe saiu do quarto batendo a porta, Leo sentiu culpa. O coração estava apertado, ele sentia frio. Não conseguia, após deitar-se, dormir e o que a mãe havia dito girava em sua cabeça.

Talvez o pai não merecesse. Mas se ele fosse hostilizado no país, o que seria dele, do irmão e da mãe? Todos viviam em função do pai, de seu prestígio, de seu dinheiro. Ele precisava agora lutar para não ter uma família despedaçada e perdida. Faria o que fosse preciso para ajudá-los como o irmão dissera. Seria homem e enfrentaria o medo do julgamento das pessoas. Ele era um Albuquerque e honraria aquele nome dali para frente, mais do que sempre fizera. Após tomar aquela decisão, foi se acalmando, e acabou adormecendo.

Na manhã do dia seguinte, Leopoldo já estava no escritório. Saíra ainda de madrugada, para não chamar a atenção da mídia, e fora para o prédio, enquanto telefonava para Carmem:

—Me encontre no escritório o mais rápido possível, precisamos conversar.

Ela chegou cerca de meia hora depois dele, como se não fosse noite ainda. Disposta, bem arrumada e pronta para trabalhar no recesso.

— Precisamos decidir os próximos passos, não é mesmo? Andei pensando em várias coisas desde que o áudio vazou. Tenho algumas ideias. - Começou ela, sentando-se à mesa e abrindo uma pasta, com algumas anotações.

— Eu estou completamente paralisado, pela primeira vez na vida! Leo teve uma reação muito inesperada, francamente! Uma bobagem dessas! Às vezes, acho que ele é dramático demais, anda precisando de umas lições. Malu, ontem, discutiu com ele e entrou no quarto aos prantos. Isso nunca tinha ocorrido antes. Vendo isso, estou meio confuso e não consigo raciocinar. - Dizia Albuquerque, parecendo realmente perdido.

— Te entendo... - Continuou Carmem, com a tranquilidade de sempre. - Por isso estou aqui, para raciocinar com e por você.

Acredito que, por enquanto, pelo menos enquanto as pessoas ainda se lembrarem desse infortúnio, você não tem chances políticas. Precisa aceitar isso. – Continuava ela, separando algumas folhas impressas, cheias de esquemas e de tabelas. — No entanto, é preciso buscar um refresco, novidade na sua imagem. Não é do dia para noite, mas precisamos de algo novo para te ajudar, algo bonito. E você tem toda a jovialidade, carisma e beleza que precisa, dentro de casa!

— Você está sugerindo que a Malu se candidate? – Dizia Albuquerque quase rindo, incrédulo. — Óbvio que isso não daria certo, Carmem! Delirou? Malu é completamente fútil, não tem ideia do que se passa nesse país! Imagina um discurso dela! – Continuava ele, olhando por sob os ombros, em direção à janela.

— Claro que não! Ninguém falou em eleição aqui. Você tem uma preciosidade em casa, que é justamente o Leo, o mesmo que te contrariou de forma tão surpreendente. – Dizia Carmem, tranquila, calculista. — Esse menino não é fútil quanto Filipo e a mãe. Ele tem caráter, inteligência, beleza e carisma. Leo precisa lutar para conquistar as pessoas que você fez o favor de ofender em rede nacional. Ele é a única esperança de limpar seu nome e o de sua família, mostrando a todos quão diferentes vocês são.

Albuquerque encarava-a, incrédulo. De certa forma, Carmem estava certa. Leo era mesmo um fenômeno social. Amado por todos, principalmente pelas mulheres, era carismático, falava bem, era muito bem visto por onde passava. Mas aquela ideia era muito nova para ele, nunca tinha sequer cogitado algo assim. — Preciso pensar.

— Você não pode mais pensar. A cada segundo que passa, suas chances diminuem, você ganha inimigos e precisa limpar seu nome. Você sabe muito bem que vão se aproveitar dessa história para te fazer de monstro e esconder outras verdades que podem vir à tona qualquer momento, na imprensa. Disse ela, incisiva. — Além disso, qualquer acusação em seu nome a respeito do esquema vai ser tida como verdade. Você sabe como o povo pensa com paixão, não é? E por mais que algumas sejam verdades mesmo, ninguém pode saber.

— Por onde começamos? – Perguntou Albuquerque, completamente perdido. — Você está certa. Todos vão amar meu filho e, com o tempo, hão de esquecer o que houve. Principalmente, as gerações mais novas, que estão cada vez mais engajadas... E eu serei meramente o pai de Leopoldo Filho.

— Fiz uma pesquisa, por meio de pessoas de nossa confiança, lá em Flor de Lis, onde está a universidade que gerou toda essa polêmica. Parece um local simpático, amistoso e calmo. A população local te odeia, no momento. É por onde devemos começar.

Carmem mostrou papeis com dados da cidade para Albuquerque, com uma análise aprofundada sobre várias questões relacionadas à região e disse:

— Acredito que, chegando lá, Leo pode fazer amizades, ser ele mesmo, daquela forma encantadora. Ele pode dizer que se mudou para fugir da sua influência, que quer crescer na vida sozinho, longe dos escândalos... – Elaborava ela, enquanto Albuquerque ouvia atentamente. — É justamente o local onde todos pensam que a família deve evitar. Ele precisa demonstrar que foi para Flor de Lis como um ato de rebeldia, para mostrar para o pai o quanto aquelas pessoas merecem respeito!

— Mas não sei se ele vai aceitar isso. Significa transferir a faculdade, morar sozinho, ter que agradar pessoas desconhecidas... – Raciocinava Albuquerque. Mas Carmem parecia já ter pensado em todas as possíveis respostas dele:

— Ora, Albuquerque. Por mais diferentes que vocês sejam, Leo é seu filho. Quando ele for amado, tiver poder em suas mãos, vai se encantar. Acredite em mim, ele tem sede de dinheiro e poder exatamente como você e Malu. Vai fazer o que for preciso, assim como você fez.

Albuquerque saiu do escritório atordoado. Pensava no plano de Carmem com simpatia. Se seu filho aparecesse para o país como uma renovação, diferente da velha geração corrupta da política... Morando justamente na cidade mais ofendida, demonstrando que pensa diferente... amado por aquele povo... Era genial. Ele teria poder e, por trás, estaria seu velho pai, que o criou e o sustentou. Mais tarde, seu apoio a mais uma candidatura seria essencial. Esse país não tem memória, Albuquerque. Isso vai dar certo! – pensava, enquanto chegava em casa.

— Leo, preciso conversar seriamente com você. Em particular. – Disse ele, conduzindo seu filho para a biblioteca da casa. — Sente-se, tenho planos para nós.

Ele narrou tudo, muito convencido de que aquilo seria a única saída da família, que teria um futuro sombrio, sem poder e sem prestígio. No entanto, sabia que precisaria distorcer um pouco as coisas, senão, Leo jamais aceitaria.

— Não é interessante vincular a minha imagem a mais nada, filho. Cometi um enorme erro. Preciso do seu carisma, do seu caráter. Você é diferente de mim, tem um ótimo coração. Precisa se afastar de nós, construir sua vida sozinho, em outro lugar. Só assim as pessoas confiarão em você. Sei que tem o sonho de seguir uma vida pública também, e aqui ao meu lado, suas chances diminuem muito.

Leo ouvia com atenção e concordava com o pai. A ideia de sair da cidade parecia muito boa. Ir para onde ninguém o conhecesse, não o julgasse, sair da sombra dos pais. Era isso! A melhor saída. Fugir das pessoas da capital. Recomeçar.

— Mas você tem de seguir algumas instruções para que isso dê certo. Primeiro: precisa ser gentil, legal com as pessoas em geral, sem preconceito ou arrogância. Tratar a todos como se fossem iguais. – Dizia Albuquerque, fazendo leves pausas para raciocinar. — Você precisa também aproximar-se das pessoas que detêm os meios de comunicação locais, para facilitar na popularidade. Em geral, essas pessoas são formadoras de opinião. Caso alguém se revolte contra você, tendo amigos influentes, evita ser hostilizado em rádios e jornais. Precisa, também, arrumar uma namorada. Sei que seu fraco são as mulheres, então precisa de uma fixa, se acalmar. Além do mais, isso passa uma imagem de homem sério.

Leo continuava ouvindo. Tudo aquilo era interessante para ele, que estava mesmo disposto a ser um novo homem. Sentia, também, um certo orgulho de estar sendo requisitado pelo pai, para uma missão tão importante. Ele era mesmo um adulto formado, que ajudava a própria família. Finalmente, tinha se tornado um homem de negócios, à altura do pai, a ponto de precisarem dele.

— Tudo bem, pai. Eu vou ajudar. Podem contar comigo. Quais são as minhas opções de cidade? – Quis saber, Leo, curioso para saber que cara teria seu futuro.

— Você não tem opções, meu filho. Vai mudar-se para Flor de Lis.

Capítulo 4

O coração de Dora estava mais calmo, ela podia sentir. Após aquele incidente de nervosismo e de angústia em seu quarto, passou a ver as coisas de uma forma mais positiva. Naquele mesmo dia, as amigas foram até sua casa e tiveram uma noite divertida, regada a boa comida e a excelente conversa, de modo que os sentimentos ruins foram se abrandando aos poucos.

Na semana seguinte, procurou uma terapeuta para começar a fazer umas sessões. Sua mãe fazia terapia há anos e insistiu que ela tentasse também. Um pouco de autoconhecimento não faria mal algum. Acatou, também, uma sugestão do pai: matriculou-se na natação. Quando criança, ela amava nadar, mas fazia tempo que não praticava.

Após o primeiro dia de aula, ela chegou em casa muito animada:

— Pai, você tinha toda razão. Eu deveria ter voltado a nadar há muito tempo! Como me faz bem, esqueço de tudo enquanto olho pro chão daquela piscina durante o nado. – Disse ela, passando a chave na porta, olhando para o pai, que lia o jornal no sofá da sala.

— Que coisa boa, Dora! Fico muito feliz de ver você assim animada com um esporte. Faz bem. – Disse Otavio, sem tirar os olhos do jornal. — Me da um beijo aqui e vá tomar um banho para jantarmos.

Enquanto Dora subia as escadas da casa para ir se arrumar para o jantar, Otavio foi até a cozinha, com o jornal da cidade, do qual era dono, pedir a opinião de Elisa:

— Amor, estou em dúvida se deixei pegarem pesado demais nessa reportagem sobre as obras da universidade. O que você acha? Chegou a ler? – Ele perguntou, estendendo o jornal para a mulher, que estava na cozinha preparando o jantar.

— Não precisa nem me mostrar. Se foi sobre aquele Albuquerque, nada foi pesado o suficiente. Sujeitinho mau-caráter, hein? Que horror! Com certeza está envolvido com coisas piores do que imaginamos! – Falava Elisa, enquanto colocava o prato no microondas. — Enfim, prefiro nem comentar, para não estragar meu humor, que está ótimo.

Desde que veio à tona o escândalo de Leopoldo Albuquerque, o trabalho de Otavio triplicou. O telefone da redação não parava de tocar. Pessoas da cidade, indignadas, querendo dar depoimento, cobrando uma postura do jornal. Os representantes locais do partido de Albuquerque queriam se manifestar e declarar que não tinham relação com o que foi dito, nem com o tema da investigação. Já os da oposição, queriam colocar mais lenha na fogueira e instigar a população, que já estava em polvorosa. Flor de Lis tinha um povo de sangue quente e política, por lá, era coisa séria.

O perfil do jornal de Otavio não era sensacionalista. Ele nunca se valera dos erros dos outros para se promover ou para vender exemplares. Mas aquele caso foi diferente. Ele precisava se manifestar. Sua cidade estava sendo observada pelo país todo e o povo tinha sido extremamente ofendido e, muito provavelmente, estava sendo passado para trás. Sendo assim, para honrar seu público, ele e os demais jornalistas montaram uma reportagem muito extensa, contendo a transcrição do diálogo, depoimento de pessoas da cidade, explicações sobre o esquema que estava sendo investigado... Tudo muito completo e cheio de palavras agressivas que não costumava usar.

O jornal vendeu muito naquela manhã. Pessoas ligavam para agradecer, dizer que amaram o que foi dito. Mas Otavio estava na dúvida se havia exagerado. Não queria transformar seu objeto de trabalho em algo parcial ou sensacionalista mas, até aquele momento, não encontrara ninguém que fora contra nenhuma passagem publicada. Após o jantar, deu a reportagem para Dora ler e ela concordou com a mãe: nenhuma frase seria demais, depois do que foi feito.

— A cidade inteira foi ridicularizada, pai, inclusive nós que estudamos na universidade. Essa obra me beneficiaria também. Fiquei sabendo até que vai ter um protesto contra ele, organizado pelos alunos. A situação é muito séria e merecia uma reportagem um pouco diferente do que vocês costumam fazer. Pelo menos é o que eu acho.

No dia seguinte, Raul foi buscar Dora na faculdade.

— Meu amor, estava com saudade e resolvi vir te fazer uma surpresa! Vamos almoçar naquele restaurante que você gosta? – Perguntou ele, após beijá-la, assim que ela entrou no carro.

— Demorou! Que surpresa ótima! Tenho tanta coisa para te contar! Esses dias que você passou fora foram de provas e trabalhos, mas me dei bem em tudo. Mas têm várias outras coisas mais interessantes acontecendo! Voltei a nadar! Acredita? O estresse das provas acabou me lembrando que preciso me dedicar a um esporte... Vamos, te conto tudo no caminho.

Raul se surpreendeu com a euforia de Dora. Gostava de vê-la assim, feliz. Conversaram muito no caminho, durante o almoço, durante a sobremesa... Fazia tempo que não conversavam tanto. Os assuntos foram diversos e divertidos. Ele tinha se esquecido como aquela mulher era maravilhosa. O trabalho era tanto, o sugava de tal forma, que acabava por não pensar em mais nada, às vezes. Mas o bom é que Dora já me conhece bem. Ela sabe que terá uma vida muito confortável e luxuosa ao meu lado, mas o preço disso é a minha ausência em certos momentos – pensava ele, sempre que se culpava por estar ausente demais.

Gostava de vê-la bem, feliz, mas nem sempre estava seu lado. Vê-la se divertir com as amigas, por exemplo, era ótimo para ele. Afinal, ela estava bem, e ele poderia se dedicar mais ainda ao que estava pendente. Tinha um truque infalível quando estava muito apertado no trabalho e ela o chamava para sair: a convidava para os jantares intermináveis que tinham na sua casa, promovidos por seus pais para clientes, fornecedores, ou qualquer outra pessoa importante para os negócios. Ela odiava, acabava não indo, e ele ficava até mais tarde no escritório. Nesse almoço, porém, se divertiram tanto que esqueceram a hora.

— Meu Deus, já são quatro horas! Tenho natação em uma hora e preciso passar em casa para me trocar! Por que você não nada comigo hoje? Assim, continuamos nosso papo, e podemos emendar num cineminha depois! Que tal? Tanto tempo que não ficamos juntos...

— Linda, não posso! Já fiquei aqui mais do que deveria! Tenho muita coisa para resolver para ontem! Mas te deixo em casa.

– Disse Raul, já se dirigindo para o carro. — Por favor! Preciso marcar com sua secretária um dia para ficar com você por mais tempo? Que droga, amor... vamos, só hoje... – Dizia Dora, ao se aproximar dele, dando-lhe um beijo demorado.

Raul não ficou com Dora. Deixou-a em casa e foi correndo para o trabalho. Ela ficou chateada, mas logo esqueceu, pois estava animada para ir nadar. Ao arrumar suas coisas, escolheu o maiô mais bonito que tinha. Coral, com um decote enorme nas costas, estampado com flores. Ele a deixava elegante e era muito confortável. Mais uma vantagem da natação: comprar maiôs maravilhosos.

Prendeu os cabelos em um rabo de cavalo, colocou um shortinho branco, muito curto, que usava para ir para a piscina, calçou os chinelos, pegou a mochila e foi. Chegando ao clube, encontrou Alice.

— Amiga! Como você está maravilhosa! Essa é sua cor! Ai! Se eu tivesse esse seu corpo. Só usaria shorts assim, mínimos! – Dizia ela, cheia de carinho com Dora, enquanto comia salgadinhos de requeijão. — Hoje vim aqui tentar achar alguma aula que me interesse, mas só achei a cantina mesmo.

— Lili, você precisa praticar um esporte. Sua saúde não vai ser boa assim para sempre, sabia? Nós precisamos nos cuidar! Por que não vem nadar comigo? – Perguntou Dora, na esperança de tirar Alice do sedentarismo que mantinha a vida toda.

— Ah, claro. Com você, com pouca roupa, ao meu lado? Nem pensar! Seria uma ótima ideia, se eu não estivesse tão gorda, sabia? – Disse, enchendo a mão de salgadinhos e colocando tudo na boca de uma vez — Olha só, o clube tem boas novidades: Chegou um aluno novo... Socorro! Sério, uma das pessoas mais lindas que já vi! E tem cara de ser tão fofinho... Para você que é noiva, nem aconselho ir para região da piscina agora. – Dizia Alice rindo, com a boca cheia de pozinho amarelo.

— Ah, é? Mas é gente da cidade mesmo ou não foi identificado? – Perguntou Dora, interessada no assunto. — Nunca vi. Parece que é novo por aqui, porque não falou com ninguém ainda, e olha que estou por ali desde que ele chegou. Achei que ele tem uma cara meio triste, mas não sei se foi só impressão. Queria muito conseguir ir lá falar com ele, mas morro de vergonha!

— Francamente, Alice! Joga esse salgadinho fora e vem comigo. – Disse Dora, levando a amiga até o lixo mais próximo, e depois, foram ao banheiro. — Eu tenho algumas maquiagens aqui e algumas roupas que ficaram por algum motivo na minha mochila. Você não precisa ficar andando de calça de moletom no clube, né? E começou a despejar tudo o que tinha na mochila, sobre o sofá do banheiro. – Tenho um short preto aqui, vai ficar lindo em você!

Elas trocaram de roupa usando todas as possibilidades possíveis. As roupas de Dora serviam em Alice quase sempre, porque apesar de mais cheinha, ela era muito mais baixa.

— Vamos prender seu cabelo, porque está muito calor lá na piscina, e passar uma maquiagem leve, só para cobrir uns cravinhos aqui, e pronto! – Disse ela, enquanto pegava o prendedor de cabelo e a base.

Ao fim da produção improvisada, Alice parecia outra pessoa. Com roupas mais leves e cabelos arrumados, estava linda. Seu rosto realmente era algo inexplicável e o corpo, com a roupa certa, ficava bem charmoso também. A autoestima que não ajudava muito.

Foram para a área da piscina e procuraram uma mesa para sentar à sombra.

— Aquele que está nadando ali, tá vendo? – Perguntou Alice, apontando discretamente para um menino que nadava em uma raia não muito longe da mesa. — O de short preto, igual ao daqueles nadadores profissionais... É ele o menino sobre o qual te falei, o lindo.

Dora observava os movimentos calmos do garoto misterioso. Dali, não dava para ver muita coisa, apenas que ele devia ter realmente um belo corpo. Ficaram ali por algum tempo conversando, disfarçadamente, esperando que o menino acabasse o treino e saísse da piscina, mas ele parecia não ter pressa nenhuma.

— Bom, Lili, preciso entrar nessa água e nadar, senão mais tarde vou ficar com preguiça. Se quiser, pode me esperar para voltarmos para casa juntas. Assim, quem sabe não esbarra com nosso amigo ali?

— Vou esperar sim! Trouxe um livro e vou ficar lendo enquanto espero. Se ele sair, acha que eu falo alguma coisa? – Perguntou Alice, já pegando o livro, enquanto Dora tirava o short e se preparava para entrar na água.

— Claro! Fala sim! Pergunta se é novo por aqui, sei lá, inventa qualquer coisa!

Alice ficou assentada ali por mais algum tempo, até que o rapaz saiu da água e, para sua surpresa, veio andando em sua direção. As coisas dele estavam na mesa ao lado, e o coração dela estava quase saindo pela boca, quando ele parou ao lado da mesa perto de onde ela estava. Chegou, abriu uma toalha, se secou e estava guardando seus objetos, quando a menina se aproximou.

Dora nadava na raia mais próxima da mesa e viu, por baixo d'água, o garoto tomando impulso para sair da piscina, no raso. A partir de então, ficou, entre uma respiração e outra, observando todos os movimentos dele, curiosa. Não dava para ver detalhes, tinha poucos segundos com os olhos fora da água e os óculos molhados atrapalhavam também. Ficou muito surpresa quando o viu indo em direção à mesa delas, mas depois entendeu que ele estava apenas atrás de suas coisas.

Após a virada, na volta da piscina, Alice já estava na mesa do rapaz. Dora sorriu sem querer, ao ver a atitude da amiga, que nunca acreditava em si, ou em sua beleza. Passou pela mesa deles fazendo movimentos bem lentos para ver se conseguia ouvir algo, mas era impossível. Havia crianças brincando por perto e elas faziam muito barulho. Não vou aguentar de curiosidade, preciso sair dessa piscina!, pensava ela. Mas para não ser muito óbvia, nadou por mais alguns metros e, por fim, saiu.

Tentando parecer natural, sentou-se à beira da piscina, tirou a touca, os óculos, entrou novamente, molhou os cabelos e só depois foi em direção à sua mesa. Sem olhar para eles, abriu a bolsa, pegou a toalha e começou a se secar.

— Dora! – chamou Alice. — Chega aqui, deixa eu te apresentar! Temos aqui um forasteiro, vindo de longe! – Os dois riram, pareciam se divertir.

Dora terminou de se secar, penteou os cabelos, com um pouco de creme, enrolou a toalha no corpo e se aproximou deles. Finalmente, olhou o garoto mais de perto, e Alice tinha toda razão. Nunca tinha visto nada parecido. Ele tinha um brilho no sorriso que ofuscava tudo a sua volta e o azul dos olhos era profundo e hipnotizante. Estava um pouco vermelho de sol, o que o deixava ainda mais charmoso, e o corpo... meu Deus... Dora voltou à si, percebendo que enquanto se aproximava, esquecera completamente da presença da amiga.

— Essa é a Dora, a amiga que te falei que estava esperando. – Disse Alice.

— Dora, esse é o Leo.

Elisa atendeu ao interfone de casa, e abriu para Alice.

— Filha, Alice está entrando aí, quer falar com você! – Gritou à porta do quarto de Dora. — Fala pra ela vir aqui, por favor? Estou trocando de roupa! – respondeu.

Alice entrou no quarto, enquanto Dora desembaraçava os cabelos que acabara de lavar, na frente do espelho de sua penteadeira.

— Amiga, o que deu em você para sair daquele jeito lá do clube? Mal se despediu de mim, sabia que eu estava te esperando para voltarmos juntas! – Perguntou Alice, jogando sua bolsa com as roupas que estava usando antes de trocar pelas de Dora, em cima da cama.

— Me deu dor de barriga, Lili! Forte mesmo! Não tive escolha, senão vir correndo para casa e não podia explicar na frente de seu novo amigo, não é? – As duas riram, imaginando a situação. — Falando nele, e aí? Aconteceu alguma coisa que eu não saiba? – Perguntou Dora, voltando seu olhar para o espelho, onde encarava seu próprio rosto, e continuou a pentear os cabelos.

— Não, nada! Aliás, tenho que te confessar uma coisa: ele não tem na- da a ver comigo! Só um rostinho bonito mesmo. Assim que ele saiu da piscina, me aproximei para puxar conversa, como quem não quer nada, sabe? Ele foi super receptivo, sorridente, até aí, tudo bem. Depois, tirou da mochila um mini pote com cerca de cinco castanhas e comeu. Aproveitei a deixa e comecei a falar de comida, que afinal de contas, é o que domino. Theodora, você não tem noção da alimentação dele. – Dizia Alice, sem fazer pausas, segurando a vontade de rir. — Ele não come nada fora da dieta balanceada, só com ingredientes orgânicos, sempre de três em três horas, em porções pequenas... Você sabe o que eu penso de homens assim, né? – As duas se entreolharam e riram, Alice deitando na cama para começar a narrar o restante da conversa.

Alice contou cada detalhe da conversa e elas riram bastante dos comentários que ela acrescentava ao relato. Realmente, não eram pessoas muito vaidosas que a encantavam. Ela gostava de homens mais tranquilos, que não se importavam com o que vestir, muito menos com o que ela vestia. Gostava de gente que queria se divertir, e só. Comer à vontade, dormir em horas inusitadas, ouvir música alta quando não podia, matar aulas... Ela amava homens que a deixavam relaxada, como se fosse sempre fim de semana.

— Eu sei que não devia te dizer isso, mas preciso confessar. – Começou a falar Dora, claramente com dificuldade de expressar o que queria. O rosto estava sério e ela não mais encarava Alice. — Na verdade, eu não passei mal no clube. Vim embora rápido, porque me senti um pouco... – Ela fez uma pausa, aparentemente buscando a palavra mais adequada... – me sentium pouco mal perto daquele menino. Ele me deixou nervosa, não sei explicar.

Ela sabia sim. Tinha sentido uma atração absurda por Leo. Aqueles olhos azuis olharam para ela de uma forma diferente, dava para perceber. Ele olhava como quem queria de fato ver, entender, observar. Ela se sentiu reparada, sentiu interesse da parte dele nas poucas palavras que disse. Há muito tempo, ninguém a ouvia daquela forma, com tanta empolgação. As pernas de Dora começaram a tremer, ela precisava sair daquele lugar. Por isso foi para casa às pressas.

— Você se interessou por ele. Eu percebi! – Disse Alice, se sentindo genial. Ela não era muito boa em notar sentimentos, em ler nas entrelinhas. Mas naquele caso, estava claro para qualquer um. – Percebi algo estranho da parte dele também, mesmo quando você saiu. Ele perguntou sobre você, sua família, tudo. E eu falei! Não sabia se podia, mas o papo estava tão bom, que acabei falando.

— Ah, não posso dizer que me interessei, só fiquei desconfortável perto dele, só isso. – Mentiu Dora. Mas a curiosidade não a deixou disfarçar melhor. – Mas me conta, o que ele disse a respeito da mudança para Flor de Lis? O que ele faz da vida?

Alice riu, entendendo que, apesar de não confessar, a amiga estava sim, muito interessada no novo morador da cidade. Mas se ela preferia não colocar isso em palavras, tudo bem. Ia respeitar.

— Sobre isso ele não disse muita coisa. Me pareceu bem escorregadio, sabe? Quando você sente que a pessoa não está disposta a falar sobre si? – Disse Alice. — Mas, pelo que entendi, ele fazia Direito na capital do país e resolveu trancar a faculdade por um tempo. Ele disse que teve um rompimento com os pais e quis começar vida nova fora de casa. Ainda não solicitou transferência para a universidade daqui, porque ainda não sabe se vai mesmo continuar na cidade. – A decepção estava estampada no rosto de Dora.

— Disse, também, que apenas entrou no clube, por enquanto, e quer muito conhecer gente nova, fazer novos amigos, para avaliar se aqui seria o lugar ideal para ficar. – Continuou Alice, tentando tirar aquela cara de decepção da amiga. — Ele pareceu ter interesse por Comunicação também, acredita que perguntou sobre o jornal local? Achei ótimo poder falar que conhecia o dono de lá tão bem. Ele disse que queria conhecer seu pai, saber como funcionam as coisas em uma redação do interior. Deixou até o telefone dele comigo para marcarmos algo. Mas deixou bem claro que era para passar número para você também, que queria te conhecer melhor.

— Jura? Ele disse tudo isso? – Perguntou Dora, não conseguindo conter o sorriso. – E você acha que eu deveria ligar? Podemos ligar pra Betina e marcar um encontro nosso hoje à noite, pra discutir sobre o assunto, o que você acha? – Alice parecia ainda mais empolgada que a amiga, com a ideia. Adorava, quando coisas novas e excitantes assim, aconteciam – Claro! Mas hoje você não tem nada marcado com Raul não? – Perguntou, mas a vontade era não tocar naquele assunto.

Dora se deu conta de que havia se esquecido da existência do noivo por alguns instantes. Isso nunca havia acontecido e o nome dele foi ouvido com um susto. O que será que aquilo queria dizer? Será que estava se apaixonando por outra pessoa, com um anel daquele tamanho no dedo? Pensava ela, confusa.

— É verdade, amiga. Tinha me esquecido que vou encontrá-lo. Aliás, tenho muita coisa para estudar hoje, vamos deixar esse assunto para depois. Eu posso, claro, apresentar Leo para meu pai, já que é isso que ele quer. E você faz o papel da nova amiga. – Dizia ela, enquanto se levantava e preparava os livros para começar a estudar.

— Já entendi que você quer que eu vá embora. Até parece que não te conheço! E eu preciso mesmo ir, tenho que ajudar minha mãe com as compras. Mas queria te dizer para tentar não afastar esse assunto da sua cabeça, isso mexeu com você. – Disse Alice, séria, já juntando as coisas para ir embora. — Você ainda tem tempo para decidir o que quer da vida, não tem nada absolutamente certo. Cuidado com a mania que tem, de querer sempre agradar a todos, se esquecendo do que sente.

Após a saída de Alice, Dora sentiu-se muito mal. Tinha um noivo, uma expectativa de todos à sua volta com um casamento que estava para acontecer. Jamais poderia ter se empolgado dessa forma a respeito de um menino que nem conhecia direito. Mas, ao mesmo tempo, lembrava-se de como ele era lindo, do tamanho da vontade que estava de voltar a vê-lo. Era a única coisa que queria agora. Vê-lo, conversar com ele, conhecer sobre sua vida, suas vontades, o motivo que o fez brigar com os pais e mudar de cidade... O impulso de pegar seu número e mandar uma mensagem era quase incontrolável.

Sem saber o que fazer, ela ligou para Betina, em busca de ajuda, mas o celular da amiga estava ocupado. Mandou uma mensagem, dizendo que precisava falar com ela, e ligou para Alice. Também ocupado, claro. Ela sabia que as amigas estavam se falando e a pauta da conversa, com certeza, era o que havia acontecido no clube.

Dora decidiu esperar. Nada que fizesse agora seria inteligente. Conversar com qualquer pessoa que não fosse uma das meninas seria inútil, ninguém entenderia seus sentimentos, já que nem ela estava entendendo. Pegou um livro, deitou na cama para ler, mas não conseguiu se concentrar em nem uma linha.

Leo chegou em casa radiante aquele dia. Tudo estava indo como ele esperava. Conheceu, sem querer, justamente, quem queria. E para facilitar ainda mais, percebeu que tinha uma conexão forte com a tal filha do dono do jornal. Seria fácil para ele conseguir conquistá-la, mas antes precisava de mais informações sobre aquele anel enorme no dedo dela. Não que isso fosse problema para ele.

Quantas vezes já tinha terminado relacionamento dos outros na vida? Já nem sabia o número mais.

Ao entrar em casa, foi direto para o banho. O apartamento que alugou era muito simpático. O prédio era pequeno, só com três andares, sem elevador, mas tinha muito charme. Tinha apenas um quarto, mas conseguiu trazer belos móveis que Malu lhe deu de presente, além de alguns objetos de decoração. Por fim, tornou-se um lar, aconchegante de verdade, ele se sentia muito bem ali.

O banho quente após a natação ajudou a descansar os músculos fatigados. Demorou mais do que o costume, sentindo a água massagear os ombros tensos. Por mais que se sentisse preparado para aquela espécie de missão que entrou, sair de casa e enfrentar um mundo totalmente novo, às vezes, o deixava nervoso. Principalmente o fato de que, em breve, descobririam quem ele era, e isso não seria nada fácil de enfrentar. Mas, por enquanto, tentava não pensar nisso. Preferia pensar que conquistaria pessoas que o defenderiam da hostilidade dos demais. Numa tentativa de tornar a ansiedade tolerável, decidiu que não falaria nada sobre sua identidade para ninguém, até se sentir seguro o suficiente.

Secou os cabelos curtos com a toalha, enrolou-a nos quadris e foi para a cozinha decidir o que comer. Enquanto o frango estava no forno, exatamente como Malu o ensinara, picava umas folhas que comprara no mercado mais cedo, com a intenção de criar o mais próximo de uma salada, como as que comia em casa. Preciso contratar uma empregada, pensava, quando seu celular tocou. Não o que usava normalmente, mas um pré-pago que Albuquerque havia comprado, para eles manterem contato, sem riscos de interceptação.

— Oi, pai! Tá tudo bem por aqui, sim, estou fazendo meu jantar agora. Minha mãe estaria orgulhosa! – Dizia Leo, rindo. — Estou com saudade de casa, sabia? Mas essa cidade é melhor do que eu pensava, de verdade. Tenho novidades paravocê.

— Já? Você está se saindo melhor que imaginei, meu filho. – Respondeu Albuquerque, orgulhoso. — Carmem tinha razão, não estava dando a você todo o crédito que merece. Mas me diga o que precisa, porque sua mãe está aqui ao meu lado, desesperada para falar com você, saber da dieta, se você está tomando todos os cuidados que precisa... Espera , Malu! Negócios primeiro! – Leo ouvia a voz aflita da mãe ao fundo. Ele podia ver a cena em sua casa, sua mãe não mudava nunca. A saudade apertou.

— Então, pai, só me matriculei no clube, desde que cheguei. Para me inscrever como sócio lá, precisei conversar com apenas um funcionário, apressado, que não se atentou para meus documentos. Meu nome não pareceu significar nada para ele. Foi a única pessoa que teve acesso aos meus dados, até agora. Vamos manter assim por enquanto, sem faculdade ou qualquer outro vínculo. Preciso de mais tempo, as coisas estão andando rápido.

— Ótimo. Já conheceu alguém? – Perguntou Albuquerque, que parecia aflito.— Por aqui as coisas seguem péssimas. Mídia em cima, investigações evoluindo, as atividades do escritório continuam paradas.

— Conheci, sim. Já fui direto ao ponto. – Disse Leo, omitindo sobre como as coisas realmente aconteceram. — Descobri quem é a filha do dono do jornal mais expressivo da região. O nome dela é Dora, e ela já se encontra pensando em mim, neste exato momento, assim como a melhor amiga dela. – Falou ele, se divertindo por ouvir aquilo que dizia. – Uma gata. Sobre o corpo, prefiro nem comentar.

— Esse é o meu garoto! Foca agora no que você precisa fazer: conquistar a confiança das pessoas, ser legal, lembrar a todos que saiu de casa por uma crise moral. Não estamos conversando, para todos os efeitos, e você não concorda comigo em nada. Conquiste essa mulher, faça a família dela amar você. Tendo a mídia ao seu lado, o perdão da sociedade vem mais facilmente. Por enquanto, é isso. Os próximos passos, vamos passando aos poucos. Ok? Siga firme! Você está se saindo meu melhor soldado. – Disse o pai, rindo. Ele parecia mesmo apreciar o que Leo fazia por eles. — Agora, converse um pouco com sua mãe, antes que ela caia no choro aqui. Te amo, filho, boa noite.

Leo conversou por mais algum tempo com a mãe, contando sobre a comida que estava fazendo, como ficou a disposição dos móveis dentro de casa, como eram as pessoas com as quais conversou durante o dia... Na verdade, Malu estava criando assuntos para ouvir a voz do filho. Ele era seu companheiro desde sempre e ficar longe, sem poder ligar a qualquer momento, abraçá-lo e ajudá-lo a vencer aquele desafio novo, doía dentro dela. Mas sabia que era importante para todos, que as coisas fossem daquele jeito.

— Mãe, preciso desligar agora, ou vou morrer de fome. Meu jantar está pronto, aqui na minha frente, e parece bom! – Disse Leo, rindo, feliz por ter feito a própria comida. Estava satisfeito, também, por ter falado com os pais. Podia até não notar, durante o dia, mas sentia muita falta deles.

Terminado o jantar, ainda apenas de toalha, levantou-se da mesa para levar a louça até a pia, e no caminho, foi surpreendido pela campanhia. Quem será que está aqui a essa hora? Pensou ele, preocupado. Deixou o prato na cozinha e foi, silenciosamente, até a porta, olhar pelo olho mágico.

Viu uma mulher morena, com um vestido preto, muito decotado. Ela usava uma maquiagem carregada e o cabelo passava da cintura, penteado com perfeição. O perfume dela já era sentido, antes de abrir a porta, forte e doce. Ela, sem perceber que era observada, arrumava o decote, de forma a deixar os seios mais em evidência. Conhecia aquele tipo de mulher. Abriu a porta.

— Olá! Sei que você não me conhece, mas fiquei sabendo que se mudou para Flor de Lis, e tomei a liberdade para vir te oferecer meus serviços. – Dizia a mulher, notando que ele estava só de toalha e que tinha um corpo perfeito. — Meu nome é Janaína, mas você pode me chamar de qualquer outro que preferir. – Ela se aproximou ao perceber que ele sorria. — Tenho várias outras amigas, que prestam serviço comigo, e podemos fazer festas inesquecíveis aqui na sua casa. A satisfação é garantida.

Leo pensou, por segundos, que agora deveria ser um novo homem, que a cidade era pequena demais, que aquela mulher era desconhecida, poderia afetar sua credibilidade... Mas seu pensamento foi interrompido pela mão dela, abrindo a toalha que estava em seus quadris.

Essa cidade é pequena, as notícias correm rápido quando chega alguém novo, não é mesmo? – Disse ele, trazendo-a para dentro e fechando a porta. — Muito! Principalmente, quando a pessoa que chega, nada no clube e mostra esse corpo. Você sabe como é, às vezes, o trabalho pode se tornar mais prazeroso. E hoje, como é a sua primeira vez com a nossa equipe, posso fazer um preço especial... – Disse ela, baixo, no ouvido de Leo.

Amanhã eu serei um novo homem, mas hoje não. – Foi a última coisa que pensou antes de levá-la para o chão.

Capítulo 5

Alice e Betina conversaram muito a respeito do encontro inesperado entre Dora e Leo. Passaram quase a noite toda pensando sobre o rumo que a vida da amiga estava levando, a aproximação de seu casamento e o tanto que ela parecia infeliz com tudo aquilo.

— Talvez esse Leo seja apenas uma desculpa para ela se distrair da vida que tem levado. Nós duas sabemos que Dora e Raul vivem numa rotina chata e distante. – Raciocinava Betina. Ela era muito prática, e achava que a amiga já deveria ter acabado com o namoro há muito tempo. Sabia que isso chatearia algumas pessoas, frustraria as famílias e, talvez, significasse um futuro financeiro mais difícil para ela. Mas e a felicidade? Dava para perceber que Dora não estava nada empolgada com os preparativos da festa, nem com o próprio noivo.

— Você não viu a cena, Betina. Dora ficou muito desconcertada, não conseguiu nem conversar direito. E o pior é que ele também pareceu interessado. Perguntou muita coisa, quis saber tudo sobre ela. – Acrescentou Alice, que também havia adorado Leo e insistia que as duas deveriam mostrar para Dora o tanto que estava balançada e que, por isso, deveria repensar o casamento. – Eu passei até o telefone dela para ele! Nem sei se deveria. Mas foi sem maldade, queria apenas que ele se enturmasse na cidade, sabe como é, ficar deslocado é muito ruim.

— Sei! – Respondeu Betina, rindo – Você gosta é de ver o circo pegar fogo, adora uma novidade! – As duas amigas riram e continuaram pensando sobre o assunto, se tinham, realmente, algo a fazer.

No dia seguinte, Dora foi para faculdade sem cabeça nenhuma para estudar. Só pensava em Leo, no encontro do dia anterior, em Raul, no casamento... Sua cabeça girava. O fato de querer tanto falar de novo com Leo deveria significar alguma coisa. Ou será que era só uma fuga, por saber que ele veio de fora, que era misterioso e poderia trazer algo novo para sua vida?

No almoço, não conseguiu encostar na comida. Seus pais perguntaram se ela sentia algo, já que estava calada e não queria comer, e ela mentiu, dizendo que o corpo doía, e que parecia estar com febre.

— Deve ser alguma virose chegando por aí. Deita um pouquinho antes do estágio, deve ajudar a melhorar. E nada de natação hoje, ouviu? – Disse Elisa. Dora lembrou-se que deveria ter inventado outra desculpa, já que agora, não conseguiria ver Leo.

Ao voltar do estágio para casa, ainda no mesmo estado, Dora tomou um banho longo, passou hidratante no corpo, desembaraçou os cabelos, tudo sem pressa nenhuma, tentando se distrair.

— Mãe, você viu meu celular? Acho que perdi! – Gritou, enquanto levantava as roupas jogadas em cima de sua cama, procurando o aparelho.

— Está na sala, filha. Agora há pouco o escutei tocar! – Respondeu a mãe.

Dora desceu as escadas, revirou as almofadas e no meio delas encontrou o aparelho descarregado. Levou para o quarto, conectou o carregador e ligou a TV, pois já estava na hora de um programa da qual ela gostava. No intervalo, pegou o celular para checar quem havia mandado mensagem. Várias mensagens das amigas, um e-mail do pessoal do estágio, uma ligação de um número desconhecido... Nada demais. Abriu as mensagens das amigas e uma enviada pelo mesmo número desconhecido que havia ligado. Abriu, sem expectativa nenhuma, mas ao ler, ficou trêmula. "Não te vi na piscina hoje, liguei para saber se estava tudo bem. Alice falou que você costuma vir todo os dias, queria te ver... Leo".

Ela ficou sem voz, sem reação, desesperada. A vontade era de ligar de volta, marcar uma saída, encontrar com ele. Mas, ela era NOIVA. NOIVA! Seu coração ficou tão apertado por pensar nisso, que os olhos ficaram marejados de lágrimas. Dora desejava ser outra pessoa nesse momento, ou ter feito diferente no passado. Pensar em Raul, agora, lhe dava enjoo. Ligou para Alice:

— Amiga, vem para minha casa, pelo amor de Deus. Traz a Betina com você, aqui eu explico.

Enquanto esperava pelas amigas, Dora continuava na mesma posição. Lia e relia a mensagem para interpretar o tom que ela tinha. Era interesse? Era amizade? Era apenas vontade de enturmar? Ela queria responder, mas sempre que começava a digitar, olhava para aquele brilhante gigantesco no dedo e parava. Nunca havia sentido tanta angústia na vida. Como explicar isso, tamanha confusão por um menino que nem conhecia direito? Isso vai passar, estou empolgada agora, mas vai passar, pensava.

— Dora, o que foi que houve? – Perguntou Alice, entrando, às pressas no quarto, seguida por Betina. Elas estavam aflitas e curiosas.

Sem responder, Dora mostrou a mensagem no celular. As duas leram e se entreolharam, sorrindo.

— Nossa, ele é muito rápido! Eu disse que tinha surgido algo no ar aquele dia, eu podia sentir! – Alice já foi avaliando, quase eufórica. — O que você está pensando em fazer? Já respondeu?

Dora permanecia sem falar nada.

— Você ficou feliz? Qual foi o motivo de nos chamar com tanta urgência? Foi alegria? – Perguntou Betina.

Então, Dora finalmente desabou:

— Meninas, me ajudem! – Disse ela, nervosa. — A única coisa que eu quero agora é responder a essa mensagem, falar com ele, demonstrar toda a atração que senti à primeira vista. Ele é lindo, maravilhoso, a pessoa mais bonita que já vi. O sorriso, os olhos, impossível esquecer. – Dizia ela, cada vez mais nervosa. — Mas eu sou noiva! Estou presa numa armadilha com esse noivado, não vejo saída! Vou machucar todo mundo, não posso fazer nada. Além do mais, não consigo jogar uma vida inteira fora, por uma pessoa que nem conheço, nem sei se vai dar certo! E se ele for um cafajeste, um idiota... um bandido! Isso. Ele pode ser um criminoso! E eu aqui, sofrendo. Acho que estou ficando maluca mesmo. Me desculpem, meninas. Chamei vocês à toa, me empolguei, foi só isso.

As amigas entenderam o que estava acontecendo, tinham previsto essa reação de Dora, mas não imaginaram que seria tão rápido. Resolveram então passar a noite com ela, para evitar que fizesse alguma besteira como terminar com o noivo.

— Dora, sem tanto drama, por favor. Você não precisa se fechar para o mundo, só por ter um relacionamento sério. – Disse Betina. — Leo não te pediu em casamento, ele apenas te enviou uma mensagem. Qual o problema disso? A atração forte, talvez até paixão que temos aqui, por enquanto, é apenas da sua parte. Querer te ver não significa nada de mais. Quer responder? Responde!

— Concordo com Betina. Eu responderia. Aliás, a qualquer momento devo receber uma mensagem dele também, nos conhecemos no mesmo dia, e nosso papo foi muito maior e mais legal que o de vocês. – Disse Alice, rindo. — Responde, vai. Conversa normalmente, como amiga, seja madura. É uma questão de ser educada, amiga!

— Vocês realmente acham que eu não estaria sendo babaca? Ou fácil? – Perguntou, Dora, meio confusa. Levar aquilo a diante não seria muita loucura? De repente, com as amigas tão relaxadas e divertidas, tudo parecia menor, menos dramático e pesado. Ela não precisava decidir nada naquela noite. Além do mais, tinha amigos homens, e Raul nunca se importara. Na verdade, ele nunca saberia daquele ocorrido, como não sabia de tantas outras coisas. — Tá bom! Vamos responder! Me ajudem a formular, de uma forma que fique simpática, mas não eufórica. Não quero cortar o assunto, nem parecer interessada demais.

Pouco tempo depois da resposta dela, chegou outra mensagem dele, aumentando a euforia das três. Mais uma vez se reuniram para decidir a melhor resposta. O diálogo entre os dois novos amigos durou horas. As três estavam amando a situação.

De manhã, na hora de levantar para ir à faculdade, os olhos de Dora sequer se abriam.

— Vão vocês, não tenho condições de me levantar. Vou dizer aos meus pais que não tinha aula hoje, ou qualquer coisa do tipo. – Disse ela, sem nem se mexer.

As duas amigas foram, então, para a faculdade. Pararam no caminho para tomar um café, pois não quiseram comer nada na casa de Dora, justamente para poderem conversar.

— Foi mais fácil do que pensávamos, colocar nosso plano em prática, não foi? – Perguntou Alice, rindo. As duas tinham conversado muito sobre o assunto e decidiram que convencer Dora a esquecer essa paixão e insistir no casamento, seria loucura. No futuro, ela seria frustrada, triste, mais do que estava atualmente.

— Afirmar que ela só está regando uma amizade foi o ideal. Assim, dá tempo de conhecer melhor o Leo, entender bem o que ele pretende por aqui... E com isso, ganhamos mais um prazo para decidir como conduzir nosso problema maior, chamado Raul. – Dizia Betina, lembrando-se, nesse momento, que elas ainda não sabiam como iam convencer Dora de que terminar tudo com ele não seria o fim do mundo. — Mas não podemos demorar muito, porque a cada dia que passa, o casamento dela está mais próximo. Quanto mais perto, mais complicado, concorda?

— Sim. Dora está mais disposta seguir nossos conselhos do que eu imaginei. E isso só tem um motivo: estamos falando o que ela quer ouvir. Ela quer terminar, se aventurar, se apaixonar, mas não tem coragem. Ela é muito nova! Precisamos ajudar. Se formos conduzindo a situação vai ser mais fácil para ela. – Alice se sentia a pessoa mais madura e entendida de relacionamentos naquele momento, mesmo sem nunca ter namorado alguém. No fundo, ela amava tanto ouvir histórias e dar conselhos, porque não tinha uma vida amorosa própria para cuidar.

— Com certeza. Ela vai nos agradecer um dia. Eu só não aguento mais ver minha amiga daquele jeito. Só entra um amor novo quando o coração está vazio e essa pessoa de coração vazio sobre a qual estamos falando está com o casamento marcado! Isso é inadmissível. – Betina era muito firme e sua vida amorosa era clara direta, falava a verdade e sabia bem o que queria. Estava solteira no momento, justamente por acreditar que, se não há um amor forte o suficiente para te prender, não há outro motivo para seguir em uma relação. Caso contrário, estaria jogando fora alguma oportunidade boa de conhecer alguém interessante, justamente o que estava acontecendo com Dora.

— Vamos ver o que vai acontecer depois da troca de mensagens de ontem. Acho que nada demais foi dito, mas se Leo estiver mesmo interessado nela, portas foram abertas. Agora, preciso ir, se souber de alguma novidade, me liga! – Disse Betina, levantando e pegando a bolsa para pagar o café e o pedaço de bolo de cenoura que tinha comido.

— Essa calda tem leite demais. Passa lá em casa hoje a noite que vou fazer um bolo melhor para nós! – Disse Alice, se despedindo da amiga. Resolveu ficar mais um pouco no café, ainda faltava um tempinho para sua aula começar, e comer mais um pedaço de bolo era uma tentação.

Leo abriu os olhos naquela manhã já se lembrando da vitória da noite anterior: a troca de mensagens com Dora tinha sido um sucesso. Ele mandara uma mensagem arriscada, por ser direta demais, já que, pelo brilhante em sua mão, ela deveria ter um noivo. Mas tudo correu conforme o esperado. Ela foi muito simpática, receptiva, charmosa... A conversa tinha sido das melhores, mas precisaria se apressar com os próximos passos, uma mulher com anel no dedo deve estar com casamento marcado. Esse povo do interior casa cedo demais, talvez por falta do que fazer para se divertir... – Pensava, enquanto abria a geladeira na procura do que comer.

Lembrou-se de Alice, a garota que tinha conhecido no clube naquele dia e que parecia muito próxima de Dora. Ela tinha sido muito legal com ele e isso poderia ser um problema. Conhecia bem as mulheres e sabia que, em muitos casos, se uma amiga se apaixona por alguém, essa pessoa não teria chance com as outras do mesmo grupo. O medo era Alice se apaixonar e ele sabia que isso não era difícil de acontecer.

Em pouco tempo se decidiu e pegou o celular no mesmo momento, para colocar seu plano em prática. "Oi, Alice, bom dia! Sei que está muito cedo, mas preciso conversar com você. Troquei mensagens com Dora noite passada, e não consegui pregar o olho desde então. Será que você pode me encontrar mais tarde? Preciso de ajuda! Beijos, Leo (do clube, caso você não se lembre)."

Pronto. Seria direto e pediria ajuda da melhor amiga para se aproximar. Assim, não correria o risco de conquistar a pessoa errada, ganharia uma "amiga" e ainda chegaria com mais facilidade ao seu objetivo. A resposta veio rápida. Ela concordou com o encontro, assim, marcaram de encontrar mais tarde, no clube.

O dia passou devagar e, na hora marcada, lá estava Leo, próximo à piscina, como haviam combinado. Nada de Alice. O calor estava forte, apesar de já ser final da tarde. A piscina estava cheia, muitas crianças brincavam, pessoas treinavam e algumas mulheres estavam deitadas ao sol. Leo reparou bem nos corpos delas e pensou sobre como o "velho Leo" estaria feliz ali, com tantas mulheres bonitas. Mas agora não, ele queria compromisso e já tinha escolhido o alvo.

No fundo, estava adorando a situação, independente de qualquer coisa. Era um novo desafio tentar ser sério com alguém, só para variar. Havia também a motivação extra de saber que, após concluir essa fase, seu pai se orgulharia ainda mais dele. A primeira missão dada seria cumprida em breve.

Alice chegou acompanhada por uma outra menina, muito bonita, por sinal, mas que ele não conhecia. Ela tinha um rosto harmônico mas os trejeitos eram duros, dava passos firmes e o olhar era desconfiado. Vou precisar amansar alguém por aqui, pensou. Sentia-se desafiado agora, e gostava disso.

— Oi, Leo. Tudo bem? – Alice chegou sorridente, abraçando o novo amigo. – Essa aqui é a Betina, minha amiga. Ela também é muito amiga de Dora.

Betina permanecia com a cara fechada. Ela era assim, não confiava nas pessoas de primeira, como Alice costumava fazer. Tinha recebido o convite de Alice com satisfação, já que assim, poderia ver de perto o famoso Leo e avaliar se ele merecia mesmo o sentimento forte de Dora.

A conversa deles foi longa. A princípio, falaram de coisas banais, riram de bobagens, as meninas contaram um pouco sobre a vida, sobre a cidade... Leo parecia muito interessado em tudo que diziam. E, de fato, estava. Para ele, tudo aquilo era novo e interessante. Quanto mais ouvisse as pessoas, melhor, e conduzia tudo com facilidade. Por fim, percebeu que Betina já estava desarmada o bastante para começar a falar sobre o que realmente interessava.

— Então, Alice, apesar de muito inusitado, o assunto que me fez te chamar foi a estranha sensação que senti na presença de Dora. Não namoro há bastante tempo, não me apego com facilidade, mas, no momento em que a vi, meu coração pareceu derreter. Ela é muito linda. – Começou ele, da forma mais charmosa e respeitosa que podia. Percebeu que elas estavam se comovendo. — Não pude deixar de reparar em suas mãos, um anel de brilhante. Isso significa compromisso? – Perguntou, como quem não quer ouvir a resposta.

— Sim. Dora está noiva de Raul. Eles namoram há muitos anos, e o casamento está previsto para ano que vem. – Disse Betina, sendo dura, querendo testar o novo conhecido. — Mas eles não estão numa fase boa, sabe. Raul trabalha muito, não tem muito tempo para a noiva... – Começou Alice, tentando aliviar o que a amiga tinha acabado de dizer, mas sendo, também, indiscreta. Ela não queria que o rapaz desistisse assim, de cara. Dora estava muito empolgada com essa história toda, tinha que dar certo.

Antes que ela terminasse de falar, Betina interrompeu:

— Isso acontece com todos os casais, tenho certeza que eles serão capazes de contornar a crise.

Leo logo percebeu o jogo que elas estavam fazendo. Alice queria muito que ele insistisse na história, mas Betina estava desconfiada.

— Bom, infelizmente, nem tudo é perfeito. Sei que não seria ético da minha parte insistir em uma menina comprometida. Mas quando se trata da minha felicidade, faço o que meu coração manda. Podem ficar tranquilas, não vou jogar sujo. Só quero mostrar para Dora que ela tem outra opção e vou me esforçar ao máximo, fazer o que for preciso, para ela ver que eu sou a melhor escolha. – Disse ele, tentando parecer o mais convincente possível. Pela feição das duas, viu que falou o que elas queriam ouvir. Ele, então, continuou: — Tenho amigos do interior, sei como funcionam essas coisas. Às vezes, um casal se conhece por toda a vida, as famílias se gostam, vão levando a história para frente, até que se casam sem pensar que existem outras opções de vida, de relacionamento, de amor verdadeiro, esperando em algum lugar do mundo. Acomodar é sempre mais fácil, mas nem sempre é o que traz mais prazer.

Ouvindo aquilo, Betina e Alice ficaram chocadas, parecia que ele tinha uma bola de cristal. O que não sabiam era que Leo era um menino vivido, especialista em extrair das pessoas tudo o que queria. Ele manipulava e lia o ser humano como ninguém.

A conversa teve fim pouco depois disso. Já estava ficando tarde e as meninas nem perceberam. Era tão bom ficar naquela companhia, que não pensaram em mais nada. Saíram do clube direto para a casa de Dora e contaram tudo, cada detalhe do que se passou. Ambas controlaram a euforia, por saber que Dora precisava tomar suas decisões de cabeça fria, raciocinar. Mas já tinham um partido tomado: por elas, a amiga largaria tudo e cairia de cabeça nessa paixão nova.

— Não estou acreditando no que acabei de ouvir! – disse Dora, ao final da narração interminável das amigas. — Por um lado, estou muito excitada por saber que sou correspondida, que alguém tão incrível sabe da minha existência e ainda quer algo comigo. Por outro, estou aflita por saber que não vou ter saída, precisarei tomar uma decisão em breve. Pelo que vocês disseram, ele está bem determinado, certo? – ambas concordaram.

Elas conversaram mais um pouco e Alice disse que precisava ir embora. Betina acabou indo junto, deixando Dora com seus pensamentos confusos. Ela sabia que seu coração não tinha dúvidas. Resolveu esperar os próximos passos de Leo, decidida a corresponder à altura, e usaria esse tempo para descobrir tudo que conseguisse sobre ele. Precisava de dados mais concretos para tomar uma atitude mais séria. A diferença é que agora, estava quase certa do que queria. Sentia-se animada como nunca fora antes, feliz por dentro, e isso deveria significar alguma coisa.

Buscou por horas e horas, por ele, em redes sociais. No entanto, não sabia nem seu nome completo. Tentava "Leo", depois "Leonardo", e procurava uma foto dele em listas intermináveis, mas não encontrou nada. Ele é discreto, não gosta de se expor... Agora preciso esperar que ele entre em contato para descobrir mais.

Nem precisou esperar muito. Naquela noite mesmo, recebeu uma mensagem de Leo sendo lindo, sendo gentil como um príncipe de contos de fadas, pedindo para vê-la no dia seguinte, após puxar assuntos aleatórios. O coração dela bateu forte quando viu a mensagem dele e respondeu, logo em seguida, que sim, que iria encontrá-lo no horário da natação. Desejou boa noite e desligou o celular, para conseguir dormir. Precisaria de boas horas de sono para pensar com mais clareza no dia seguinte. E para estar mais bonita também.

Leo estava em casa, satisfeito como nunca, cada vez mais envolvido no jogo que havia criado. Mandou mensagens carinhosas para Dora, dando a atenção que seu noivo parecia não dar. Aliás, essa seria sua estratégia. As meninas deixaram bem claro durante a conversa, que o tal noivo era relapso, distante, e que Dora gostava de atenção. Ela teria toda a atenção do mundo.

No dia seguinte, encontraria a menina e faria com que a tarde fosse especial. Seria incisivo, direto, não tinha tempo a perder. Mas até lá, precisava comemorar, relaxar, se dar uma recompensa pelo trabalho bem feito do dia, tomar mais um dose de autoestima e confiança... Como conseguir isso tudo em algumas horas? Pegou o telefone que tinha anotado no cartão de Jamile, Juliana, ou seja lá qual fosse o nome daquela mulher que lhe fizera uma visitinha, para marcar outro encontro. Mas, sem saber o motivo, desistiu ao ouvir o primeiro sinal do celular. Preferiu ficar sozinho, pensando no dia que havia acontecido. Pensando em Dora.

Dora escolhia mentalmente o biquíni, os shorts, o chinelo, tudo o que usaria na natação daquele dia, durante a aula da manhã. A voz da professora ao fundo não falava nada que fizesse sentido para ela naquele momento. Tudo o que pensava era em Leo, no clube, no encontro mais tarde. Não sentia culpa, nem tristeza, nem nada ruim. Seu corpo estava tomado pela adrenalina de um novo amor, sensação inexplicável, que ela nunca sentira antes. Simplesmente, olhar no relógio e ver que passara meia hora desde a última vez que consultara as horas era motivo de sentir o estômago revirar.

Ao fim da aula, fechou o caderno, que fora usado apenas para desenhos sem sentido e para marcar a data no alto da página, pegou a bolsinha de lápis cheia de canetas coloridas que ela tanto amava, guardou tudo na bolsa e saiu em direção ao estacionamento. Tinha ido de carro, excepcionalmente, naquele dia, porque não estava com vontade de ir andando para casa e correr o risco de encontrar alguém com quem tivesse que interagir durante o caminho. A expectativa dentro dela tirou sua vontade de conversar, de comer, de estudar, ela só queria que a hora passasse logo.

Almoçou pouco, conversou menos ainda e foi para o estágio. Recebeu, no meio da tarde, uma mensagem de Raul. Isso nunca acontecia, então, ela se assustou, como se, de alguma forma, ele tivesse pressentido o que se passava em sua cabeça naquele exato momento. No entanto, era apenas uma dúvida que surgira a respeito das confrontações de um imóvel perto de sua casa. Respondeu, escrevendo o que lembrava sobre o assunto, tentando ser o mais normal possível com ele, para não levantar nenhuma desconfiança. Precisava de tempo para se programar, pensar em como ia fazer o que pretendia.

Enquanto escrevia a mensagem, percebeu que ser normal, entre eles, era ser absolutamente seco e sem graça. Não precisaria simular nada, ele não notaria nenhuma diferença nunca, tamanha distância que mantinha dos sentimentos dela. Guardou o celular e seguiu com seu trabalho e seus pensamentos ansiosos do dia.

Saindo do estágio, começou a desejar que nada daquilo estivesse acontecendo. Agora, ela estava nervosa de verdade, era capaz de sentir as mãos tremendo, úmidas. O estômago não ajudava, estava enjoada e sentindo calafrios. Respira, Dora, controle-se. Não entre em pânico. Você só está indo encontrar um amigo e fazer natação. Nada demais! pensava ela no caminho para casa. Já sabia que roupa vestiria e se trocaria rápido, como sempre, para que os pais não estranhassem nada.

Chegou em casa e, da varanda, ouviu uma voz que entrou em seus ouvidos já lhe trazendo pavor: a sogra estava na sala. Tudo que eu precisava agora. – pensou. Mas manteve a postura e a calma ao entrar. Cumprimentou a mãe e a sogra, nessa ordem, com beijos no rosto de ambas.

— Olá, não esperava te ver por aqui! – Disse Dora, tentando parecer natural.

— Querida, tudo bem? Na verdade, nada de bom me traz aqui, infelizmente! – Dizia a sogra, se levantando para cumprimentar Dora. Vim conversar com sua mãe sobre tentar adiar um pouquinho a data do casamento! Estávamos esperando você chegar! – Disse, com carinho e delicadeza. Aquelas palavras foram ouvidas como um milagre, por Dora. Resolveu sentar-se e ouvir mais um pouco.

— Na verdade, como ia dizendo a Elisa, uma sobrinha minha, prima do Raul, acabou de diagnosticar um problema de saúde e a família toda está muito apreensiva. – Continuou dizendo, mas com um tom mais triste. — Ela está bem, mas vai precisar passar por um tratamento um pouco difícil, sabe como é. Então, achamos melhor adiar um pouquinho, bem pouquinho, nossos planos! Eu sei que você vai ficar muito triste, Raul também ficou. Mas não vai fazer muita diferença, na verdade...

Dora interrompeu a fala dela, indignada com o que acabara de ouvir.

— Raul já sabia disso e não me disse nada? Ele deixou você vir até aqui para dizer que nosso casamento será adiado sem me consultar antes? Afinal de contas, quem é a noiva, eu ou a minha mãe? – Dora falava calmamente, mas as duas mulheres a olhavam como os olhos arregalados.

— Calma, minha filha. – Disse a mãe. – Entendo que esteja chateada com a situação, nós todas estamos, mas não transfira essa culpa para Raul, coitado! Ele já está triste o suficiente com a situação da prima, com o adiamento... Não ouviu o que sua sogra disse?

Dora respirou fundo e disse:

— Faça o seguinte, vamos adiar, mas sem remarcar, por enquanto. Vou conversar com Raul depois, ok?

— Theodora, se não marcarmos outra data, a catedral que eu queria não vai ter vaga mais! Já conversei com o padre e consegui uma nova data aqui, olha só, acho que vai ficar até melhor, é uma época mais fresca do ano, as flores estarão... – A sogra ia falando, como se a noiva fosse ela, como se os sentimentos de Dora não existissem, nem sua opinião.

— Não me importo com a catedral. Se for o caso, vamos para outro lugar, marcamos para outro ano, daremos um jeito. O que não pode acontecer é até o padre descobrir sobre o adiamento do meu casamento antes de mim! – Ela se levantou e foi para o quarto.

Sabia que tinha sido grosseira, seu coração estava apertado por isso. Mas não conseguiu se controlar, sentia-se insignificante. Mais uma vez, a sensação de que tudo estava montado para ela na vida, vinha com força. Sabia que seria sempre assim: todos decidindo tudo, e ela sendo comunicada. Raul nem se dera ao trabalho de contar-lhe as novidades. Ele não tinha tempo.

Após alguns minutos pensando, resolveu parar. As coisas não precisam ser assim. Eu não preciso estar em segundo plano sempre, posso tomar conta da minha vida, sem drama. Sentiu o corpo se aquecer, como se uma onda de ânimo a tivesse invadido. Pegou a roupa que pensara mais cedo e foi tomar um banho para se preparar. Queria estar linda e cheirosa.

Após o banho, colocou o biquíni que mais gostava. Não era pequeno nem grande demais, valorizava seu corpo, sem deixar desconfortável. Colocou shorts de cintura alta, todo preto e larguinho. A blusa foi uma branca, justa, de um pano elástico, que colocou para dentro dos shorts, e calçou uma rasteirinha dourada que amava.

Foi até o quarto, prendeu os cabelos em um rabo de cavalo alto e desarrumado, como gostava de usar. Dava o ar de "nem me arrumei para te ver", que queria passar para Leo, mostrando que não se preocupara o dia todo com aquele momento (o que, na verdade, ela fez). Passou uma maquiagem a prova d'água muito leve, praticamente imperceptível, e pronto.

O clube nunca parecera tão longe e ao mesmo tempo tão perto. Quando chegou lá, já atrasada devido ao incidente com a sogra, parou na porta e pensou: Será que é isso mesmo que eu quero?, mas, no segundo seguinte, lembrou-se da raiva que acabara de passar em casa, do tanto que Raul era omisso e estava cada vez pior, de todos os fins de semana que passara sozinha nos últimos tempos e resolveu que merecia dar uma chance a si mesma de tentar ser feliz. Entrou e foi andando devagar até a área da piscina.

O sol já estava se pondo, num fim de tarde lindo e quente. O lugar estava movimentado, mas não muito, pois já estava mais tarde que de costume, e ela fingia olhar no celular enquanto andava, nervosa demais para procurar por Leo. Aproximando-se da área onde estavam as cadeiras, não pode evitar e olhou para frente, como que para escolher um lugar para colocar as coisas.

Lá estava ele. Lindo, mais que nunca. Olhando fixamente para ela, de longe, com os cotovelos apoiados nos braços da cadeira e as mãos entrelaçadas, unidas próximas à boca. Ele sorria e reparava em cada detalhe dela, parecendo muito interessado. Dora, ainda parada, sem saber o que fazer, resolveu colocar a bolsa em cima da mesa mais próxima, e começou a tirar as coisas que precisaria usar, de dentro dela.

A cada segundo que passava, Dora ficava mais nervosa. Enjoada, tremia feito uma criança com medo. Começou a procurar os óculos na bolsa, mas não conseguia encontrar nada, e acabou deixando tudo cair. Antes que pudesse pensar em pegar o que estava no chão, sentiu uma mão firme em sua cintura:

— Desisti de esperar você ir até mim. – Disse Leo, rindo, dando um beijo em seu rosto. Dora virou-se para cumprimentá-lo, sentindo-se enrubescer.

— Ah, oi! Eu só tava separando minhas coisas aqui, mas tudo caiu e... – Enquanto ia falando, ela abaixou para pegar o que estava no chão e ele se abaixou ao seu lado, parecendo muito natural e divertido.

— Vamos entrar na água? Acho que poderíamos tirar uma folga do treino hoje, só para nos divertirmos, o que acha? Tive um dia estressante hoje, sabia? Queria conversar com alguém. – Dizia Leo, ajudando Dora a pegar os objetos espalhados no chão.

Tudo o que ela queria era isso. Poder conversar, naturalmente, sobre a vida, sem precisar se comprometer com nada, nem falar de sentimentos. Estava muito nervosa e nem conhecia ele direito.

— Claro. Vamos sim. – Ela começou a tirar blusa e ele, que já estava de bermuda de piscina, permaneceu onde estava, observando cada detalhe dela, que percebia e não podia negar que estava gostando.

— Também ando bem cansada e cheia de coisas na cabeça. Às vezes fico cheia de dores, sou muito tensa. – Disse ela, apertando a cervical e alongando o pescoço para o lado oposto.

Ele se aproximou rápido e, antes que ela pudesse evitar, já estava com as duas mãos em seu pescoço, massageando exatamente onde doía. — Minha mãe sofre de dores na coluna. Desde pequeno aprendi com a massagista que ia lá em casa, a diminuir essas dores. – Dizia ele, bem próximo da nuca de Dora. Ela sentia que a cada segundo que passava, ficava mais à vontade com ele, mas ao mesmo tempo, a tensão aumentava, ao ver que a situação sairia rapidamente de seu controle.

— É ótimo mesmo. Vamos nadar? – Disse ela, se afastando.

Eles entraram na água fria, sentindo o choque com o calor externo. Leo mergulhou de uma vez. Dora sentou-se na borda, molhou as pernas, e foi entrando aos poucos. Ambos molharam os cabelos e nadaram em direção aos degraus para continuar a conversa.

— Você disse que estava estressado, quer conversar sobre isso? – Perguntou Dora, não querendo deixar o assunto morrer, para evitar silêncios constrangedores.

—É verdade. – Ele respondeu. — Sua companhia é tão boa que já tinha esquecido que cheguei chateado aqui.

Ele permaneceu em silêncio por um tempo, olhando para o horizonte, com aqueles olhos azuis refletindo a cor da água, fazendo seu rosto parecer ainda mais bonito. Dessa vez, ela não se incomodou com o silêncio, porque ele parecia triste, encontrando uma forma de falar o que queria.

— Estou passando por uma fase muito difícil em casa. Cortei relações com meu pai há algum tempo, mas sou muito apegado à minha família e ficar longe deles tem acabado comigo. – Começou ele, com a voz baixa e o rosto muito sério. — Minha mãe sempre foi minha melhor amiga, nos divertíamos muito juntos, não temos segredos um para o outro. Mas de repente, tudo pareceu desmoronar na minha casa, e cá estou eu, longe de todo mundo. – Continuou ele.

Dora sentia pena dele, vontade de abraçá-lo e diminuir seu sofrimento. Não sabia o que dizer. Tinha ido até ali para conhecê-lo melhor, mas não sabia que teriam revelações tão sérias e sentimentos tão íntimos.

Ela o olhava encantada, enquanto ele continuava a narrar alguns de seus problemas. Leo desabafou mais um pouco e resolveu parar.

— Nossa! Parece que estou bem mais leve depois de ter falado isso tudo, sabia? Você é realmente uma pessoa especial, porque não consigo me abrir assim com ninguém. Acredito que vou ter dificuldade para falar sobre minha vida pessoal aqui na cidade, por isso, ainda não resolvi quando voltarei para a faculdade. – Dizia ele, enquanto chegava o corpo mais perto do dela, dentro d'água.

— Mas você não precisa ter medo de ninguém. As pessoas daqui são bem legais e a faculdade é ótima. Acho que vai ser bom voltar para a aula, conhecer pessoas novas... – Ela parou de falar porque não conseguia mais se concentrar. Aqueles olhos eram profundos demais, estavam perto demais e olhavam para ela tão fixamente que era impossível seguir qualquer linha de raciocínio. Ele se aproximara a ponto dela sentir sua respiração calma. Ele levou as mãos ao cabelo de Dora na tentativa de aproximá-la mais um pouco.

Ficaram alguns segundos assim e quando os olhos de ambos já estavam se fechando para que os lábios se encontrassem, uma criança pulou na piscina próximo a eles e o barulho fez Dora sair do encantamento. Ela afastou-se dele imediatamente.

— Eu não posso fazer isso. Pelo menos não agora. Me desculpe, mas preciso ir. – E mergulhou, nadando o mais rápido que podia até borda oposta, próxima da mesa onde estavam suas coisas. Ao sair da piscina seu coração batia disparado.

Ele foi atrás, nadou no mesmo sentido e saiu também.

— Eu que tenho que te pedir desculpas. Você não sabe, mas conversei com suas amigas e elas me disseram que você está num relacionamento sério. Eu só queria te conhecer melhor, te ver mais de perto, mas não era para ter acontecido isso. Passei dos limites, mas é só porque estou louco por você, Dora. – Ele voltou a se aproximar lentamente, colocando as mãos em sua cintura — Eu nunca conheci alguém tão encantadora, tão delicada, atenciosa e, ainda por cima, linda desse jeito. Você é uma mulher completa, perfeita, eu te quero pra mim. – Dizia ele, enquanto se aproximava mais uma vez, puxando-a contra seu corpo.

Dora, lutando contra tudo o que estava sentindo, deu-lhe um beijo no rosto, afasou-se e começou a se vestir, rapidamente.

— Te achei muito especial, também, mas agora já está tarde, e eu preciso ir. – Disse, já indo embora, sem dar tempo de ele dizer que a acompanharia até em casa.

Capítulo 6

Dora entrou em casa correndo. Esperava que a mãe já tivesse chegado do trabalho, tinha urgência em conversar com ela. Quando a viu sentada no sofá da sala de televisão, sentiu um alívio enorme.

— Mãe, precisamos conversar, e tem que ser agora. – Disse, enquanto procurava o controle da TV para desligá-la.

— Eu queria mesmo te ligar, você estava demorando a chegar, mas não liguei porque imaginei que devia estar acertando as coisas com Raul, não foi isso? – Perguntou Elisa, se ajeitando no sofá para ouvir o que a filha tinha a falar. — Resolveram uma nova data? – Continuou, acreditando que o assunto urgente fosse o mal-estar que houve naquela tarde, com a presença da sogra.

— Não, mãe. Não estava com Raul, e é sobre isso mesmo que eu quero falar. Não resolvi uma nova data e não vou fazer isso, não vai ter mais casamento. – Disse Dora, falando tudo de uma vez, com medo de perder a coragem. Imaginou que fosse chocar a mãe com aquelas palavras, então tentou ser o mais calma possível, mas não podia mais adiar aquela conversa. Tinha chegado ao ponto de quase beijar outro homem, há poucos minutos, e para ela, aquilo significava que as coisas realmente não podiam continuar como estavam.

Elisa ficou em silêncio por alguns segundos, fitando o chão, séria. Depois, voltou o olhar para Dora, e disse:

— Você tem certeza que não está exagerando na reação contra o que houve aqui, esta tarde? – Perguntou ela, também, muito calmamente. — Isso que você decidiu é algo muito sério.

— Tenho, mãe. Hoje foi a gota d'água. Eu sei que estou sendo muito injusta em desistir de tudo assim, tão em cima da hora, mas não dá mais! Não aguento mais fingir ser alguém que eu não sou, querer coisas que não quero. Não amo Raul, mãe. Até aqui, tudo foi levado com muito comodismo, medo de ferir as expectativas de todos, medo de não conseguir alguém legal... Mas há poucos dias, descobri sentimentos que até então não existiam para mim e percebi que estarei jogando minha vida fora, caso insista nesse casamento. – Dora já estava com a voz trêmula e os olhos cheios de lágrimas.

Elisa não conseguia esconder a surpresa, ouvindo aquilo que a filha dizia. Ela só tinha apoiado seu relacionamento, por pensar que ela estava feliz, e teria um futuro mais feliz ainda dali para frente. Em momento algum entendeu que toda aquela ansiedade e silêncio de Dora, em alguns momentos, significavam que o relacionamento não ia bem. Elas continuaram conversando e uma sensação de fracasso tomou conta de seu coração. Sentia-se a pior mãe do mundo, prestes a levar a filha até o altar, contra sua vontade.

A conversa durou horas, elas nem sabiam precisar quantas foram. Otavio estava viajando, então, nada as interrompeu. Quando acabou, Dora estava tão mais calma e mais leve, que não sabia porque não tinha feito aquilo antes.

— Então, mãe, você concorda comigo e me apoia para por um ponto final em tudo? – Perguntou, apreensiva, mas já deduzindo a resposta, após todo aquele tempo de desabafo.

— Dora, a única coisa que eu desejo nessa vida é que você seja feliz, encontre seu caminho, se realize como pessoa. Essa é a minha missão mais importante. É claro que eu te apoio, estarei ao seu lado para enfrentar o que vier. Você é tão especial... Tenho dó do Raul, por não ter sabido te dar o valor que merece. – Disse Elisa.

Dora não estava acreditando no que ouvia. Sua ansiedade foi tanta, a respeito daquele assunto, que se esqueceu da família maravilhosa que tinha.

— Obrigada, mãe. Precisava ouvir isso de você. Vou conversar com meu pai assim que for possível e resolverei essa história de uma vez por todas. – Disse ela, se levantando para ir tomar um banho e comer algo. Estava faminta e exausta, nem vira o tempo passar. O dia tinha sido cheio de emoções, mas estava terminando da melhor maneira possível.

Já de banho tomado, enquanto acabava de jantar, tarde da noite, ouviu seu pai entrando em casa. Vou conversar com ele também. Não pode passar de hoje. – pensou, levando o prato vazio para a pia, e enchendo-o de água. Com o pai, sabia que seria mais fácil. Ele estava bem menos envolvido na história do casamento, da festa e tudo mais. Foi se arrumar para dormir e, quando já estava em seu quarto, chamou Otavio.

Pai e filha conversaram longamente sobre tudo o que ela sentia a respeito do relacionamento com Raul e a reação dele foi a mesma da mãe. Apoiou inteiramente a decisão de Dora, que tentava buscar algo que lhe fizesse mais feliz. Deu-lhe um beijo de boa noite, como fazia quando ela era criança, esticou o cobertor sobre ela e apagou a luz do quarto.

— Agora dorme, filha. Já tomou decisões demais por hoje. Amanhã será um novo dia.

Betina e Alice ficaram eufóricas ao saberem do encontro de Dora e Leo no dia anterior. Depois da aula, as três foram almoçar em um restaurante, para poderem conversar livremente. Dora queria o apoio das amigas, pois pretendia, ainda naquele dia, procurar Raul para conversar.

— Então, quer dizer que foi maravilhoso? – Alice queria saber mais detalhes, não acreditava no que ouvia.

— Muito, é sério! Tudo que eu mais queria ontem era ter beijado Leo. Não tem como explicar o que sinto quando estou perto dele. Foi uma coisa muito inesperada que aconteceu entre nós, né? Eu mal o conheço. Nem sei o nome dele todo, será que é Leonardo de quê? – Pensava em voz alta, percebendo que realmente não sabia nem se o nome dele era, de fato, Leonardo.

— Amiga, mas agora foca no próximo passo que você precisa tomar. – Começou Betina, exercendo seu papel de prática da turma. Ela era indispensável em momentos de crise como esse. — Seus pais já foram. Essa era a pior parte para você, mas passou. Eles se mostraram maravilhosos como sempre, não foi? Mas agora você precisa pensar em como abrirá o jogo com Raul. Na minha opinião, não tem muito segredo. É chamá-lo para conversar e por um ponto final na história. E você, Alice? O que acha?

— Concordo que não precisa de muito rodeio, mas acho que você podia pensar numa forma de não machucá-lo muito, afinal, ele não te fez nada. Para mim, ele não precisa saber do Leo, por exemplo. Não pela sua boca, pelo menos. Até porque você estava no maior clima de romance com ele em público, então em breve, Raul já saberá o real motivo. – Disse Alice, levantando a mão para chamar o garçom e pedir mais uma lata de refrigerante.

— Vocês querem saber? Vou aproveitar que estou cheia de coragem e ligar para ele agora mesmo! – Disse Dora, levantando-se da mesa com o celular, para ir telefonar fora do restaurante. Por algum motivo, ficou constrangida para falar com ele na frente da amigas. Quando voltou, a cara estava péssima.

— Vocês acreditam que ele disse que não tem tempo hoje e que poderíamos conversar amanhã à noite? – Disse Dora, enquanto se acomodava novamente na mesa. — Mas eu disse que é um caso de vida ou morte, e que vou ao escritório, assim que acabar aqui, inclusive vou faltar ao estágio. Realmente, não tem espaço para mim na vida dele. – Refletia ela, triste. Tudo o que Dora mais queria era terminar, mas situações como aquela ainda a machucavam. Raul fez parte de sua vida, e ainda era muito importante. Doía sentir-se em segundo plano, mesmo diante das atuais circunstâncias.

— Amiga, não fica triste, isso tudo vai acabar bem. Vamos pedir uma sobremesa? Tenho certeza que um pouco de glicose vai trazer a coragem necessária para a tarde de hoje. – Argumentou Alice, consolando-a do jeito que melhor sabia fazer. — Além disso, as sobremesas daqui valem a pena, são muito boas.

Elas escolheram a sobremesa e pediram uma só para dividir entre as três. Era uma espécie de bolo quente com sorvete, dentro de uma taça enorme, com muita calda de chocolate, igualmente quente. Elas conversaram mais um pouco sobre assuntos diversos, claramente na intenção de distrair Dora até que a hora de falar com Raul chegasse. Ela percebia o que as amigas estavam fazendo e as amava ainda mais por isso. Mas o nervosismo que sentia, mesmo que disfarçadamente, só aumentava a cada segundo que passava.

— Meninas, acho que não vou mais enrolar. Já acabamos o macarrão, devoramos a maior sobremesa do mundo, pedimos até café! – Disse Dora, rindo – Não tenho mais o que fazer para tentar fugir do que me espera. Assim que chegar em casa, eu ligo para vocês. – Ela se levantou, pegou a bolsa e arrumou o cabelo, muito determinada. — E muito obrigada por tudo, vocês são maravilhosas.

No caminho para o escritório de Raul, Dora ia ensaiando, mentalmente, o que dizer. Tentava imaginar qual seria sua reação, ou se ele teria alguma. Por não ter ideia do que aconteceria, percebeu que, apesar dos longos anos de namoro, não conhecia bem quem estava ao seu lado. Não podia prever seu comportamento.

Chegou à sala de espera do escritório e pediu que a secretária anunciasse que estava ali. Alguns minutos depois, ela autorizou sua entrada. O escritório de Raul era lindo e Dora se espantava com isso todas as vezes que ia lá, pois eram bem poucas as visitas que fazia. Todo de madeira escura nas paredes e nos móveis, cheio de estantes com livros e peças decorativas, teto com luz indireta contornando a sala e um tapete enorme, em tons de creme e vermelho, cobria quase todo o piso de tábua corrida.

— Olá, meu amor! Não precisa nem dizer nada, já imagino o motivo que te trouxe até aqui. – Disse ele, soltando umas folhas que tinha nas mãos em cima da mesa, e indo em direção a ela. — Minha mãe estragou tudo, não foi? Disse para esperar, porque eu mesmo queria conversar com você, mas ela é ansiosa demais! – Deu-lhe um beijo rápido nos lábios, sem deixá-la falar. — Mas tenho boas notícias. Na verdade, minha prima terminou os exames e a situação é menos grave do que pensávamos, então, os ânimos da família já se acalmaram e podemos escolher uma nova data bem próxima! Está feliz agora?

— Não é nada disso, Raul. Olha, eu sinto muito pela sua prima, mas nós não vamos marcar data nenhuma, não vai haver mais casamento. – Dora achou melhor falar de uma vez, como fizera com a mãe, para evitar que perdesse a coragem ao longo da conversa. Fechou os olhos para conseguir concluir a frase. Não queria ver a expressão dele naquele momento, mas não tinha escolha. — Me desculpa por estar fazendo isso aqui, dessa forma, mas você não me deu alternativa.

Ele olhou no fundo dos olhos de Dora, como não fazia há muito tempo, pálido.

— Querida, você acha que não está preparada, é isso? Tudo bem, tudo bem, eu te entendo. Sei que, às vezes, vocês, mulheres, ficam confusas com essa história de casar e a festa desgasta muito, não é? Vamos adiar sem problema nenhum, eu, eu... – ele falava sem parar, perdido.

— Não. Na verdade, não quero adiar nada, você não está entendendo o que quero dizer. – Ela ganhou confiança, estava disposta a falar tudo o que sentira nos últimos tempos. — Raul, você é uma pessoa muito especial, maravilhoso, acredite nisso. Mas nossas vidas seguiram caminhos diferentes, conforme fomos crescendo. A sua vida é sempre, o tempo todo, voltada para o trabalho, e eu não quero isso para mim. Me sinto muito sozinha às vezes, quase sempre, na verdade, e trocar mensagens com você, sinceramente, não é o suficiente.

Dora fez uma pausa, respirou fundo, e seguiu:

— Meu humor tem ficado muito volúvel, perdi a vontade de fazer as coisas que mais amava, sabe? Deixei de ser a pessoa alegre que sempre fui, por me deixar acomodar em uma vida que não era para mim. Demorei muito a entender que o motivo éramos nós, justamente pela "história perfeita" que construímos aos olhos de todos. E o pior é que não podia reclamar nunca, porque, afinal de contas, você estava trabalhando e não tenho o direito de querer competir com isso. Parecia infantil, para mim, pensar dessa forma, era como ter ciúme de seu trabalho! – Seus olhos estavam cheios d'água, mas ela sabia que não podia parar por ali.

— Eu tentei forçar meu coração, mas as coisas têm limite. Você não vai mudar nunca, eu sei disso. No fundo, eu nem desejo uma mudança sua, pois isso seria perder sua identidade. Só não acho que seremos capazes viver o nosso "felizes para sempre."

Pronto. Acabou. Agora Dora não tinha mais como voltar atrás. Pensou que sentiria um alívio enorme ao dizer tudo aquilo, mas só sentia um vazio estranho.

Raul, que ouvira tudo em silêncio, com o mesmo semblante do início ao fim, já havia recuperado a cor perdida nos primeiros segundos, e se recompôs. Respirou fundo, passou as mãos no rosto, numa tentativa de se preparar para dizer algo, e começou:

— O pior é que eu concordo com tudo o que você disse, Dora. Não te culpo de forma nenhuma, por estar aqui dizendo essas coisas. Sempre te amei, não sei se algum dia conseguirei amar alguém assim, mas não vou mudar. Vivo pelo meu trabalho, é isso que me mantém de pé, é como um vício, uma paixão. – A voz dele era baixa e firme. — Além do mais, não consigo me doar para alguém, não no nível que você precisa. Tenho meus limites de entrega, meus bloqueios quando a palavra é dividir, ou ceder. Não sou carente, e tenho dificuldades em lidar com a sua carência. Não leve isso como uma crítica, estou falando com carinho... Quem me quiser ao lado, vai precisar aceitar que tenho vários defeitos e limites quando se trata de vida a dois, mas tenho inúmeras qualidades também, muito raras. Você não chegou a conhecer todas elas, por nunca ter se interessado o suficiente pelo meu mundo. Sempre quis me levar para o seu, ou construir um "nosso".

Agora era o momento de Raul se soltar e falar tudo o que pensava.

— Você nunca se interessou pelos meus assuntos, minhas reuniões, meu trabalho. Já viajou comigo para algum compromisso? Quantas vezes já te convidei? Quantas vezes você realmente prestou atenção no que eu te dizia, quando ligava empolgado com uma conquista? Você nunca me ajudou quando estive diante de desafios enormes, preferia ficar em casa ou com as meninas. Isso sempre foi frustrante para mim, sabia? Talvez fosse mais fácil dar espaço para alguém que realmente buscasse espaço na minha vida. Você nunca buscou. Mas, mesmo assim, eu te amo, e por isso tentei fingir não perceber nada disso. Fico aliviado por ter percebido por nós. Nós precisávamos desse fim.

Dora não escondia o choque. Estava impressionada com tudo o que ouvira. Nunca passara por sua cabeça que Raul pudesse pensar daquela forma, sobre seu desinteresse. Ela pensava que ele nem notava o fato de morrer de preguiça dos assuntos dele, sempre sobre trabalho. No fundo, tinha resistência em conseguir gostar daquilo que o afastava tanto dela, era como um bloqueio inconsciente, que acabara de enxergar.

O vazio que começara a sentir, agora era enorme. Será que estava arrependida por ter deixado tudo chegar àquele ponto? Não sabia dizer ao certo. Agora sabia que não tinha como voltar atrás, já que ele concordara em também não querer mais.

— Acho que tudo já foi dito, não foi? Vou deixar você trabalhar. E me desculpe. – Disse, se dirigindo para a porta, devagar. Percebeu que queria que ele a impedisse de sair daquele jeito, mas nem uma palavra foi dita e ela teve o caminho livre até a rua. Parou, em frente ao elegante prédio, por alguns segundos, esperando que ele saísse correndo, arrependido, e, mais uma vez, nada.

Capítulo 7

Dora chorou pouco aquele dia, mas não se sentia melhor por ter conversado com Raul. Pelo contrário. A reação dele, de concordar com o fim de forma tão seca, direta e inesperada, levou-a a se sentir tão rejeitada, que não conseguia pensar em nada de bom.

Contudo, no dia seguinte, sentiu-se mais firme e, a cada dia que passava, a sensação de liberdade ia aos poucos tomando conta dela. As amigas, que também se impressionaram com o rumo que a conversa tomou, concluíram, por fim, que independentemente de qualquer nova história de amor que viesse a acontecer, o melhor estava feito. Mais cedo ou mais tarde, aquele casamento que estava prestes a acontecer, desabaria feito um castelo de cartas, gerando ainda mais infelicidade a todos os envolvidos.

Dora continuava nas aulas da faculdade e no estágio, tentando ocupar a cabeça com assuntos diversos que não fossem Leo. Passou a evitar o clube ou locais em que ele pudesse estar, nos primeiros dias que sucederam o término. De repente, uma nova história de amor não lhe pareceu uma boa ideia, mas sempre que distraía, nos momentos em que não se vigiava, seu pensamento a levava a ele.

Toda a história com Raul ainda a machucava, a fazia se sentir mal. O término se espalhou rápido pela cidade e, por mais que

Betina e Alice tentassem poupá-la, não comentando sobre as teorias que ouviam ou perguntas que as pessoas faziam, Dora sabia que o caso tinha virado notícia na cidade e não podia evitar a curiosidade das pessoas.

Até que, em uma manhã de sol quente, acordou de bem com a vida, após uma excelente noite com ótimos sonhos, resolveu sair de casa e ir para o clube. Se arrumou da forma como se sentia mais bonita e foi, sozinha, cheia de expectativa.

Mas, chegando lá, Leo não estava. Não tinha ninguém de interessante. A frustração foi tão grande que serviu para ela se dar conta da vontade enorme que sentia de voltar a vê-lo. Agora, ela se sentia tão livre e cheia de coragem, que resolveu ir, como quem não quer nada, andando em direção à casa dele. Como a cidade era pequena, todos sabiam onde cada um morava, então isso facilitava um pouco as coisas.

Mais uma vez, não encontrou ninguém, nem nada que pudesse lhe servir de pista sobre o paradeiro dele. Começou a pensar, então, se ele tinha se mudado de volta para casa. Não ouvira nenhuma notícia sobre ele nos últimos dias... Só de pensar nisso, seu coração disparou, e ela resolveu agir.

Chegando em casa, pegou o celular e mandou: "Fui ao clube mas não vi você por lá... pensei que seria uma boa se pudéssemos nos ver." Uma hora se passou e ele não tinha dado notícia. Nada, nem um telefone, mensagem de resposta, nenhum sinal de vida. Resolveu insistir: "Na verdade, estou realmente precisando conversar, te contar algumas novidades. Quando der, me liga!"

Dessa vez, foi um dia inteiro de silêncio. Dora não era capaz de entender o que estava havendo. O que lhe parecia mais provável era que ele tinha voltado para casa, que a crise com os pais já tinha passado, e que tudo que tinha acontecido ali naquela cidade tinha sido uma mera aventura de adolescente rebelde.

Leo estava em casa, deitado no sofá, com a televisão ligada em qualquer canal, o celular nas mãos. Desde o dia em que quase beijara Dora na piscina, muita coisa havia mudado em sua cabeça. Ele descobriu que não seria tão fácil seguir com aquilo que havia planejado com o pai.

A situação em sua casa continuava péssima. A imprensa havia se acalmado um pouco, mas sua família continuava em crise, com medo da reação das pessoas na rua e do desenrolar das investigações da polícia. Eles se apoiavam mas, no fundo, todos tinham dúvida sobre o que realmente estava acontecendo e quais seriam as consequências. Por isso, manter a família em total discrição, agora, era o única saída deles.

Malu, que sempre brilhara, agora evitava aparecer em colunas sociais, eventos e festas badaladas. Tinha medo da hostilidade das pessoas, e desejava ser esquecida, pelo menos, por enquanto. Parou de alimentar redes sociais e os jantares preferidos do casal, agora, eram sempre pedidos em casa. Não se ostentava mais nada, a fim de evitar chamar a atenção para qualquer tipo de mídia e aumentar ainda mais as especulações.

Enquanto isso, Leo era visto por eles como um salvador. Todos sentiam sua falta em casa, mas sabiam que ele, melhor que ninguém, iria representar bem a família, fazer com que voltassem a ser bem vistos e admirados. Mas eles não sabiam o que estava passando pela cabeça do rapaz.

Tentando negar para si mesmo um sentimento tão forte, Leo tentava acreditar que a sensação boa que sentia perto de Dora era apenas euforia por estar pondo seu plano em prática e sendo bem-sucedido. Fazia bem para seu ego ver que bastava escolher alguém que em pouco tempo conseguia conquistar, como sempre foi.

Dessa vez, porém, estava diferente. E tudo se intensificou desde a última conversa deles no clube. Quando ela entrou na área da piscina, seu coração disparou e, de repente, tudo o que ele desejava era aquela mulher. Nada mais passava pela sua cabeça. Quando conversaram, ele foi obrigado a falar algumas mentiras no início, mas, aos poucos, começou a por sentimentos reais para fora, algo que nunca faria com outra pessoa.

Por causa do personagem que estava criando, foi forçado a fingir certa fragilidade, mas sem querer acabou colocando seus pontos fracos reais em palavras, e ela permaneceu ali, ouvindo, com o olhar mais lindo de compreensão e respeito. Nunca se mostrava fraco para mulher nenhuma, mas ali, se sentiu um órfão, uma criança indefesa.

Depois da conversa, o que aconteceu foi muito real. Não tinha mais nada em jogo, além do que estava realmente sentindo. Ele nunca amara ninguém, desconhecia a sensação, precisava viver aquilo para entender, mas Dora fugiu, não se rendeu totalmente, e não deu mais notícias.

Percebendo que a situação sairia de uma vez de seu controle, Leo resolveu recuar para pensar no que fazer. Estava gostando de Dora, não conseguia tirá-la da cabeça por nada. E sabia que estava sendo correspondido. Mas quando ela soubesse quem era ele, tudo estaria acabado. Além do mais, ele lera a reportagem no jornal da região, assinada pelo pai dela, falando de seu pai.

Ele sabia que aquele homem tinha razão, mas não pode evitar o ódio crescente que sentia dele. Além do mais, a família de Dora dificilmente apoiaria um relacionamento dos dois.

Quando chegou na cidade, acreditou que, como sempre foi, não se envolveria emocionalmente, então conseguiria manipular as pessoas, mesmo que sofresse resistência. No entanto, agora, com aquele sentimento estranho diante de Dora, o medo de enfrentar tudo, a começar pela família dela, o paralisou. Ele não teve forças para seguir e resolveu sair de cena, pelo menos por um tempo. Não saía mais de casa, passava dia e noite pensando sobre como reverter a situação. Precisava afastar o coração de tudo antes de voltar a por o plano em prática.

A situação ficou mais séria depois que recebeu as duas mensagens de Dora. Ela havia terminado seu relacionamento, com certeza. Para aparecer assim... Ele percebeu que, apesar da atração irresistível que um sentiu pelo outro, ela tinha ética demais para se entregar de cara, tendo outro compromisso. Se resolveu procurá-lo mesmo diante de seu recuo, é porque estava livre e, agora, seu papel como homem, era aparecer e sustentar o que falou até ali. Mas não tinha coragem.

Um homem milionário, lindo e popular da capital veio para o interior se esconder em casa, tremendo de medo dos próprios sentimentos por uma mulher – Pensava ele, com vergonha de si.

A campainha tocou pela terceira vez. Leo, então, abriu lentamente os olhos, percebendo que aquele barulho não estava vindo de seus sonhos, era alguém querendo entrar em sua casa. Ele estava no sofá, a televisão ligada, um prato de comida no chão à sua frente. Tinha se rendido ao delivery de hambúrguer mais próximo, andava muito sem ânimo para cozinhar. Não tinha ideia de que horas eram, mas via pela janela que já era noite.

Raciocinou por alguns segundos sobre quem poderia ser, na dúvida sobre abrir ou não, mas tocaram mais uma vez. Pode ser alguma emergência, pensou, se levantando e indo em direção à porta.

Ao abrir, seu coração disparou.

Dora estava mais linda do que nunca na sua frente. Com uma blusa de frio preta, fina, os cabelos caindo na lateral do rosto, os olhos grandes e intensos olhando no fundo dos olhos dele. O perfume que vinha dela fazia parecer que aquilo era um sonho.

Ele não conseguiu falar nada. As palavras simplesmente não vinham. Diante do silêncio e da seriedade dele na porta, ela também ficou sem reação.

— Eu... Eu vim só para... eu descobri seu apartamento com a...

Então, eles se beijaram... Se beijaram longamente, como se aquilo fosse a última coisa que fariam na vida. Ele sentia que se soltasse Dora, ficaria sem ela.

Ao se afastarem, ainda na porta do apartamento, ela não conseguiu conter um leve sorriso.

— Terminei meu compromisso. Não tirei você da cabeça, essa é a verdade. – Disse ela, baixo, ainda com o rosto muito próximo do dele, sentindo o calor de sua respiração.

— Eu também não te esqueci. Só não respondi porque precisava de um tempo e... – Ele sentia necessidade de se explicar, de demonstrar que não desejava ter estado ausente nos últimos dias. — Vou ficar aqui fora para sempre? – Disse ela, rindo.

— Entra, me desculpa, só estou muito surpreso por te receber aqui. – Ele a conduziu para dentro e se lembrou da bagunça que tinha deixado a casa. Logo depois, percebeu que estava só de shorts de pijama, com o cabelo todo atrapalhado, mas não podia fazer nada.

— Eu vim porque estava preocupada. Ninguém te viu nos últimos dias, sei que sua família está distante e pensei que pudesse ter acontecido alguma coisa. – Ela entrou, procurando um lugar para assentar.

— E aconteceu mesmo. Mas não quero falar de nada disso agora. Só fica aqui comigo, não quero mais perder nem um segundo de você.

Alice acordou com o toque de seu celular. Quem será, a essa hora da manhã?, pensou, alcançando o telefone ainda com os olhos fechados.

— Alô? – A voz saiu mais mal-humorada do que pretendia.

— Alice? É Elisa, tudo bem? Desculpe a hora que estou te ligando, mas estou procurando Dora, ela está por aí? Tentei o celular dela várias vezes, mas está desligado!

— Oi, tia. Que isso, não tem problema nenhum, inclusive eu tenho aula daqui a pouco, nem posso dormir mais! Esse período estou muito apertada na faculdade, sabe com é... – Alice tentava enrolar na linha, enquanto vasculhava a mente tentando se lembrar se havia combinado alguma coisa com Dora, sobre acobertá-la, ou algo do tipo.

— Sim, querida, eu sei... Mas, Dora está por aí?

— Não, tia... ela deve estar na Betina! Inclusive acho que lembro delas combinando alguma coisa ontem... – Ela continuava disfarçando, com medo de ter dito alguma bobagem.

— Obrigada, querida! Apareça aqui em casa, estou com saudades. Beijos.

No mesmo segundo, Alice ligou para Betina, para perguntá-la sobre o acontecido.

— Betina, a Dora dormiu aí? – A amiga ainda estava dormindo também, mas entendeu a situação em meio segundo.

— Não, Lili. E nem me avisou nada sobre o que faria ontem à noite. Você tá pensando a mesma coisa que eu?

— Com certeza! Então não atenda a tia Elisa, até acharmos Dora. Acho que ela vai estar cheia de novidades!

Capítulo 8

Dora acordou com o sol batendo em seus olhos. Demorou alguns segundos para se situar. Aquela cortina cinza, entreaberta, cobrindo parte de uma janela grande de vidro, que deixava o sol entrar, mostrando um dia tão lindo... DIA. Arregalou os olhos, com o coração disparado. Olhou para o lado e só confirmou a lembrança da noite passada.

— Leo!!! Acorda! ! Já são quase sete horas! Eu passei a noite aqui! Meu Deus, meu celular ficou desligado, meus pais vão me matar! – Ela dizia, enquanto se levantava correndo, procurando onde estavam o jeans e a blusa que ficaram jogadas no chão.

— Calma, gatinha, dorme mais um pouco, mais tarde faço um café para nós... – Leo não conseguiu efetivamente acordar, os olhos nem abriram, e ele falava num tom meloso que fazia Dora desejar perder o juízo e se entregar à preguiça, ao lado dele.

— Nem pensar, Leo, cadê meu sapato? Preciso ir para faculdade! – Ela procurava as coisas cheia de pressa, jogando lençol, cobertor, travesseiro, tudo para cima, em busca de seus pertences.

— Promete que volta para me ver? Ainda temos muito que conversar. – Perguntou ele, agora, quase acordado.

— Prometo. Eu volto, se meus pais não me matarem por ter passado a noite fora, sem celular e sem avisar. Meu celular! Cadê?

Dora voltou para a cama, para procurar o celular, e o encontrou no criado mudo ao lado de onde dormira. Juntou tudo o que era seu e saiu às pressas, batendo a porta.

Betina e Alice combinaram de se encontrar na frente da entrada por onde Dora passaria para ir à aula, na tentativa de cercá-la e combinar algo antes que ela falasse com a mãe. Além disso, estavam mortas de curiosidade para descobrir o que houve na noite anterior. E funcionou.

— Vocês não imaginam o que houve! Nem sei como vou fazer, dormi fora de casa sem avisar aos meus pais, eles devem estar desesperados atrás de mim! – Disse, assim que se aproximou das meninas.

— Você me deve uma! Não atendi às chamadas da sua mãe ainda, porque a Alice me avisou que ela estava à sua procura, e nós já imaginamos o que poderia ter acontecido! – Disse Betina, fazendo Dora respirar com mais calma.

— Agora eu atendo, digo que você estava lá em casa me ajudando com alguma coisa e acabamos pegando no sono. Mas isso vai ter seu preço! – Todas riram, agora mais aliviadas por estar tudo bem.

Elas se encontraram horas depois, para almoçar, e Dora prometeu contar os detalhes. Ao chegarem no restaurante do campus, procuraram a mesa mais reservada possível, para que ninguém ouvisse a conversa e pudessem interrogar a amiga à vontade.

— Você apareceu na porta dele? Como assim? – Alice estava surpresa com a atitude, mas maravilhada. — Não tinha nada combinado?

— Pior que não. Desde que terminei, não o via em lugar nenhum. Comecei a ficar aflita, com medo dele ter ido embora para a capital. Vocês perceberam que o que eu senti por ele era forte, não é? Não podia deixar tudo acabar assim, sem nem tentar. Então mandei mensagens, para ver se conseguia notícias, e nada. Ele não respondeu nenhuma. A aflição só foi aumentando, quando vi, já estava tocando a campainha do apartamento dele. Vocês sabem que a portaria daquele prédio fica sempre aberta, né? – Narrava Dora, cheia de orgulho pela coragem que tivera.

Ela contou cada detalhe da conversa que tiveram naquela noite. Leo explicou que estava fugindo dela por medo e por saber que ela era comprometida. Tentou esquecê-la, mas até aquele momento não tivera sucesso. Ela ficou aliviada, contou que tinha terminado o noivado há pouco tempo e um pouco da história que viveu. A conversa rendeu, os minutos passavam sem que os dois percebessem. Estavam envolvidos demais, claramente apaixonados.

— Enfim, a noite foi maravilhosa. E graças a Deus tenho as melhores amigas do mundo! A situação lá em casa está totalmente controlada. – Dora ria como se estivesse flutuando. Nada parecia ser problema naquele momento. As amigas estavam eufóricas com a situação. Ávidas por mais detalhes daquela história tão apaixonante.

— Vocês marcaram de se ver de novo? – Perguntou Betina. — Preciso me preparar para te ajudar, se for preciso. Improvisar nem sempre da certo.

— Sim, vou passar na casa dele, hoje à noite, após o estágio. – As amigas se entreolharam, dando uma risadinha que Dora já conhecia há anos. — Mas não se preocupem, não pretendo desaparecer todas as noites. – Completou, rindo. — Apenas achei que lá seria o melhor lugar para encontrarmos de novo, porque não pretendo contar nada pros meus pais ainda. Não sei no que vai dar, então, prefiro ir com calma. Além disso, a cidade inteira vai ficar sabendo, caso eu saia com ele! Eu não quero expor o Raul. Tem pouco tempo que terminamos.

Mais tarde, na saída do estágio, Dora mandou uma mensagem para Leo, que foi imediatamente respondida. Eles combinaram mais um encontro na casa dele. Ela chegou um pouco tensa e tímida, já não tinha a mesma coragem do dia anterior. Mas bastaram alguns minutos para tudo parecer natural e delicioso.

Pediram comida em uma lanchonete próxima, assistiram a um filme de comédia que ambos adoraram, jogaram conversa fora.

— Meu Deus, já são mais de nove horas! O tempo voa quando estou aqui! – Ela disse, enquanto levantava do sofá, se espreguiçando. — Tenho de ir. Preciso arrumar minhas coisas para as aulas de amanhã e descansar. Se ficar mais, perco a hora de novo!

— Seus pais te questionaram sobre a noite de ontem? – Perguntou ele, já imaginando a resposta.

— Na verdade, não, acredita? As meninas combinaram tudo e disseram que eu estava na casa da Betina. Claro que minha mãe reclamou por não ter avisado, mas ficou tudo bem. – Respondeu ela, já se arrumando para sair. — Falando em meus pais, queria te pedir para mantermos isso que estamos vivendo da forma mais discreta possível. Não queria envolve-los por enquanto. Tudo bem para você?

— Claro, meu bem! Como você quiser. Mas que fique claro que, por mim, não escondemos por muito tempo. – Leo se aproximou dela, a envolveu com os braços e lhe deu um beijo longo e calmo. Eles se despediram e ela se foi.

Os dias foram passando leves, frescos e cheios de vida. Dora seguia sorrindo à toa, bem disposta para os afazeres todos, indo bem na faculdade, no estágio... Todos à sua volta eram só elogios. Sempre que tinha um tempinho, corria para a casa de Leo. Eles eram melhores amigos. A sintonia era absoluta.

Filmes, livros, música, séries, todos os hobbies deles eram compatíveis. Não gostavam exatamente das mesmas coisas, mas foram descobrindo, um com o outro, novidades que amavam. As conversas eram longas, às vezes, sobre nada relevante, às vezes, sobre o futuro da humanidade.

Leo opinava sobre tudo, sempre tinha algo a acrescentar, e isso encantava Dora. Ele a ouvia de corpo e alma. Quando tinha problemas com alguém durante o dia, sabia que tinha com quem desabafar à noite. Não importa a hora que chegasse lá, ele sempre estava à sua espera com um lindo sorriso no rosto.

As primeiras semanas voaram sem que eles sequer percebessem. Até que em uma segunda-feira lotada de compromissos, após passar um dia inteiro correndo e resolvendo problemas, Dora foi direto para a casa de Leo, louca para relaxar. Quando chegou lá, acabou por falar sem parar sobre tudo o que precisara enfrentar naquele dia, e ao final da narrativa, pensou em algo que nunca tinha perguntado antes:

— Estive pensando, nunca conversamos sobre sua vida profissional, não é? Sei que você trancou a faculdade, mas nunca tocou nesse assunto comigo... o que pretende fazer? Quais são os seus planos? – Ela concluiu que aquela situação de tê-lo sempre à disposição era tão boa, que nunca chegou a pensar no dia que não seria mais assim.

— Na verdade, eu não sei. – Leo ficou sério de repente. Repousou o garfo que segurava em seu prato e levou as duas mãos ao rosto, como que para ganhar tempo para pensar. – Preciso conversar com você sobre isso, Dora. Acho mesmo que não tem mais como adiar. Você precisa me ouvir. – Ela continuava comendo, esperando que ele fosse dividir com ela suas inseguranças sobre o futuro, e estava ali para ouvir e ajudar.

Distraída, pegou o copo de suco e levou até os lábios, esperando que ele começasse a falar. Ele fechou os olhos e disse, de uma vez:

— Sou filho de Leopoldo Albuquerque. Aquele mesmo, do jornal.

Dora engasgou com o suco, tudo foi parar no prato, ainda cheio de comida. A surpresa foi tanta que não sabia o que dizer. Leo continuava ali, parado, olhando para ela, esperando sua reação.

— Como é que é? – Sua voz era uma mistura de susto com raiva, ele não conseguiu distinguir.

— Você é filho daquele homem envolvido no escândalo de corrupção? – Ela perguntou. – Envolvido não, investigado. – Ele disse baixo, olhando fixamente para seu próprio prato.

— Por que nunca me disse nada? Agora percebo que nunca soube seu nome todo! Deve ser... – Ela falava rápido, confusa.

— Leopoldo é meu nome, assim como meu pai. Nunca te escondi que tinha problemas em casa e não dei mais detalhes sobre meu passado porque ainda não estava preparado para esse tipo de ração que você está tendo agora. Dá para entender, também, porque não tenho redes sociais, né? – Ele começou a dizer numa voz calma, agora já encarando Dora.

— Ainda não voltei para faculdade nem me envolvi em nada aqui na cidade pelo mesmo motivo. Precisei me esconder um pouco. Tive medo das pessoas. Não fui tão corajoso quanto pensei que seria ao sair de casa e vir para Flor de Lis... – Ele contava, triste. Os olhos já estavam marejados e a voz trêmula, mas ela não se comoveu tão rápido.

— Mas, com tantos lugares no mundo, por que diabos você veio parar justo aqui, no lugar onde seu pai é mais odiado?

— Justamente por isso. Eu quis provar para todo mundo que sou diferente. Não penso como ele, inclusive fui capaz de abrir mão de toda a vida boa que tinha para vir até aqui e ter a oportunidade de conhecer as pessoas que foram ofendidas. Foi um gesto de rebeldia, Dora. – Agora ele já estava de pé, gesticulava, lágrimas desciam em seu rosto.

— Mas eu acabei me dando mal, porque em muito pouco tempo, me apaixonei, e fiquei paralisado. De repente, tudo o que desejei foi ver você, ter você aqui comigo. Perdi a coragem de encarar o mundo, fraquejei. Tive medo de te decepcionar. Não sou meu pai, eu posso te provar que sou um ser humano melhor do que ele, por favor, não vá embora. – Ele se abaixou perto dela. Tinha o rosto bem próximo ao de Dora. Podia ver a desconfiança em seus olhos.

— Não estou dizendo que você seja como seu pai nem nada, mas acho que a gente precisava ter conversado sobre isso antes! Estou me sentindo mal por ter me envolvido tanto com alguém que nem conheço a história, ou melhor, que conheço muito bem a história, mas contada pelo jornal! – Ela falava rápido, assustada.

— Então, você quer dizer que se soubesse da minha história antes, não teria se envolvido comigo, é isso? – Ele começou a mudar o rumo da conversa, já usava essa estratégia naturalmente.

— Não, eu não disse isso, é só que... – Dora estava confusa. — Eu vou para casa. Amanhã conversamos. Desculpa, só estou assustada com tudo isso, mas vai passar.

Ela foi embora, sentindo-se perdida, andando sem perceber o caminho que fazia. Os olhos estavam cheios de lágrimas.. Em casa, não falou nada com ninguém, apenas deu um beijo nos pais e subiu para o quarto. A cabeça girava.

A noite foi longa e insone e quando Dora se deu conta, o dia já estava amanhecendo. Seu pensamento foi longe durante a noite. Em alguns momentos, ela cochilava e sonhava que Leo estava sendo preso, que ela estava sendo presa, que seu pai gritava com eles, chamava Leo de ladrão. Em todos os casos, ela acordava sobressaltada e demorava a conseguir dormir novamente. Mas, quando finalmente a manhã chegou, ela estava mais calma. Sua mãe tinha absoluta razão quando lhe ensinou: à noite, tudo parece pior.

A novidade da noite anterior não parecia mais tão assustadora. Afinal de contas, ela não podia julgar uma pessoa por erros cometidos por sua família. Ninguém é culpado pelo pai que tem. Além do mais, apesar das palavras infelizes que ele dissera em rede nacional, nada estava comprovado, em se tratando de corrupção. Não que ela soubesse.

Pensando dessa forma, ela se levantou mais leve e animada, para encarar seu dia. Chegando à faculdade, ligou para as meninas e combinou um encontro. Precisava da opinião delas antes de tomar qualquer atitude.

A conversa entre elas foi bem tranquila. A principio, ambas levaram susto, mas depois, chegaram à mesma conclusão de Dora.

— Você não pode se esquecer que ele é uma pessoa única, não é a cópia do pai, nem da mãe. Mas isso também não significa que Leo seja cem por cento bom. Ele pode ser o pior deles. – Disse Betina.

Dora ainda se sentia um pouco confusa, mas seu sentimento era mais forte que qualquer dúvida. Decidiu apoiar Leo diante da família e da cidade, se precisasse. Foi até a casa dele, e conversaram longamente sobre como agir dali para frente.

— Minha primeira preocupação é a reação dos meus pais... – Disse Dora, deitada na perna de Leo, enquanto ele acariciava seus cabelos. – Precisamos conversar com eles o quanto antes, para que não fiquem sabendo por ninguém além de mim.

— Estou pronto, podemos ir pessoalmente conversar sobre isso, se quiser. Confesso que encarar seu pai, com a verdade, não é uma ideia que me atrai. Mas sei que não posso fugir e ficar dentro desse apartamento a vida toda.

— Meu pai é uma pessoa muito justa, sempre me apoiou em tudo, tenho certeza que agora não vai ser diferente. Pode ser que demore um pouco, mas ele vai acabar te apoiando também. Aquela história mexeu muito com todo mundo, com o jornal... Mas a comoção envolvida já passou. – Dora falava aquilo da boca para fora. Estava com muito receio, mas não podia agir diferente e deixar Leo numa situação ainda pior.

— Vou para casa conversar com meus pais sobre nós dois, mas sem detalhes. Vamos com calma. – Ela tomou coragem para se levantar do colo dele, apesar da vontade de ficar ali naquela conversa para sempre, sem precisar enfrentar mais nada.

— Tudo bem, espero um telefonema seu mais tarde, tá bom? Vou ficar aqui torcendo para tudo dar certo na sua casa. Estou ansioso para esclarecer as coisas logo e te assumir de verdade, para todo mundo. Além do mais, com sua família ao meu lado, vou me sentir muito mais confiante para voltar à faculdade e começar uma vida realmente nova. – Leo envolvia Dora com os braços, enquanto falava, de uma forma carinhosa e aconchegante.

— Pode deixar, mais tarde eu te ligo! – Ela disse já se aproximando do rosto dele, para lhe dar um beijo de despedida.

E Dora se foi.

Capítulo 9

Elisa olhava fixamente para o prato servido no jantar, mas com a comida já fria. Não sabia o que fazer naquele momento. Dora acabara de jogar uma bomba na mesa, contando para ela e para Otavio que estava namorando o filho de Leopoldo Albuquerque e o marido estava absolutamente enfurecido.

— Eu não acredito que depois de tudo que aconteceu, esse sujeito ainda tem a coragem de vir para Flor de Lis e ainda se aproximar da minha filha. Dora, ele sabe quem sou, ele deve saber, desde o início, sobre a matéria que publiquei! Será que com tanta gente no mundo, você precisava gostar logo desse sujeito? Logo ele?

Essa já era a milésima frase que Otavio falava. A voz já tinha voltado ao tom normal, depois de alguns gritos. Ninguém mais comia. Dora, que tomou a decisão de contar tudo para eles de uma vez, evitando assim que a história chegasse até sua família por outra pessoa, agora pensava se havia feito a coisa certa.

— Pai, me deixa falar um pouco, eu... – Ela começava a frase já sabendo que seria interrompida.

— Espera, eu ainda não acabei! Dora, olha a situação que você está colocando seu pai. A cidade inteira, quando descobrir, vai se enfurecer contra esse garoto, você vai entrar nessa confusão, as pessoas vão me cobrar uma posição... Para e pensa ! Existem consequências para os nossos atos, sabia? Quando eu...

E ele falou por mais meia hora, fazendo todas as colocações possíveis, mas Dora já nem ouvia. Ela já tinha tomado sua decisão e se manteria firme até o dia em que tudo ficasse em paz.

Os dias seguintes foram turbulentos na família Oliveira. Otavio seguia mal- humorado e irritadiço. Elisa, que não queria contrariar o marido, mas também sabia que precisava apoiar a filha, seguia quieta, evitando conversas mais longas com qualquer um dos dois. Sabia que esperar um pouco seria a melhor opção naquele momento.

— Dora, minha filha, entendo o que você tem passado com seu pai. Mas preciso te avisar que ele só está tentando te proteger. Você tem certeza que é isso mesmo que você quer? Se meter numa confusão de nível nacional? – Elisa tocou no assunto pela primeira vez com a filha, enquanto passavam seus cremes no rosto, hidratantes, ácidos, anti-idade, ritual diário das duas antes dormir.

Mãe, eu nunca tive tanta certeza na minha vida. Leo é uma pessoa muito diferente do que vocês imaginam. Se ao menos vocês tivessem interesse em conhecê-lo antes de julgar...

— Eu não me nego a conhecê-lo, pelo contrário. Se é para você se envolver com alguém, que seja alguém que eu conheço e aprovo. Mas agora não é o momento. Vamos esperar seu pai se acalmar, pegue mais leve com ele. Vou tentando convencê-lo também. Mas tenha em mente, Dora, que se tudo der errado, a responsabilidade será sua.

Aquelas palavras da mãe pesaram muito mais que os gritos e discursos do pai. O fato de Elisa apoiar Dora e se comprometer em ajudá-la aumentou ainda mais a responsabilidade sobre sua escolha.

Enquanto eles estavam contra, o trabalho de convencê-los era mais fácil do que o de assumir a responsabilidade e enfrentar a situação.

Agora que tinha sua mãe, de certa forma, ao seu lado, sabia que era uma questão de tempo para seu pai também ficar mais tranquilo, já que eles trocavam muita ideia e sempre acabavam se acertando. Seria então o momento de passarem para a próxima fase daquela história maluca: as pessoas da cidade.

Alguns dias transcorreram, a tensão em casa foi diminuindo, Dora e Leo seguiram se encontrando, se divertindo... Aos poucos as coisas foram voltando aos eixos. Até que numa bela sexta-feira, Dora e Elisa combinaram que seria o dia de apresentar Leo a eles.

O dia demorou muito a passar. Os minutos pareciam horas, enquanto o professor dava suas lições na faculdade. A sala com janelas de vidro deixava ver as árvores do lado de fora, balançando suas folhas, calmamente. Dora tentava se concentrar no jardim para diminuir sua tensão. Era hoje!

Elisa pôs a mesa com belos pratos, escolheu agradar o marido, que ainda não sabia de nada, com seu cardápio preferido. Comprou flores lindas, montou arranjos discretos e harmoniosos. Tudo na tentativa de ajudar a filha e de se distrair da ansiedade que a consumia por dentro.

Leo, que sempre foi desinibido, bom de conversa e confiante, estava muito nervoso naquela manhã. Acordou mais cedo que de costume, com o coração disparado. Sonhara que tinha sido recebido na casa de Dora por jornalistas do país todo, fazendo perguntas embaraçosas sobre sua família, ofendendo seu pai.

Sentou-se na cama, aliviado por ter sido só um sonho, mas ainda assim, as imagens não saíam de sua cabeça. Poderia ser verdade, não poderia? O sogro era jornalista, contra sua família, e poderia estar preparando uma surpresa desagradável para mais tarde. Ligou para Dora, mas o celular estava desligado. Ela deve estar na aula – pensou, ao se dirigir para o banho.

Tomou um banho quente e demorado, ensinamento de sua mãe. Sempre que estiver nervoso, ansioso, nada melhor que um banho quente para limpar a mente. Mas, dessa vez, não adiantou. Sempre que se sentia acuado ou triste com a alguma situação, tinha Malu por perto. Agora, porém, ela não estava por ali, e a saudade apertou.

Há vários dias não falava com ela. Tinha se desligado bastante do mundo fora de Flor de Lis. Os dias se passavam com muita natação, livros, seriados, filmes... Era uma espécie de férias forçadas, mas que aprendera a adorar. Seu pai havia dito a ele para focar nisso, no dia a dia, na cidade, até para passar mais verdade às pessoas. Quanto mais sentisse em casa, mais conectado ao povo ele estaria.

Mas agora a saudade apertou, a vontade de desistir de tudo e voltar era grande. Mas ele sabia que não tinha para onde voltar. A realidade da família, agora, era outra, eles estavam na pior. Não havia opção, além de lutar para ajudá- los, não importava o preço que precisasse pagar.

A campainha tocou. Os três já estavam à mesa, forçando um diálogo vazio, apenas para passar o tempo. Otavio não entendia a tensão do ambiente, mas elas insistiam que estava tudo bem, então desistiu de perguntar.

O som da campainha clareou sua mente e, em dois segundos, ele entendeu o que estava havendo.

— Você chamou aquele moleque para jantar, não foi? – Ele perguntou para mulher, evitando os olhos da filha, que se levantava para abrir a porta.

— Já era hora, Otavio. Não haja feito criança.

Leo nunca estivera tão nervoso na vida. As mãos não estavam firmes, a cabeça doía. Ele não entendia o porquê, nunca tinha se sentido assim antes. Dora percebeu a aflição dele no momento em que o viu, mas ele pensava estar disfarçando muito bem.

O casal entrou na sala de mãos dadas. Ele usava uma blusa azul marinho, que realçava seus olhos e o deixava ainda mais bonito. A calça clara dava uma sensação boa de frescor e de limpeza. Não tinha como negar, ele tinha uma aparência impecável. Assim que cruzou os olhos com os de Elisa, sentiu os músculos dos braços se enrijecerem espontaneamente, e apertou a mão de Dora

— Fique tranquilo, vai dar tudo certo. – Ela sussurrou, baixinho.

— Então, você é o Leopoldo. O homem que trouxe a discórdia para dentro da minha casa! – Otavio se levantava com vigor da cadeira que estava, enquanto os dois se aproximaram da mesa.

— Otavio, por fa... – Elisa começara a se levantar também, levando a mão ao braço do marido, tentando fazê-lo voltar a se sentar e evitar um desconforto maior, quando foi interrompida, para a surpresa de todos.

— Desculpa, senhor, se é assim que o senhor prefere definir, sou eu sim. Mas prefiro me identificar como uma pessoa que se apaixonou por sua filha e está aqui disposto a me apresentar, para, quem sabe, mostrar que sou uma pessoa e meu pai outra. – Leo respondeu de forma firme, estendendo a mão direita ao sogro, que estava de pé, olhando no fundo de seus olhos azuis.

— Não vou deixar de te receber, em nome de Dora. Mas não espere que te estenda a mão. Não tão cedo. – Aquela frase tinha muito significado para todos os presentes, mas principalmente para Leo.

Todos se sentaram e os primeiros minutos foram eternos. Dora não conseguia pensar num assunto confortável. Não queria piorar as coisas, trazendo à tona qualquer tema desagradável, mas isso parecia difícil de selecionar. Tudo parecia levar o pai a algum ponto constrangedor.

— Hoje, na faculdade, pai, consegui fazer uma apresentação muito boa daquele projeto que discutimos esses dias, a aceitação da turma foi ótima e...

— Falando em faculdade, Leopoldo, você não frequenta nenhuma? Fica o dia todo por conta de rodear belas moças no clube? – Otavio se mostrava cego, enfurecido.

— Não, pai. Ele trancou a faculdade de Direito, mas pretende voltar, assim que decidir se é isso mesmo que deseja seguir. Muito comum termos dúvidas sobre carreira, não é? Precisamos fazer nossas escolhas tão cedo!

— Ah, você está em dúvida entre Direito e o que mais? Ciências políticas? Pretende se candidatar? Dizem por aí que é a carreira mais promissora possível! Retorno rápido para seus investimentos.

— Não, senhor. Política, a princípio, não é algo que me atraia. Mas, devo confessar que sempre gostei de lidar com pessoas. Não digo que nunca me envolverei no meio, mas será do meu jeito, sem interferências, se é que o senhor me entende. – A voz de Leo era tão calma, que ninguém poderia imaginar o tanto que seu coração estava disparado. Sua mão suava frio e a boca estava completamente seca. Ele pegou o copo de cristal e bebeu um pouco de água.

— Sempre bom manter distância de certo tipo de gente quando se busca populari...

— Chega, Otavio! – Elisa deu tapa na mesa que assustou a todos – Não estou aqui para fazer papel de boba. Se me dispus a abrir a porta da minha casa para alguém sentar-se à mesa e comer, não vou permitir que essa pessoa seja humilhada. Refeições são momentos sagrados. Se não quer colaborar, saia da mesa, nós vamos entender.

Otavio respirou fundo, pensando se levantaria da mesa ou não. Houve algum tempo de silêncio, que Dora não conseguia precisar quanto foi. Todos tensos, ninguém comia nada, temendo fazer qualquer barulho que levasse Otavio a explodir.

— Leopoldo, me passa o seu prato, o que você que comer primeiro? Vou te servir. Assim, Elisa quebrou o gelo, e aos poucos, Dora relaxou. O jantar seguiu tenso até o fim, Otavio não disse mais que duas palavras, mas mãe e filha seguraram o clima ameno de forma habilidosa. Leo respondia as perguntas a Elisa de forma natural, sobre preferências, hobbies, esportes, viagens.

Depois de servida a sobremesa e o café, Leo achou por bem ir embora. Despediu-se educadamente de Otavio, mas sem cometer novamente o erro de estender-lhe a mão. Apenas acenou com a cabeça e desejou boa noite. Elisa também não quis se precipitar e permaneceu em seu lugar até que ele se retirasse.

Otavio foi direto para seu quarto, um pouco aborrecido, porém, calmo.

— Mãe, muito obrigada pelo apoio hoje. Percebi que você se esforçou muito por mim, não vou esquecer isso. – Dora disse, enquanto ajudava a mãe a lavar os pratos.

— Faço isso por você, minha filha, mas espero que você pense com o mesmo carinho em nós, antes de nos colocar em uma situação embaraçosa diante da cidade. Vou me deitar, boa noite.

Dora serviu-se de um copo de água e continuou na cozinha por horas, olhando pela janela. Ela estava feliz por ter quebrado o gelo com os pais, afinal, a noite tinha sido de paz, apesar de tudo. Mas sentia medo de estar fazendo tudo errado, de estar prejudicando seu futuro ou a sua família. Não sabia o que fazer.

Após muito pensar, sem conseguir concluir nada, resolveu ir para o quarto. Ao passar na sala de jantar, viu que seu celular exibia várias chamadas não atendidas de Leo. Tentou retornar, mas ele não atendia mais, já devia estar dormido.

Leo chegou em casa muito agitado àquela noite. Estava feliz, se sentindo bem por ter enfrentado uma situação tão embaraçosa como um homem. Ligou para os pais assim que abriu a porta do apartamento.

— Filho, estou com muita saudade! Cada dia que passa com você longe faz meu coração doer mais e mais! – Quanta saudade Leo também sentia daquele jeito teatral e dramático da mãe. Conversaram sobre banalidades por algum tempo, até que o assunto do jantar veio à tona.

— Quer dizer que você já invadiu território inimigo? Já estabeleceu uma amizade sincera com a família da jequinha? – A voz de Malu soava alegre e debochada. — Esse pessoal deve estar maravilhado com você, não é? Um menino culto e educado! Além da aparência de lorde inglês, mas essa parte eu nem comento porque fico com ciúmes do meu bebê! Eles já viajaram para algum lugar, meu filho? Porque se não, nunca devem ter visto alguém assim tão bonito quanto você! Ouvi dizer que o povo daí é horroroso!

— Mãe! Dá para segurar essa língua? Foi por agir assim que estamos desse jeito. Meu pai está por aí? Quero falar com ele.

— Nossa, filho, você tem toda razão! Além de tudo, sempre sensato e maduro. Meu Deus! O que fiz para merecer um deus grego desse como filho? Ah, seu pai está sim, mas só termina de contar: o povo daí já tá na sua? Já estamos chegando ao fim desse período macabro?

— Não sei dizer, mãe, acho que sim. Chama meu pai, por favor.

— Leopooooooldo, telefooooone! – Malu berrava de uma forma, que Leo resolveu desistir de esperar pelo pai.

— Deixa , mãe, depois eu falo com ele. Minha cabeça tá doendo, preciso descansar. Boa noite, beijos!

— Não, filho, espere, só um min...

Leo olhou para o celular por alguns segundos e sentiu uma vontade incontrolável de falar com Dora. Queria saber se estava tudo bem, se ela estava tranquila, se o pai tinha dito algo... não sabia a impressão que tinha causado. Mas ela não atendeu. Ligou de novo e nada.

Seus olhos se encheram de lágrimas, ele nem sabia de onde elas vinham. Sentou-se em sua cama com a luz do quarto ainda apagada e chorou. O que estava acontecendo com ele? Com a família? O que seria dali para frente? Sabia que tinha que seguir o plano, ganhar popularidade positiva... Mas não estava confortável. Não distinguia mais até onde era verdadeiro e quando começava o teatro ali na cidade.

Cada passo que dava rumo ao seu objetivo, o deixava mais vazio e ele não entendia o motivo. Não desejava mais a vida que tinha, mas sentia muita falta dela, ao mesmo tempo. Tanto luxo, tantos mimos, tantas festas, tantas mulheres. Ele abrira mão de tudo em nome de um plano desesperado e maluco do pai, que nem fazia tanto sentido assim, mas tinha que tentar.

Precisava relembrar a si mesmo quem ele era, todos os dias. Muito fácil esquecer ou se confundir, principalmente quando estava nos braços de Dora. Em meio a tantos pensamentos, em algum momento, acabou dormindo sem perceber.

— Cadê o telefone? Não era para mim? – Leopoldo entrou na sala, comendo um sanduíche, distraído.

— Era, mas você demorou tanto, que o Leo desligou. – Malu estava no sofá, com o celular na mão, triste.

— Não demorei nem um minuto. Ele devia estar com pressa. Contou alguma novidade?

— Leopoldo, eu só quero que tudo que você tem em mente se realize e meu filho possa voltar para casa. Estou farta de ele estar naquele fim de mundo, longe de nós, tenho certeza que ele está sofrendo, conheço o Leo. Mas ele continua firme do lado de lá, por amor a nós. Isso não é justo!

Leopoldo se aproximou da mulher, tirou o celular de suas mãos e a olhou nos olhos.

— Malu, pense bem. Precisamos pensar no futuro. Caso o Leo consiga cumprir o planejado, maravilha, mas se nada funcionar, pelo menos ele está longe de mim neste momento. Não estando aqui, ele não corre o risco de aparecer em nenhuma foto que sai nos jornais ou revistas de fofocas. Desse modo, já te falei, ele não terá a imagem vinculada a nada que envolve essa fase ruim. É nisso que eu foquei, na verdade, quando concordei em mandá-lo para lá.

Penso que apresentar um plano foi bom para ele traçar uma meta e não se perder por lá. Temos um objetivo! Não se esqueça. No fundo, nem acredito tanto que isso vá funcionar. Só não quero que ele se vincule a mim numa hora como essa. Ele ainda tem um futuro pela frente, seja lá em que caminho, mas tem. Não quero ser o responsável por estragar isso. Tê-lo como um filho distante e rebelde só vai ajudar a protegê-lo.

— Você tem razão. Mesmo que isso custe tanto sofrimento a ele e a nós. Mas a maré já está baixando, tenho fé que, em breve, o teremos por aqui novamente! – Malu sorriu e abraçou o marido. De fato, concordava com ele. Era melhor assim. — Mas, cá entre nós, é um sacrifício e tanto da parte dele! Já pensou?

— Nossa, nem me fale! Imagina, viver com aquela gente? – Eles riram e se aconchegaram no sofá para assistir TV.

Uma comédia começou e eles assistiram abraçados.

Esse filme me lembra a época em o Leo era pequeno, quando rezávamos para ele dormir cedo, para fazermos alguma coisa juntos, lembra? – Malu já se esquecera sobre como era bom passar um tempo relaxando com o marido. Os últimos dias tinham sido tão tensos e estressantes, que não tinham hora nem cabeça para curtir nada juntos.

— Lembro! Como ele chorava à noite! Não dormia por nada! – Leopoldo ria ao lembrar.

— Sabe, Lelo, andei pensando sobre como nossa vida anda sem cor. Eu sei que os problemas são muitos, mas está tudo melhorando e nosso astral ainda não tem dado sinal de melhora. Acho que deveríamos fazer alguma coisa para dar uma colorida na rotina. Alguma coisa que trouxesse vida, brilho de novo para essa casa.

– Malu falava encarando o teto, enquanto o marido repousava a cabeça em seu colo, aconchegado da melhor maneira possível.

— Concordo com você. Preciso de motivação para fazer as coisas. Acho que sem o Leo aqui, tudo perdeu um pouco a graça. Não sei explicar, mas ele nos traz o que temos de melhor, não acha? O Filipo também é ótimo, mas o Leo...

— É justamente isso que sinto, é como se faltasse algo constantemente. Mas precisamos aceitar que, mais cedo ou mais tarde, ele vai seguir o próprio caminho. Não acho que se casará tão cedo, mas vai querer independência quando voltar, não acha? Ele está sentindo como é viver sem dar satisfação a ninguém, lá no interior, e talvez, na volta, queira seu próprio apartamento. Falando nisso, fiz até umas pesquisas de mercado sobre imóveis disponíveis, preciso organizar as informações e passar a ele, quando for a hora. Mas não é isso que eu queria falar. Onde parei mesmo?

— Você tava dizendo que o Leo vai querer independência quando voltar. – Leopoldo se divertia sempre que isso acontecia. Precisava voltar o raciocínio de Malu para o lugar, sempre. Ela pensava em mil coisas ao mesmo tempo, sua cabeça era um turbilhão. Um turbilhão divertido.

— Ah, é isso. Pois então. Eu não sou novinha mais, mas ainda dou conta de muita coisa. Você também! Apesar de sempre cansado, acho que o que anda faltando é alegria. Acho que tenho uma ideia... – Malu abria aquele sorriso que Leopoldo não resistia. Ela conseguiria o que desejasse, mesmo que fosse uma maluquice, e os dois sabiam disso.

— Lá vem você...

— E se a gente tivesse uma filha? Um bebê só traz coisas boas, só amor! Veja bem como nossos filhos enriqueceram nossas vidas!

Além do mais, uma imagem de pai de família, sensível e apaixonado, só te faria bem. Ninguém resiste a uma imagem de família feliz... – Malu falava já sonhando com o quartinho, roupinhas, as novas babás que precisaria contratar. As lojas de criança eram tão lindas, cheirosas... enxoval! Ah, que delícia!

— Um bebê? A essa altura da vida, Malu? Será? – Leopoldo sentou-se. Olhava sério para a esposa. Estava surpreso, mas de uma forma boa.

— Pensa bem, Lelo... Não teremos dificuldades financeiras, já temos o suficiente guardado. Além disso, já já essas investigações acabam, você sabe bem, o jornal de hoje embrulha o peixe de amanhã! E até lá, estaremos na doce espera de nossa menininha... que vai nos trazer só alegria e boas expectativas.

— Você sempre tem a saída perfeita para tudo? Sempre? Como posso merecer uma mulher tão genial na vida, meu Deus? É isso mesmo, Maluzinha, vai ser maravilhoso, vamos recomeçar! Nossa família vai crescer, vamos voltar a nos divertir, como nos velhos tempos! Ideia maravilhosa, ideia maravilhosa, já me sinto um garoto de novo! Um garoto!

— Então, venha cá, estamos precisando treinar um pouco, não é? Será que ainda sabemos fazer um filho tão lindo quanto os outros? Hein? – Malu ia falando enquanto beijava o pescoço do marido. Ela sabia como fazer. Tudo. Sempre.

Capítulo 10

Dora foi a primeira a chegar à sorveteria. Sentou-se à mesa de sempre para esperar as amigas. Esse tipo de encontro que acontecia o tempo todo, era cada vez mais raro agora que elas eram adultas e as responsabilidades eram muitas também. Mas sempre sobrava um tempinho.

Alice e Betina chegaram juntas, super animadas.

— Você já está sabendo novidade? – Perguntou Betina, enquanto puxava uma cadeira para se sentar.

— Que novidade? Não! Conta tudo! – Dora queria justamente isso: ouvir um pouco. Saber sobre as amigas, comemorar alguma passagem da vida delas. Ultimamente, tudo tinham girado só em torno dela e de seus problemas, isso não era ser uma boa amiga, além de ser cansativo.

— Alice vai abrir um bufê! – Betina vibrava como se fosse ela própria.

— Calma, Betina! Não é bem assim, vai... – Alice tentava parecer mais contida, mas a euforia tomava conta dela também.

— Na verdade, Dora, resolvi criar uma pequena empresa para fazer o serviço de bufê em festas aqui na cidade! É só uma forma de começar a testar meu trabalho, encarar desafios novos... Mas sem grandes pretensões, por enquanto. Ainda assim, estou muito empolgada!

— Amiga, isso é muito legal, parabéns! – Dora se levantou para abraçar Alice. — Acho que merecemos uma rodada de sorvete para comemorar, enquanto me conta os detalhes!

A tarde passou num segundo, quando deram conta, já estava anoitecendo. Falar sobre os novos planos, principalmente quando estavam tão eufóricas e cheias de ideias era revigorante.

— Bem que podíamos esticar a conversa lá em casa, né? Amanhã ninguém precisa acordar cedo mesmo, já que é domingo... A gente assiste a umas séries, come alguma coisa boa... Vamos... – Dora estava se sentindo tão leve ali com elas, que não queria deixar aquela sensação acabar.

— Você não vai sair com o Leo mais tarde? – Perguntou Alice, se levantando e pegando suas coisas que estavam em cima da mesa. — Hoje é sábado, dia internacional de engordar com os namorados!

— Não, por hoje não. Ando tão cansada com essa história toda... Depois do jantar lá em casa, me senti um pouco mais leve por não estar escondendo nada dos meus pais, mas, ao mesmo tempo, sinto certa responsabilidade pelo desgaste deles... Nós nunca sabemos se estamos fazendo a coisa certa.

— Com certeza! Sabe qual meu sonho? Poder ver um trailer da minha vida daqui há cinco anos, para descobrir como estarei se mantiver minhas atuais escolhas. Se não gostar do que assistir, já troco tudo de uma vez.

Alice sempre foi a mais sonhadora das três, mas tinha um lado pessimista que a impedia de enfrentar alguns desafios que apareciam em sua frente. Muitas vezes, por falta de autoconfiança, outras por algumas derrotas que já sofrera.

Elas chegaram na casa de Dora como se estivessem em suas próprias. Colocaram as bolsas no sofá da sala, tiraram os sapatos e deixaram pelo caminho.

— Amiga, vou ao banheiro. Já vai separando as panelas aí, que vou preparar alguma coisa para comermos. – Para Alice, nunca faltava cardápio. Ela criava pratos com o que estivesse sobrando na geladeira.

As meninas separaram panelas, colheres, copos e xícaras, leite, farinha, ovos, cacau em pó, manteiga, fermento.

— O que será que dá para ela fazer com isso? – Dora tinha um problema sério com cozinha. Como sempre morara com os pais, nunca precisou se virar para cozinhar nada e como tinha Alice em sua vida, nem como diversão ela se arriscava. Se fritava um ovo de vez em quando, era muito.

— Não tenho ideia!. Se não der para fazer nada, mais tarde, pedimos uma pizza. Eu só tomei sorvete, estou com um pouco de fome já. – Disse Betina, que sofria do mesmo mal.

Alice chegou na cozinha com toda a intimidade que tinha naquele ambiente. Pediu às meninas que sentassem à mesa para não atrapalhar e começou a analisar o que tinha por ali de ingredientes para ver o que daria para fazer.

Era bonito ver o quanto Alice tinha prazer e capricho em preparar os pratos. Tinha nascido para isso, era visível. Misturava os ingredientes com cuidado, quase não fazia bagunça, e se divertia.

Algum tempo depois, saíram as massas de panquecas, finas e quentinhas. Ela preparou três tipos de recheio salgado: frango, patê de atum e carne moída. Para a sobremesa, usando a mesma massa, tinha brigadeiro, marshmallow com morangos e leite condensado com coco. Abriram um vinho e a conversa rendeu por bastante tempo.

Por fim, elas se dividiram para dar um jeito na cozinha, limpando quase tudo. O que sobrou foi organizado na pia, de forma a não incomodar quem fosse usar o espaço.

— Agora vamos para a sala assistir a alguma coisa boa, antes que ninguém consiga mais manter os olhos abertos! – Disse Dora, enquanto terminava de lavar o último copo, colocando-o para escorrer.

Elas viram alguns episódios de uma série antiga, que as três já tinham visto centenas de vezes, mas não se cansavam. Betina fazia comentários engraçadíssimos sobre os atores, roupas, cantava as músicas... algumas horas depois, as três estavam praticamente desmaiadas no sofá, dormindo de mal jeito, mas absolutamente relaxadas.

No dia seguinte, Elisa, que ouvira a farra das meninas no dia anterior, até tão tarde, resolveu deixá-las dormir para descansarem. Mas a partir de certa hora, não teve como. Elas precisavam acordar para comer alguma coisa e sair daquela posição torta que estavam desde a noite anterior. Com certeza, estavam cheias de dores.

Elas acordaram relutantes, apenas desejando continuar ali, mas, com muito custo, conseguiram levantar, escovar os dentes e tomar o café da manhã. Ainda restaram algumas massas de panquecas na cozinha, elas comeram com mel e tomaram café, finalmente se recompondo.

— Mãe, a Alice vai abrir um bufê! Vai trabalhar em festas! Você bem que podia ajudar a divulgar o serviço! – Dora falava enquanto comia. Amava comer no café da manhã, não importava o que tinha comido no dia anterior, sempre acordava com fome.

— Que notícia maravilhosa, Lili! Tenho certeza de que será um sucesso! Claro que vou ajudar a divulgar! Me conta, no que você vai se especializar? Que tipo de festa? – Elisa ficou ali com as meninas conversando, adorando as novidades. Amava estar no meio delas, saber o que pensavam. Eram tão jovens, tão leves e divertidas... Ela se sentia revigorada.

Algum tempo depois, Otavio desceu do quarto e também se juntou a elas. O almoço de domingo aconteceu por ali mesmo, já havia alguma comida preparada na geladeira e tudo que elas fizeram foi esquentar e elogiar os complementos que Alice preparou para todo mundo.

Enquanto comiam a sobremesa, o celular de Dora tocou e todos sabiam que era Leo. Ela se levantou para atender, sem graça, na frente do pai. Saiu da cozinha e, quando voltou, continuava um pouco sem saber como agir.

A partir daí, Dora não se divertiu tanto mais. Sua fisionomia mudou após o telefonema. Ela parecia constrangida, chateada. Otavio sabia muito bem o que a filha sentia. Ela estava confusa, culpada, por querer algo que eles não aprovavam. Isso não era justo para com ela, que sempre fora uma filha tão boa. Ela merecia poder fazer suas escolhas e ser feliz com elas, não podia? Além disso, o que tinha de errado com o menino? Não é que ele fosse casado, violento ou mau-caráter. Não se podia provar nada contra ele ainda.

Como bom jornalista que era, conseguia pensar deixando de lado todos os seus instintos de pai. Ele precisava lidar com fatos, não podia ser intransigente e preconceituoso. Dora não era mais uma criança, sabia fazer suas escolhas. Pelo menos, era nisso que ele queria acreditar. Além do mais, ele não queria estragar sua relação com a filha, não queria que ela se sentisse mal ao atender o telefone dentro de sua própria casa.

Ele seria mais razoável, ou pelo menos tentaria ser. Mas, só de pensar nisso, seu estômago revirava. Como era difícil lidar com aquela situação! No fundo, o que ele queria era que Dora quisesse o Raul de volta. Pensando bem, ele não queria de volta aquela Dora que namorava com Raul.

Capítulo 11

Pai e filho, sentados na sala de estar, ouviam o barulho de Malu chegando, ainda do lado de fora do portão. Com um pouco de exagero, diriam que dava para sentir seu perfume.

— Sua mãe está chegando animada. Quando chega com esse barulho de passos rápidos, já sei que está feliz. – Leopoldo fechou o jornal, se dirigindo a Filipo, que lia um livro deitado no outro sofá. Ele era um menino muito calado. Quase sempre, apenas concordava com tudo. Não gostava de dar opinião, mas costumava ser arredio quando se expressava. Passava a maior parte do tempo lendo ou jogando no celular. Não tinha muitos amigos, estava longe de ser tão popular e carismático quanto o irmão, mas não parecia se importar.

— Meus amores, cheguei! Amo entrar nessa sala e ver meus dois meninos assim, juntinhos me esperando! – Malu entrou na sala, em seus sapatos de salto 12, um vestido preto muito justo até os joelhos, de mangas curtas e decote generoso. Os cabelos desciam soltos abaixo dos ombros, com cachos bem moldados, realçando ainda mais as luzes que tinha feito há alguns meses. A raiz permanecia no tom natural, deixando-a com uma aparência jovem e descontraída. Não poderia carregar mais sacolas nas mãos. Quase não conseguia segurar todas as alças.

— Malu, já te disse para pegar leve com essas sacolas, me dá aqui. Você não pode carregar muito peso, lembra do que o médico falou! Nossa menininha precisa de um pouco mais de paz aí dentro! – Albuquerque falava rindo, enquanto levantava para pegar as sacolas na mão da esposa. Ela estava grávida de dois meses e cada vez mais animada. A gravidez a deixara mais jovem e mais cheia de vida, e o marido, ainda mais apaixonado. Tinham feito a sexagem fetal e descoberto que seria uma menina, como desejavam.

Desde então, a vida na casa dos Albuquerque tinha se tornado cor de rosa. Malu só pensava em decorar o quarto, comprar roupinhas, lacinhos, brinquedos. Não passou nem um dia de mal-estar ou enjoo. Se agarrava àquela gravidez como um amuleto, algo que, mais uma vez, traria apenas coisas boas à sua vida. Todos os dias chamava o marido ao espelho para que medissem a barriga, que por sinal, ainda não tinha mudado nada, mas eles sempre viam uns centímetros a mais. O assunto era só esse: como seriam seus olhos, com quem seria parecida, se teria o gênio de Leo ou o de Filipo.

Leopoldo ia trabalhar no escritório, mas levava o trabalho com bastante prazer. A poeira das investigações já tinha baixado, e ele estava em um momento de não temer mais quase nada. Ser pai novamente tinha lhe dado uma injeção de ânimo, se sentia um super-herói. Tinha deixado Leo mais solto, sem tanta cobrança, mandava mais dinheiro para que ele ficasse bem, e só sentia ter motivos para comemorar. Malu era mesmo uma artista, capaz de transformar qualquer situação.

— Lelo, já disse que sacola de compra para mim não é peso, é alegria! Venham ver as lindezas que encontrei na rua hoje! Vem filho, larga o livro! – Ela ria, parecia uma menina. Levou os dois até o maior sofá e abriu todas as dezenas de embrulhos com todos os tipos de roupinhas, mamadeiras, sapatinhos, lacinhos, tiaras, vestidos, meias, tudo lindo e delicado.

— Nossa florzinha vai ser a criança mais bem vestida dessa cidade! A mais estilosa. – Malu ia dizendo, enquanto começava a guardar tudo de volta nas sacolas. — Precisamos começar a pensar em um nome para ela, Lelo, para começar a personalizar tudo.

— Mãe, vamos jantar primeiro, pode ser? Estou morto de fome, mais tarde, vocês decidem o nome, o quarto, as cores, sei lá mais o quê. Só não aguento mais esperar pelo jantar. – Filipo reclamava feito um adolescente mimado. Feito ele mesmo.

— Claro, Pipo! Vai lá pedir a Dalva para servir a mesa. Vamos comer agora!

Jantaram em paz, os três. Tentaram puxar algum assunto com Filipo, mas sem sucesso. Leopoldo contou um caso ou outro do escritório, mas voltaram ao assunto de sempre: o bebê. Filipo comeu o mais rápido que pôde para voltar ao quarto e pensar em outras coisas que não fossem a irmã. Não que estivesse com ciúmes, era bom ter alguém com quem dividir a atenção. Mas aquele assunto o tempo todo já era demais.

Ao fim da noite, depois de todo seu ritual de beleza que envolvia hidratantes e óleos na barriga para evitar estrias, cremes para área dos olhos, outro para cotovelos e calcanhares, outro para as unhas dos pés e das mãos, os três comprimidos de vitamina E as cem escovadas no cabelo, Malu colocou sua camisola de cetim rosa seco que ia até os pés, com delicadas aplicações de renda, e sentou-se na cama para esperar pelo marido.

Leopoldo entrou no quarto alguns minutos depois, feliz em encontrar a mulher ali, tão linda.

— Precisamos conversar sobre o nome de nossa princesa! – Ela disse de forma misteriosa.

— Podemos conversar sobre o que você quiser. – Ele puxou os lençóis do seu lado da cama e entrou embaixo deles, se sentindo confortável, recostando nos vários travesseiros que tinha posicionados atrás de suas costas.

— Pensei em homenagear uma pessoa. Na verdade, para mim, homenagens são muito bem-vindas, funcionam. Veja o Leo! Como se apoderou de seu nome e deu a ele uma nova personalidade! Tão único, tão seguro! Ele tem uma referência forte e presente, acredito que isso trouxe parâmetros a ele. Se espelha em você, e se tornará um grande homem, feito você. Já Filipo, não. Não teve tanto peso, foi uma escolha aleatória, e acabou se tornando um menino um pouco apagado. Não acha? – Malu falava olhando pela janela, como se divagasse sozinha.

— Você já foi mais discreta em demonstrar sua predileção, Malu – Leopoldo ria, cheio de si, diante dos elogios da mulher. Acreditava naquilo também, que era um grande parâmetro para o filho mais velho, que seu nome tinha grandes influências sobre o caráter dele, graças a Deus. Ele seria um vencedor. Só não daria o azar de escorregar feito ele; mas isso era só um detalhe. — Concordo com você. Só não sei a quem homenagear. Nunca tinha pensado sobre isso.

— Como não sabe? Filho de quem é, e ainda tem dúvida? – Malu parecia se divertir.

— Minha mãe? Malu! Você nunca se deu bem com ela! Inclusive, dizem que ela morreu de desgosto, pouco depois do nosso casamento! Não entendo você, sabia... – Leopoldo ficou confuso.

— Olha, , você não precisa sofrer para escolher o nome agora, vamos com calma...

— Meu amor, eu sei que sua mãe não gostava de mim, mas honestamente? Se o Leo aparecesse hoje com uma mulher como eu fui, detestaria também. Sob ponto de vista que eu tenho hoje, de uma dama, entendo a força que sua mãe teve para tentar te proteger! Ela era uma mulher cheia de coragem, enfrentava qualquer um que cruzasse seu caminho. Uma filha nossa não pode ser diferente, Lelo. Tem muita inveja ao nosso redor, muitas crises, ela vai precisar ser forte e cheia de personalidade. Não consigo pensar em um nome melhor.

Tudo ficou claro para Leopoldo. Malu estava coberta de razão. Sua mãe foi mesmo uma mulher invejável. Maravilhosa, sempre pronta para qualquer coisa. Ensinou a ele sobre princípios e ética. E, de fato, quando se conheceram, nem ele suportava Malu. Sua mãe estava errada no fim das contas, mas, infelizmente, não viveu para conhecer a mulher adorável e linda que a esposa se tornou. Não havia homenagem melhor. E tudo isso ainda demonstrava a generosidade e humildade da mulher, que escolhia dar à filha o nome de alguém que um dia a fez sofrer.

— Você está certíssima, como sempre. Seu coração me encanta, sabia? E tem razão... Minha mãe não tem culpa do que sentiu por você naquela época, ela achava que você não era digna de mim. Mas, olha só, que ser humano maravilhoso você se tornou! Generosa! Linda! Que venha Antonieta! – Leopoldo beijava a mulher, cheio de amor e felicidade. Estava mais pleno que nunca, afastando culpas e fantasmas do passado.

Quando Malu o chantageou, acabou por contar tudo para a mãe, mulher fina e elegante, nascida em berço de ouro, e ela foi terminantemente contra que ele assumisse o filho e aquela mulher. D. Antonieta acreditava que nunca se pode ceder à chantagem, nem que isso custasse um preço muito alto. "A gente some com ela, Leopoldo! Manda para outro país! Enche o bolso dela de dinheiro e pronto!"– ela disse por diversas vezes. Mas Leopoldo estava certo de que o plano da mãe não iria funcionar. Aquela mulher era obstinada demais, não ia ceder, o escândalo seria ainda pior e ele estaria arruinado.

Depois que Leo nasceu, D. Antonieta nunca foi visitar. Tinha horror ao neto e à família que eles formaram. Ela se afastou totalmente e, pouco tempo depois, caiu numa depressão profunda, não saía da cama, não queria comer. De tão fraca, acabou morrendo.

Leopoldo, à época, sentiu certa culpa. Mas também guardou muito rancor da mãe, por não tê-lo apoiado, e a raiva só crescia enquanto se apaixonava por Malu. Como a mãe pode ter sido tão cruel? Tão intransigente, tão dura? O problema é dela, que não conheceu o neto mais lindo que alguém pode ter, e a nora mais perfeita, pensou. Com o passar do tempo, foi isso o que se consolidou na memória do filho. Mas, lá no fundo, ainda sentia certo vazio quando pensava no assunto. Homenagear a mãe, agora, acabaria com todos os fantasmas que, às vezes, o atormentavam. Malu sabia disso.

Os dois dormiram serenos àquela noite, feito anjos. Ou pareciam dormir. Malu sentiu o marido desfalecer em seus braços, descansando do stress do dia feito uma criança. Essa era sua vingança. Tinha absoluto pavor da sogra, pânico, não podia imaginar uma pessoa que sentisse mais ódio no mundo todo. D. Antonieta fez de sua vida um inferno quando chegou, grávida, à casa de Leopoldo.

A primeira visita dela foi em uma tarde chuvosa de quinta-feira, Malu se lembrava bem. Leopoldo tinha acabado de sair para trabalhar quando a campainha tocou. Ela imaginou até que fosse ele voltando por ter esquecido algo, quando se deparou com aquela senhora. Chique, bem vestida, mas com um olhar muito duro. Sua visita foi breve e ela deixou claro que voltaria mais vezes, caso Malu não desistisse de seu plano.

De fato, ela sempre voltava. O filho nunca soube, Malu fez questão de esconder, mas ela ia até sua casa para atormentá-la. Dizia barbaridades, ameaçava, chegou à agressão física por diversas vezes. Malu estava grávida, e tinha medo do que a sogra seria capaz, por isso, nunca revidou. Nunca deu nenhuma arma que pudesse ser usada contra ela. Escutava tudo calada. Mesmo quando chegava a apanhar, apenas se defendia, mas era calada. Não se machucava de fato, aquela mulher não tinha tanta força. Além do mais, Malu já tinha passado por muita coisa pior, sabia suportar. Até que Leo nasceu.

Com seu nascimento, tudo mudou. Malu sabia que agora tinha força para acabar de vez com a sogra. Um belo dia, Antonieta chegou para "visitar" e conhecer o menino. Malu o trancou no quarto e nunca deixou que a avó o visse. Antonieta então, sem saber mais o que fazer, a ameaçou de morte, pela primeira vez. E ela não parecia estar brincando.

Foi então que Malu se transformou. Ela resolveu fazer uma visita para a sogra, a primeira. Não teve dificuldade em agredi-la. Agrediu muito. Bateu com força, desaguou todo o seu ódio, e avisou:

— Se você voltar naquela casa mais uma vez, eu mato seu filho. Ele agora me ama, me respeita, dorme comigo todas as noites. Não seria nada difícil para mim, matá-lo e forjar um suicídio. Não duvide do que eu sou capaz, sua velha inútil. Você fica sem seu filho e vai ter que me ver gastar todo o dinheiro dele com outros homens, criando seu neto! Depois não diga que eu não te avisei.

Foi nesse dia que a sogra se acovardou e Malu reconheceu o medo nos olhos de D. Antonieta. Esse foi o sentimento que ela aprendeu a identificar e usar para se proteger e conseguir o que queria. Medo é um sentimento poderoso, com duas faces: quando você sente, se enfraquece, perde a luta. Mas quando faz alguém sentir, é sinal de vitória certa, controle sem limites, de qualquer situação.

Antonieta nunca mais voltou à casa e a própria Malu manipulou o marido a pensar que era apenas por discordar de sua escolha. Aliás, ela nunca escondeu de ninguém que era contra o casamento, então foi fácil.

Quando Leo chorava, adoecia e preocupava os pais, Malu sempre vinha com um "se pelo menos tivéssemos o apoio da sua mãe... Me sentiria tão mais segura com alguém que já criou um filho... Você sabe que não posso contar com a minha, e a babá é tão inexperiente... Mas ela sequer vem conhecer Leo!". O coração do marido ficava partido. Ele ligava para a mãe e ela se negava a ir até lá. O filho sofria, mas, com o tempo, aprendeu a esquecer e a entender que se a mãe escolheu esse caminho, o problema era dela, ele era um pai de família agora e protegeria seu lar de todas as formas possíveis.

Passados alguns meses, quando a sogra ficou deprimida, Malu convenceu Leopoldo que deveria ir visitá-la, levar umas flores para alegrar e quem sabe até sair com ela para passear.

— Leo dormiu muito mal essa noite, acho que está até com um pouco de febre, vamos deixá-lo aqui hoje, descansando...

A visita foi um desastre. Entraram na casa de D. Antonieta e ela abraçou o filho calorosamente, chorando muito. Mas quando viu a nora, começou a gritar descontroladamente, atirando objetos nela, mandando que a tirassem dali. Ambos foram embora tristes, acreditando que ela estava realmente doente e louca.

— Não é possível que ela vá pensar sempre assim! Não vai conseguir te aceitar nunca? – Leopoldo dizia, com a voz embargada pelo choro.

E assim o tempo passou. Malu manipulou a situação até o fim. Eles faziam visitas a ela e eram sempre recebidos com muita hostilidade, mas a nora fazia questão de ir sempre, com medo de que ela falasse algo do qual precisaria se defender. Mas nunca levaram Leo, agora com a justificativa de que ela estaria tendo "episódios agressivos e poderia machucar a criança".

Malu nunca esqueceu tudo o que ouviu da sogra. Todo o ódio que ela punha para fora quando a visitava na gravidez. Nem vendo aquela senhora frágil que ela se tornara, acamada, que mal falava, ela conseguiu perdoar. O ódio ardia em seus olhos. Nos últimos dias de vida de D. Antonieta, Malu, vendo que era mesmo o fim, resolveu fazer uma visita às escondidas, para dar seu adeus. Ao chegar na casa, com flores e um enorme sorriso no rosto, pediu à enfermeira que pudesse ficar a sós com ela, para se despedir. Antonieta dormia, induzida por remédios fortes, mas algo em Malu dizia que ela ainda era capaz de ouvir. Chegou próximo ao seu ouvido e disse, suavemente:

— Eu venci. Mesmo depois de tudo que você fez comigo, eu venci. Se um dia tiver uma filha, gerada nesse ventre imundo que você disse que tenho, vou colocar seu nome. Só para te mostrar mais uma vez que quem venceu fui EU. Para o seu nome ser falado por mim milhões de vezes, me lembrando, em cada uma delas, o gosto maravilhoso de vencer. Agora descansa, enquanto a senhora não chega no inferno.

Com o passar do tempo, Dora foi ficando mais segura. As coisas iam bem com Leo. Ele ainda permanecia discreto na cidade, mas aos poucos, iam aparecendo em público juntos. A curiosidade em torno dele crescia, mas nada parecia ter vindo à tona de forma negativa. As pessoas eram amáveis com ele, de uma forma geral.

Em casa, Otavio ainda era a maior dificuldade. Era muito difícil para ele, aceitar a situação e tratar de maneira normal. O clima era sempre meio tenso, mas aos poucos foi se habituando com a presença de Leo, que sabia ser um menino agradável. Não tinham discussões nem troca de ofensas mais, apenas um silêncio desconfortável que Elisa sempre ajudava Dora a quebrar.

O que não ia nada bem era o bufê de Alice. Apesar de ser muito boa na cozinha, ela não conseguia fazer a propaganda necessária, então ainda não havia surgido nenhuma chance de mostrar seu trabalho a ninguém.

Numa noite de terça-feira, ela resolveu fazer uma visita à casa de Dora, para desabafar sobre o que estava vivendo. Chovia muito naquela noite e isso fez com ela se sentisse ainda mais desanimada. Colocou uma roupa de moletom toda larga, numa tentativa de esconder os quilos a mais que ganhou com frustrações e comida, mas ao olhar no espelho, viu que a estratégia só piorava a situação. Contudo, já estava chateada o suficiente para se importar com aquilo, e foi do jeito que estava.

Dora tinha acabado de chegar do estágio e escolhia algo para comer. Tinha encontrado Leo na hora do almoço, mas não se veriam à noite, então estava disponível quando Alice ligou dizendo que passaria por lá. Soube reconhecer na voz da amiga como ela não estava bem. Ela chamou a mãe, para que elas preparassem alguma coisa especial, para ajudar a confortar, qualquer que fosse o problema.

Elas montaram uma mesa com tudo o que entendiam como *confortfood* que tinham em casa. Pães de queijo, biscoitinhos, patês, refrigerante, geleias, torradas. E, de sobremesa, a opção mundial diante de um momento difícil: sorvete com calda de chocolate. Enfeitaram a mesa com florzinhas, guardanapos coloridos e pequenas velinhas aromáticas que Dora colecionava, e vivia acendendo. Elas perfumavam o ambiente de uma forma super leve.

Quando Alice chegou e viu aquele ambiente delicioso esperando por ela, teve certeza que viera ao lugar certo.

— Vocês são demais. Quem mais me recebe dessa forma? Quem percebe pelo telefone que estou precisando desabafar? – Ela riu e abraçou a amiga.

— Você só precisa entender que está diante de comida comprada na padaria. Se conforme, não tem nenhuma delícia como as que você prepara! – Dora abraçava Alice com todo carinho do mundo.

— Ai, amiga, é justamente sobre minhas delícias que preciso conversar! – Elas foram se encaminhando para mesa, sentaram e Alice começou a servir de tudo que tinha sido colocado ali, de uma só vez. Ela comia quando tinha problemas. Era a forma mais fácil de conseguir, ou pelo menos tentar raciocinar. E foi em momentos como esse, de misturar coisas improváveis, que ela criou vários de seus pratos.

— O bufê não vai nada bem! Ninguém me procura, não tenho muitos meios de divulgação, sabe como é. Não sei muito bem como usar a internet ao meu favor, e só com pessoas amigas não dá para fechar o mês. Contratarei funcionários para me ajudar somente quando tiver um evento, pelo menos não criei essa despesa, mas queria muito ter mais independência, começar a andar com as próprias pernas. Tá cada dia mais difícil.

Dora não sabia muito o que dizer nem o que fazer para ajudar, então passou algum tempo ali na mesa, apenas escutando. Sabia que, de alguma forma, isso mostraria seu apoio. Alice falou muita coisa, aproveitou para levar o assunto para seus problemas familiares, desabafou bastante e voltou a falar dos negócios.

— Eu queria ganhar visibilidade, mostrar minha comida para um número maior de pessoas. Tudo o que fiz até agora foi uma festinha de criança de uma prima, com salgadinhos que elas não comeram! Queria fazer um coquetel, um jantar para alguma empresa ou algo assim, onde as pessoas tivessem tempo de prestar atenção naquilo que estão comendo.

— Já pensou em você mesma dar uma festa? Como uma festa de lançamento da sua empresa ou algo assim? Uma festa de fim de ano! Quem sabe?

— Já até pensei nisso, Dora, mas precisaria cobrar entrada, não posso arcar com os custos de uma festa inteira sozinha e não quero pedir nada a meu pai. Além disso, tenho medo de não conseguir vender as entradas, e tudo ficar ainda pior. Ei, tia! – Alice viu Elisa descendo as escadas, indo se juntar a elas na mesa.

— Olá, minha querida! Como estão as coisas? Não pude evitar de ouvir que vocês estão pensando em fazer uma festa, é isso mesmo? Não resisto quando o assunto é esse, vocês sabem que eu amo! – Elisa deu um beijo em Alice e puxou uma cadeira ao seu lado, para se sentar. A mesa ainda estava posta, apesar de as comidas já estarem frias. Ouvira Alice chegar mais cedo, mas decidiu não participar, no início, da conversa, para não atrapalhar o desabafo.

— Na verdade, ainda não temos a festa certa, mãe, mas estamos precisando de uma! – Disse Dora, num tom animado, para que a mãe entendesse o espírito da coisa e a ajudasse a trazer ânimo para conversa.

— Filha, seu aniversário está chegando! Você não faz festa há muito tempo! Por que não organizamos uma esse ano? Podemos, inclusive, fazer no clube! A comida nós já temos super garantida! Preciso de sua ajuda com os convidados e com a música... – Há algum tempo, Elisa queria fazer algo do tipo para Dora. Desde que ela tinha desistido de se casar com Raul, não falaram mais em festa, mas ela adorava a função.

— Não estava planejando nada, mãe. Até pela minha situação com o Leo, meu pai, você sabe. Não sei se seria uma boa. – Ao dizer isso, Dora viu um brilho se apagar dos olhos de Alice. Ela se animou totalmente com a ideia, seu semblante mudara, mas assim que demonstrou seu desânimo, percebeu que a amiga ficou completamente desapontada. Ela não podia ser tão egoísta assim. — Mas podemos pensar, sim, claro!

As três ficaram ali até muito tarde, planejando quais seriam as dimensões de uma possível festa. Alice explicou a situação a Elisa, sobre a necessidade de um empurrão profissional, sobre como um evento grande seria importante nesse momento. Ao mesmo tempo, Dora deixou de lado seus próprios problemas e acabou embarcado na empolgação das duas.

A conclusão que chegaram foi que precisava ser algo grande, para divulgar o trabalho para o maior número de pessoas possível. Mas o custo disso ficaria muito alto. Como o interesse era tanto de Elisa quanto de Alice, elas decidiram que seriam sócias na festa, mas o pretexto seria mesmo o aniversário de Dora. Assim, seria mais fácil tirar as pessoas de casa para prestigiar, mas se a adesão não fosse tão grande, o nome do bufê não ficaria marcado de forma negativa.

Desse modo, Alice não cobraria pelo trabalho e proporcionaria o que houvesse de melhor em sua empresa: todos os tipos de comida que faziam mais sucesso, as bebidas de maior qualidade, doces maravilhosos. O peso que ela tinha nas costas agora era enorme, não podia falhar. Se a festa fosse um sucesso, estaria devidamente lançada no mercado de Flor de Lis.

Naquela noite, ao chegar ao quarto, Elisa decidiu conversar com Otavio. Ele já estava deitado, à meia luz, lendo, como gostava de fazer antes de dormir. Ela introduziu o assunto como se fosse um problema de Alice que deseja resolver, mas no fundo, não era. O que mais desejava naquele momento era acabar com aquela guerra fria que se instaurara em casa, entre o marido e o genro. Nada era falado a respeito, mas a tensão era perceptível sempre que estavam próximos. Dora também percebia a situação, estava sempre constrangida. Não gostavam de trazer visitas quando estavam todos juntos, temiam assuntos delicados sobre política ou que os ânimos se acirrassem na frente de estranhos.

— Alice está lá embaixo com Dora, gosto tanto dela! Um coração de ouro! – começou Elisa, puxando o cobertor e se aproximando do marido. Ela sabia que ele não gostava muito de ser interrompido enquanto lia, mas, pelo visto, naquele dia, estava disposto a conversar. Fechou o livro assim que ela se aproximou, e aconchegou a esposa em seu peito, passando os braços a seu redor.

— Ela é mesmo muito especial. Sobre o que vocês tanto conversaram?

Elisa contou todos os detalhes sobre aquilo que tinham planejado, os motivos e tudo mais. Otavio permanecia calado. Por fim, após toda a narrativa, disse, calmamente:

— Dora está lembrada da situação com Leo, não é? Trazer praticamente a cidade toda para uma festa vai levantar a curiosidade natural das pessoas sobre ele. É isso mesmo que ela quer fazer?

— Ela falou justamente isso, a princípio. Mas acho que percebeu que Alice está realmente precisando dela. Além disso, no fundo, ninguém mais aguenta essa situação que estamos vivendo, né, amor? Acho que ela vai acabar se libertando dessa ansiedade. Mais cedo ou mais tarde, toda a história precisa vir à tona. E tenho certeza de que estamos supervalorizando tudo isso. Ninguém vai se importar realmente. Eu aposto com você que serão poucos os que vão de fato, se lembrar de tudo que aconteceu.

Otavio não quis discordar da mulher. Estava muito ansioso para que ela falasse abertamente sobre a necessidade de as coisas em casa voltarem a ser como antes, já que para ele estava sendo mais difícil. Já tinha evoluído bastante, o clima estava melhor, mas não o suficiente, e sabia que a filha não merecia isso. Até o pobre do menino, que até ali, não fizera nada de errado. Ele estava exagerando, e agora, com a esposa se colocando dessa forma, seria mais fácil mudar de postura.

Elisa sentiu o apoio do marido e ficou mais aliviada. Finalmente poderiam trazer novos ares, planos, animação para os almoços e jantares da casa. E melhor ainda: era um assunto que envolvia diretamente Dora, então precisariam mantê-la por perto para organizar tudo. Adormeceu pensando nas flores que colocaria, como seria o convite, a iluminação... – Vai ser uma noite linda! Disse baixinho ao marido, que já tinha pegado no sono.

Na sala de estar, as meninas ainda conversavam euforicamente sobre a festa. Qual seria a melhor data, já que o aniversário mesmo cairia em um dia de semana, como seriam as roupas delas, quem seriam os convidados.

— Espera, vou pegar um caderno para irmos fazendo uma lista inicial, só para termos uma ideia do tamanho da festa. – Disse Dora, já pensando em quem convidaria.

— Acabei de pensar em uma coisa... Você vai convidar o Raul? – Alice perguntou, enquanto Dora voltava da cozinha com um caderninho e uma caneta.

— Claro que não! Seria muito estranho, amiga! Mas os pais dele preciso convidar, não tem como... São próximos dos meus pais, eles estão sempre se encontrando. Pensando bem, será que devo convidar o Raul? Vai ser pior se não chamar? Ai, acho que teremos um problema nesse ponto! – Dora raciocinava.

— Você já encontrou com ele desde que terminaram? Nós nunca mais falamos sobre isso, engraçado como parece que ele nem existiu, né? – Perguntou Alice, percebendo um leve desconforto na amiga ao tocar naquele assunto.

— Acredita que nunca mais nem nos vimos na rua? Desde que terminei, não falei mais com ele, nem tive nenhuma notícia. Ele não é muito de ficar na rua mesmo, sempre dividiu o tempo entre escritório e faculdade, mas nem ver de longe, acho um pouco estranho. A cidade é tão pequena! Não estou reclamando, melhor assim. Não queria encontrá-lo estando com Leo, pelo menos por enquanto. Não que ele vá se importar, já que nunca mais nem tentou me ligar... Mas melhor assim.

— Verdade, melhor dar um tempo mesmo. Às vezes, agora ele está cem por cento dedicado ao trabalho, por isso sumiu assim... Eu também nunca mais cruzei com ele. Com essa sua história toda com o Leo, ele ficou esquecido. Até os comentários que ouço das pessoas, sobre você estar com outro, dificilmente, citam o nome dele. Em geral, o interesse é no Leo. O Raul já era apagado, sem você então... Ficou pior ainda!

— Não gosto de pensar assim, ele não é apagado, só um pouco mais... distante. Raul é uma pessoa maravilhosa, foi muito bom para mim e merece ser feliz. Vai encontrar alguém em breve, que atenda melhor as expectativas dele. – Dora falava de coração, realmente desejava o melhor para Raul.

— Como aconteceu com você, né? – Alice entendia que agora sim, Dora estava feliz.

— Sim, exatamente como aconteceu comigo.

Não muito longe dali, tarde da noite, Raul ainda estava em seu escritório. Não que estivesse trabalhando, longe disso. Ele não ia à faculdade há dias, não atendia aos telefonemas importantes de trabalho, avisou a secretária que não estava para ninguém que o procurasse, sem exceção. Saía antes dos pais acordarem e só voltava para casa depois que que eles já tinham ido dormir. Queria evitar, ao máximo, as pessoas. As garrafas de whisky, antes peças decorativas de sua sala, tornaram-se grandes amigas.

Desde que Dora estivera ali naquela sala, sua vida nunca mais fora a mesma. O gosto amargo que sentiu naquela conversa insistia em ficar em sua boca e só o álcool conseguia disfarçar, mas por pouco tempo. O golpe foi muito baixo para ele. Tinha consciência que seu namoro podia não ser o mais perfeito do mundo, mas ele oferecia tudo o que ela pudesse precisar. Todas as mulheres da cidade dariam qualquer coisa para estar no lugar dela e o que ela fez? Desprezou, descartou, desistiu dele e de todo o futuro que tinham pela frente.

Estava largado, desmoralizado, sentia-se um lixo. No dia do término, fizera um grande teatro para que Dora não pensasse que ele sofreria dali para frente, não se curvaria tão facilmente diante de uma mulher. Ele tinha princípios a seguir, jamais se daria por derrotado. Mas pensou que, ainda naquele mesmo dia, ela cairia em si e voltaria pedindo perdão. Claro que ela vai me querer de volta. O que mais uma menina sem perspectiva como ela pode desejar, além de voltar para mim? Era exatamente o que passava por sua cabeça enquanto fingia ler um livro em seu escritório, quando ouviu a porta de sua sala se abrir. Antes do que imaginei. Demorou vinte minutos para cair em si, coitada. Mas não vai ser tão fácil assim, ela vai ter que implorar para que eu me divirta um pou...

— Boa tarde, Raul – a voz que ouviu não foi de Dora, e somente naquele momento ele levantou os olhos do livro que tinha em seu colo e girou a cadeira em direção à porta, surpreso.

— Que diabos está acontecendo aqui? Cadê minha secretária? Não permito a entrada de ninguém na minha sala sem se anunciar! Saia já! – Raul estava surpreso e nervoso ao mesmo tempo. A frustração de não ver Dora ali foi somada a um susto, por ter sua sala invadida.

— A secretária saiu, foi à padaria aqui ao lado e só tenho cinco minutos para falar com você, antes que ela volte. O assunto, te asseguro, é de seu maior interesse.

Capítulo 12

Leo recebeu a notícia da festa de Dora muito bem. Sabia que isso tiraria a atenção da família dela de cima dele. Os sogros estavam o tratando um pouco melhor e, passados os primeiros dias, nos quais ele ficou muito nervoso, agora voltara a controlar bem a situação, conforme sempre fez. Se esforçava para agradar Otavio, mas sem parecer bajulação. Descobrira do que ele gostava de falar normalmente, como esportes, notícias e música. Eles viveram alguns momentos agradáveis, mas Leo se mantinha discreto, evitava parecer exibido.

Elisa também já aprendera a relaxar perto dele. Baixara a guarda e tratava-o como uma pessoa qualquer que frequentasse sua casa. Servia comidinhas gostosas quando ele passava a tarde por lá e vez ou outra puxava assuntos aleatórios que eram sempre muito bem recebidos por Leo. Ninguém se igualava a ele em carisma. Reparava nas roupas de Elisa para elogiar. Quando ela cortava os cabelos, era o primeiro a perceber e chamar a atenção de todos. Não que ela fosse carente, mas ninguém resiste a elogios.

— O que você está pensando para sua festa? Vamos aparecer como casal mesmo, normal? – Perguntou Leo, enquanto comia pipoca, jogado no sofá de sua casa, parecendo totalmente despreocupado.

— Claro que sim, ué. Agora que meus pais já sabem de tudo, não me importo mais com as pessoas. E já fomos a vários lugares juntos, não somos amantes, bandidos ou algo assim. Ou somos? – Dora ria, também estava leve e divertida. Realmente não se preocupava, apesar do medo do que aconteceria quando vazasse para todo mundo sobre quem eram seus sogros. Mas encararia, sem dúvidas. Nunca fora tão feliz na vida.

— Você também podia começar a pensar em voltar para a faculdade, não é? Não há mais motivo para se esconder.

— Com certeza. Vamos esperar esse fim de ano, sua festa passar, no início do próximo semestre, vou voltar. – Leo sentia falta da faculdade, mas, aquele período sabático estava fazendo muito bem a ele. Montava cada dia de um jeito, lia excelentes livros, assistia a filmes e séries e não precisava se preocupar com dinheiro, que chegava semanalmente em sua conta, num montante muito maior do que precisava para viver com conforto.

Mais tarde, naquele mesmo dia, quando Dora já tinha ido para casa, o telefone de Leo tocou. Era sua mãe, contando sobre a novidade mais incrível dos últimos tempos: estava grávida! E já sabiam até o sexo! Uma linda garotinha... Não tinham contado antes por se tratar de uma gravidez com certo risco, então aguardaram para ver se ficaria tudo bem. Perder um irmão, estando longe, e com tanta saudade, seria um golpe muito baixo para Leo e poderia colocar os planos em risco.

Leo não sabia explicar o que estava sentindo. Uma alegria tão imensa! Nunca pensava em sua mãe como alguém que fosse engravidar novamente, se esquecia que ela ainda era tão nova. Que vontade de visitá-los! Mas sabia que não podia correr o risco de ser fotografado em casa ou seu disfarce de filho rebelde deixaria de existir e estaria tudo arruinado.

Seu coração se encheu de um misto de sentimentos impossíveis de se explicar. Uma alegria enorme, euforia, amor preenchendo tudo, como se fosse um filho seu. Ao mesmo tempo, um vazio enorme por estar longe, uma angústia pela sensação que vivia sua família, pelo medo do que aquele bebê precisaria enfrentar nesse mundo cruel que todos viviam. Quando Filipo chegou, as condições eram outras. Estavam no auge da carreira do pai, cheios de prestígio e de dinheiro. Tudo era fácil. Agora, as coisas eram diferentes. A vontade de mudar aquela realidade para proteger o bebê do sofrimento tomou conta dele.

Seu objetivo ali na cidade voltou com tudo. Ele tinha perdido o foco, estava vivendo como um pacato morador do interior até então, se divertindo, de verdade, como nunca pensou que seria capaz, num lugar tão pequeno. Relaxou, a palavra era essa. Mas agora, tudo mudara na realidade da família, então voltaria à luta.

No dia seguinte, acordou bem disposto e foi até o jornal onde o sogro trabalhava.

— Otavio, tudo bem? Estava passando por aqui e resolvi entrar, só mesmo para conhecer seu trabalho! Admiro muito o jornalismo de forma geral, acho uma profissão muito nobre... Além disso, a Dora fala daqui com tanto orgulho! Posso conhecer a redação?

Eles ficaram ali por horas, Otavio, muito orgulhoso de tudo que conquistara, mostrou cada canto do jornal, explicou como tudo funcionava, apresentou os chefes de cada setor. Não era um prédio muito grande, mas extremamente organizado e as pessoas que trabalhavam lá pareciam felizes e cordiais.

Pouco tempo depois, ambos estavam juntos, sentados na sala de Otavio, tomando café e mantendo uma conversa amistosa.

— Você deve ter percebido que ainda não voltei para faculdade, não é? Vários são os motivos, os quais você já até sabe, mas também não tenho mais certeza se quero realmente terminar meu curso de Direito. Sempre fiquei balançado entre ele e Comunicação... na verdade, nunca havia conhecido alguém que me estimulasse o suficiente para mudar de ideia.

Otavio sentiu pena do garoto naquele momento. Apesar de tudo, ele era realmente muito jovem, estava longe da família, sem alguém para guiar e ajudar nas decisões mais difíceis. Ele parecia perdido.

— Bom, se quiser fazer alguma espécie de estágio aqui comigo, é só avisar. Mas não vai ser remunerado. Não temos esse tipo de programa aqui, e você não tem qualificação na área. – Disse, tentando ler a expressão de Leo, sobre como receberia a oferta. Para sua surpresa, os olhos dele brilharam.

— Quero muito. Muito mesmo! Faço qualquer coisa, sirvo café, acompanho as reuniões. – Disse, realmente muito animado. — Só gostaria que não fizéssemos nenhum tipo de cadastro, para evitar que eu sofra preconceito aqui, pelo menos por enquanto. Pode ser?

Leo começou no dia seguinte. Animado, disposto, foi o primeiro a chegar. Ficava a maior parte do tempo apenas observando o movimento das pessoas lá dentro. Dora estava extremamente orgulhosa dele e grata ao pai. As coisas finalmente estavam andando como ela gostaria: Leo voltara à ativa, não ficava mais entregue ao ócio e, por ela, se decidisse como sendo melhor, poderia até aprender um novo ofício e ficar por ali mesmo, sem problema algum. De repente, sua angústia por se sentir presa à cidade, aqueles fantasmas que a perseguiam no passado não existiam mais. Enquanto estivesse com Leo, qualquer lugar era bom.

Passadas algumas semanas, Leo já tinha se habituado ao trabalho e gostava de ficar no jornal. Era sempre o último a sair, queria mostrar serviço. Já conhecia as pessoas, mas passava a maior parte do tempo sozinho, tentando ler alguma coisa para ajudar, organizando a agenda de Otavio, colocando papeis em ordem. Naquele dia, resolveu arrumar o que estava fora de ordem no arquivo e entrou numa salinha isolada, onde ficavam todas as reportagens antigas. Acabou encontrando mais trabalho do que esperava e perdeu a noção da hora.

Quando a fome bateu, resolveu parar o trabalho e continuar no dia seguinte. Saiu da sala e se dirigiu à sua mesa, que ficava na redação, em meio aos outros funcionários, para pegar suas coisas. Nossa, acho que perdi a hora mesmo, já está tudo escuro aqui! – Pensava. Ao acender a luz, seu coração disparou. Euclides, um antigo jornalista que também trabalhava ali, estava em pé, bem à sua frente, com vários papeis na mão.

— Meu Deus, Euclides, você me assustou! O que faz aqui a essa hora, no escuro? – Perguntou Leo, tentando não transparecer nenhuma desconfiança na voz. Euclides suava, não conseguia falar nada. — Euclides, tá tudo bem? Você parece pálido, viu alguma assombração? – Leo tentava parecer divertido, mas estava extremamente intrigado com aquela presença. — Que papeis são esses, aconteceu alguma urgência? – Ele se aproximou com os braços esticados para tentar pegar o que estava na mão do colega e ver do que se tratava.

— Não, urgência nenhuma. Foi só algo que eu esqueci aqui e vim buscar. Uns papeis importantes da minha matéria. Já estou de saída. – As palavras saíam da boca dele com muita pressa, seu rosto suava e as mãos tremiam levemente. Foi quando ouviram um barulho de chave girando na porta da frente da redação.

Os dois se viraram ao mesmo tempo em direção à porta e viram Gaspar entrar. Carlos Gaspar era um rapaz novo no jornal. Tinha grande potencial na profissão, mas não lidava muito bem com as pessoas. Era sempre muito quieto e sério mas, nas poucas vezes que interagia, demonstrava o tamanho de sua ambição. Não se importava em dizer que queria ser dono de um jornal um dia e que se mudaria para a capital assim que tivesse condições financeiras suficientes.

Otavio já o conhecia bem, mesmo em pouco tempo, e não gostara muito do que via, mas o mantinha ali na esperança de que amadurecesse. Além do mais, ele era, tecnicamente, quase impecável. Detalhista e preciso nas matérias, não deixava dúvidas sobre sua competência. A falta de generosidade com a equipe, na verdade, era que mais incomodava. Gaspar não perdia a chance de expor a fraqueza de alguém, se pudesse. Não trocava turnos, não cooperava com ninguém.

— Gaspar? O que você ta fazendo aqui a uma hora dessas? – Euclides parecia ainda mais branco ao vê-lo.

— Eu que pergunto a vocês o que fazem aqui! Vim buscar umas folhas que esqueci, só isso. Vocês estão fazendo plantão? Alguma reportagem grande? – Gaspar perguntou num tom de quem se sente deixado de lado. Ele nunca escondia a inveja que sentia dos colegas que eram escalados para trabalhos maiores que os dele.

— Na verdade, já estava de saída, o Leo que me prendeu aqui por mais uns minutos, para ajudá-lo com uns papeis. Mas nada demais. – Leo começou a perceber que alguma coisa estranha estava realmente acontecendo. Nenhum dos dois estava a vontade, ambos pareciam estar com medo de serem descobertos. Foi quando o celular de Gaspar tocou e, como eles estavam bem próximos, Leo pode ler o nome "Suelen", com uma foto de uma mulher abraçada a ele, esposa ou namorada, imaginou. Ele se afastou para atender.

Foi tudo bem rápido a partir de então. Gaspar virou de costas, num canto da sala, e atendeu falando quase num sussurro, enquanto Euclides, nervoso, e sem saber o que fazer, rasgou em vários pedaços as folhas que tinha em mãos e se dirigiu à saída. Ao passar ao lado da mesa de Leo, jogou aqueles papeis rasgados em sua lixeira e, com passos largos, saiu da redação sem se despedir.

Quando Gaspar desligou o telefone, foi até sua mesa e sentou-se. As gavetas estavam abertas e o computador ligado. Ele encarou Leo com um olhar furioso, mas não disse nada. Aparentemente, não queria chamar a atenção dele de forma que o fizesse permanecer por mais tempo naquela sala.

— Preciso de silêncio e de concentração para trabalhar aqui. Será que você pode sair, ou pelo menos parar de olhar para mim? – Sua voz saiu mais alta que o pretendido. Leo não entendeu a reação, mas imaginou que ele estivesse nervoso por outro motivo, que não simplesmente o trabalho que faria pela frente. Ele não tinha dito que só veio buscar umas folhas?

— Claro, só estava organizando o arquivo, já estou de saída. Até amanhã. – Não houve resposta, mas Leo sentia alguma coisa estranha no ar. Por isso, saiu, fechou a porta, mas continuou ali por alguns instantes. Ouviu Gaspar revirar sua mesa, abrir e fechar as gavetas várias vezes, jogar todos os objetos que encontrava, furiosamente, no chão. Ele precisava entender o que estava acontecendo. Algo que envolvia Euclides, com certeza.

Sentiu a fome apertar e não tinha mais o que fazer atrás daquela porta. Com medo de ser visto bisbilhotando, resolveu voltar para casa. Já estava tarde, as ruas estavam vazias e frescas. O vento vinha forte em sua direção, revolvendo folhas e as trazendo de encontro a ele. O pensamento estava longe, imaginando o que poderia estar acontecendo na redação. Lembrou-se de Otavio e da confiança que tinha depositado, gratuitamente, nele. Aqueles dois estavam tramando alguma coisa. E coisa boa não era.

Foi quando teve uma ideia. Havia surgido uma oportunidade de realmente ganhar a confiança do sogro. A hora era agora: se alguém estava tramando algo contra ele ou seu jornal, Leo tinha nas mãos a oportunidade de demonstrar sua lealdade.

Pensando assim, mudou o caminho que seguia. Já na esquina de sua casa, resolveu voltar na direção oposta e seguir para a casa de Dora. Andou mais depressa agora, pois o vento forte se transformara em grossas gotas de chuva que caíam pesadamente sobre seus ombros.

Quando chegou à casa de Dora, estava completamente encharcado. Resolveu desistir de correr para se proteger da água. Às vezes é preciso apenas aceitar o que é inevitável. Otavio abriu a porta e se surpreendeu ao vê-lo.

— Leo?! Aconteceu alguma coisa? O que faz aqui de baixo dessa chuva? Entre aqui, rapaz! – Dora ouviu a voz do pai e veio correndo pela sala, assustada.

— O que houve, Leo? Vem cá! Aconteceu alguma coisa?

— Me desculpem, Não era minha intenção assustar vocês, eu só fui pego de surpresa pela chuva no caminho! – Disse, abraçando Dora, que já estava de pijama, enrolada em um robe de seda preto que a deixava ainda mais linda. Sentiu o perfume dela. Meu Deus, como essa mulher pode ser assim tão bonita e cheirosa dentro de casa a essa hora? Afastou esse pensamento rapidamente, encarando o sogro.

— Na verdade, vim ter uma conversa rápida com você, Otavio. Acabei de sair do jornal e não consigo tirar umas coisas da cabeça. Não estou querendo entregar ninguém, não me entenda mal, mas é que... – Otavio interrompeu a frase dele, enquanto pegava uma toalha no lavabo para que ele se secasse.

— Deixe de bobagem, Leo. Você precisa me passar suas impressões mesmo. O que foi que você viu?

Leo narrou tudo exatamente como aconteceu, enquanto Otavio e Dora ouviam atentamente.

— De fato, essa história está muito estranha. Acredito que nenhum dos dois teria motivos, hoje, para voltar lá tão tarde. Além do mais, quando me despedi de você no arquivo, passei pela secretaria e só o JP estava lá, mas já juntando as coisas para sair. Eles voltaram para fazer algo com privacidade, certamente. E se o comportamento deles foi assim tão estranho, acho que não custa nada voltarmos lá para checar se aconteceu alguma coisa, concordam?

— Claro, pai! Vamos lá, esperem só eu me trocar e vou com vocês! Fiquei curiosa! – Dora parecia animada. No fundo, não importava muito com o que realmente estava acontecendo no jornal, mas com os laços que seu pai e Leo estavam criando. Um sendo leal ao outro, respeitando, ouvindo. Era mais do que ela acreditava que pudesse acontecer. Correu para seu quarto, pegou uma calça jeans e a primeira blusa que conseguiu, uma sapatilha, vestiu tudo rápido e foi.

Os três foram andando pelas ruas de forma despreocupada. A chuva havia parado e, por mais que tivesse algo acontecendo, não era uma crise que merecesse pânico. O mais provável era que alguém estivesse se valendo de informações confidenciais conseguidas por outra pessoa, ou sabotando a reportagem de algum novo jornalista promissor. Encontrando o problema, a solução poderia custar algumas demissões, mas nada além disso. Otavio já passara por crises como essa, e as contornava muito bem.

O que era novidade para ele era ver Dora tão feliz. Radiante, mais linda e animada que nunca. Isso não tinha preço. Ela vinha sendo companheira, participava com ele de todos os assuntos que envolviam o jornal, desde que Leo começara a trabalhar lá. Era como se quisesse demonstrar sua gratidão, mas de uma forma muito carinhosa e especial. Andava muito animada também com a festa que ela e Alice estavam organizando. O brilho nos olhos dela tinha voltado para ficar. E ele faria qualquer coisa para mantê-la assim.

Ao chegarem à redação, viram que ainda tinha uma luz acesa lá dentro. Ótimo, pensou Leo. Vamos pegar Gaspar em ação. Ao entrarem, nenhuma surpresa: Gaspar seguia sentado em sua mesa, completamente bagunçada. Mas tinham outros objetos que não estavam no chão quando Leo saíra dali. A sensação era de que ele andou vasculhando também a mesa de outros profissionais.

— Boa noite, Gaspar, está tudo bem por aqui? Aconteceu alguma emergência para te trazer de volta? – Otavio tinha uma voz calma, com a segurança de quem já sabia lidar com situações como aquela. Gaspar parecia nervoso, mas não se alterou ao vê-los entrar.

— Está tudo bem, mas meus direitos foram violados nessa sala, hoje. Mexeram na minha mesa e pegaram papéis que pertenciam a mim. Um furo de reportagem que eu mesmo fui a campo para conseguir, arrisquei muita coisa para isso, e me roubaram as folhas. Apagaram, também o arquivo do meu computador.

Ele olhava fixamente para Leo, deixando claro aos demais que o culpava pelo ocorrido, mas como ele não temia nada naquele momento, encarava-o de volta, sem problema nenhum. Não se sentia nem um pouco intimidado, sabia muito bem quem tinha pegado os papéis. Euclides estava com eles em mãos mais cedo. E isso explica porque parecia tão nervoso e mais, porque estava no escuro quando foi encontrado por Leo.

— Entendo, mas como você pode ter tanta certeza? Às vezes, esqueceu isso em algum outro lugar. Vamos todos embora, amanhã cedo acertamos como fica a situação. Pode deixar que vou cuidar pessoalmente para que essa pessoa seja punida, e você não vai perder seu furo, ok? Agora vamos embora, já está tarde.

— Não precisamos descobrir nada, já sei o que houve aqui. Boa noite a vocês.

Gaspar se levantou, abaixou a tampa de seu laptop com um estalo, pegou sua bolsa e saiu às pressas da sala. Seus passos davam a entender que ele seria capaz de atropelar quem entrasse em seu caminho naquele momento. Ou em qualquer outro.

Já tinha desaparecido de vista quando, de repente, assustando a todos, voltou. Leo estava abraçado a Dora, o que não tinha feito antes. Ele encarou os dois e olhou diretamente para Otavio, como se julgasse o fato de ele ter empregado seu genro. Baixo e de uma forma enigmática, ele olhou para Leo e disse:

— Faz esse papelão e depois ainda vai chamar o chefe? Cuidado com quem você sabota, Leopoldo Albuquerque Filho.

— Ah, então todos aqueles olhares estranhos dele para mim eram isso. Ele descobriu quem sou, de alguma forma, e me culpa pelo sumiço dos papéis. – Leo falava baixo, após ter certeza de que Gaspar já havia descido. Olhava para o chão, tentando parecer triste diante do sogro e de Dora. Aquilo traria transtornos a eles, com certeza.

— Mais cedo ou mais tarde, iriam descobrir, já estava esperando por isso. Você não estava necessariamente se escondendo, não é, Leo? E melhor que seja assim, que as pessoas saibam logo. Você vai se sentir mais leve. – Dora o abraçava, tentando diminuir seu constrangimento, mas também sentia uma certa dose de frio na barriga.

— Certo. Chegou a hora de encarar todo mundo. Aqui no jornal amanhã, no primeiro horário do dia, todos já saberão. Venha preparado para ouvir comentários desagradáveis e olhares indiscretos, Leo. Mas vai ser importante que você não fuja deles. Não tem nada a temer, é só enfrentar de cabeça erguida e pronto.

Otavio falava evitando olhar nos olhos dos dois. Dava para perceber o quão desconfortável estava com aquela situação. Ele seria questionado sobre conhecer ou não a origem de Leo, por todos. Teria que decidir essa noite sobre qual seria sua postura. Mas sabia que o apoiaria, não tinha porque agir diferente. Tentaria fazer o máximo para evitar ainda mais fofoca.

Os três voltaram caminhando apreensivos, mas tentando conversar naturalmente. Ao chegarem em um ponto a partir do qual o caminho não seria mais o mesmo, se despediram de Leo e pai e filha seguiram andando para casa.

— Dora, você vai precisar de ser forte amanhã. Tenho certeza que a notícia vai se espalhar rápido e, provavelmente, as pessoas serão hostis com você também. O nome de Leo vai trazer à tona todos os sentimentos ruins que até então estavam adormecidos, sobre o pai dele e todo aquele escândalo. Além disso, existem investigações acontecendo, que podem trazer resultados ainda piores no futuro.

Dora ouvia calada, de cabeça baixa. Sabia de tudo aquilo, mas já vinha se preparando para isso há algum tempo.

— Eu sei, pai. Vai ficar tudo bem.

Leo chegou em casa e se deitou no sofá. Ainda estava confuso com tudo que se passou naquela noite. Alguma coisa está errada, ele refletia. Não acreditava que tudo aquilo havia acontecido porque sua identidade tinha sido descoberta. Talvez Euclides já soubesse e, por isso, agia estranho... Mas, ainda assim, não fazia muito sentido. O fato é que algo alheio a ele, que o traria mais para perto da família de Dora, de repente, se transformou no contrário, expondo-o a todos na redação.

Ele tentou raciocinar mais um pouco, mas não conseguiu. Lembrou-se de que, há algumas horas, estava morto de fome e foi até a cozinha preparar algo para jantar. Abriu e fechou a geladeira várias vezes, mas não conseguia pensar em nada que o apetecesse, então, serviu uma tigela enorme de leite com cereal e foi para frente da TV para tentar relaxar.

Comeu tudo olhando para o programa que passava, sem ouvir uma só palavra do que diziam. Sentia-se estranhamente incomodado, como se algo estivesse muito próximo de acontecer, mas ele não conseguia enxergar. Raciocine, Leo... Junte os pontos.... Tomou uma chuveirada fria e se deitou. O telefone tocou, era Dora.

— Oi, amor. Queria saber como está se sentindo... – A voz dela era doce.

— Está tudo bem, só estou um pouco mais cansado do que o normal – mentiu. – Preciso dormir, acho que amanhã será um grande dia, né? – Ele riu sem graça, tentando parecer confortável.

— Sim. Mas vai passar. Tudo passa. E tenta lembrar sempre que nada disso define quem você é. Você não tem qualquer motivo para se envergonhar ou sofrer. Agora vamos dormir. Te amo.

Leo estranhava como Dora parecia forte nas horas mais improváveis. Não era para ela estar em pânico? Ela que conhece todo mundo e se importa com o que as pessoas daqui pensam, devia estar aterrorizada com a hipótese de ser exposta assim. Afinal, namorava o bandido da história. Talvez eu não a conheça tão bem quanto pensava. – Ele calculava.

— Também amo você.

Passados alguns minutos, Leo adormeceu e entrou num sono profundo e sem sonhos. O silêncio das ruas de Flor de Lis, nas madrugadas era absoluto, só as folhas ainda úmidas pela chuva de verão que caíra mais cedo se moviam silenciosamente. A janela entreaberta do quarto fazia as cortinas brancas voarem com a leve brisa que entrava. Repentinamente, como num filme de terror, ele teve um sobressalto. Arregalou os olhos e sentou-se na cama, com o coração disparado. A lixeira! Jogaram os papéis na lixeira da mesa! Estão querendo me incriminar, ele pensou, e já sabem quem sou eu. Querem me ver longe daqui.

Sem saber explicar como aquela lembrança veio à tona, Leo jogou para longe o lençol que o cobria e acendeu a luz do quarto, ainda atordoado. Sua cabeça doía, mas algo dizia que ele precisava voltar sozinho ao jornal, para procurar o que havia sido jogado na lixeira próxima à sua mesa. A cena de Euclides rasgando as folhas que tinha nas mãos e as jogando ali, ao caminhar para a saída da redação, estava clara em sua mente agora. Colocou a mesma roupa que tinha praticamente arrancado algumas horas antes, para se deitar, calçou o tênis e saiu pela madrugada o mais rápido que conseguia. Ao chegar à calçada, com a respiração entrecortada, começou a pensar sobre a possibilidade de aquele furo ser justamente sobre ele. Será que estavam interessados em publicar minha identidade nos jornais? Aquilo parecia meio fantasioso.

Sua cabeça pensou em tantas possibilidades, que nem percebeu o caminho que percorreu até chegar ao prédio do jornal. Entrou com cuidado, para evitar chamar a atenção dos vizinhos, mas sabia que não precisava se preocupar muito, já que não era incomum alguém passar a noite trabalhando ali. Entrou na redação, acendeu as luzes: ninguém. Foi, aflito, até sua mesa, agachou-se junto à lixeira cheio de pressa. Ela estava cheia. Vários papéis, restos de frutas e alguns pedaços de papel levemente amassados, estavam jogados ali entre os demais.

Afoito, pegou os pedaços, espalhou-os em cima de sua mesa e os colocou em ordem o mais rápido que pôde. Assim que estava tudo organizado, como um quebra-cabeças, sentou-se para ler. Eram e-mails em uma cadeia. Tinha o nome do reitor da universidade e... O de seu pai.

Sentiu uma dor lancinante na cabeça, seu estômago revirou-se a ponto de quase vomitar. Mas não podia fraquejar agora, precisava entender perfeitamente do que se tratava, para tentar fazer alguma coisa. Leu todas as folhas uma vez, voltou, leu novamente. Hora de enfrentar uma nova realidade: seu pai estaria extremamente encrencado se aqueles documentos vazassem. Mesmo que descobrissem que eram documentos falsos, adulterados ou algo do tipo, a opinião pública o massacraria. E o pior: no dia seguinte, viria à tona para a cidade inteira que ele era seu filho. Precisava pensar rápido, afastar o pânico. Suas mãos tremiam, os olhos estavam cheios de lágrimas. A única vontade que tinha era de pegar suas coisas e fugir dali. Mas não podia fazer isso, não era para tentar ajudar que ele veio? Não era tudo parte de um plano?

Pegou o celular e tentou ligar para o pai. Uma, duas, três... desligado. Decidiu pegar os papeis e ir para casa, logo o dia amanheceria e as pessoas começariam a chegar para trabalhar.

Já em casa, com os papeis na mão, não conseguia raciocinar direito. Com certeza, Gaspar tinha cópias de todos aqueles documentos. Ele não se restringiria a uma cópia impressa e outra no computador. Como ele teve acesso àquilo antes da polícia era a maior dúvida. Qual seria a fonte? Um jornalista de um jornal de interior? Investigando algo de longe, fora de seu alcance... não é possível que ele, sozinho, era mais esperto que toda a equipe de seu pai. E se aquilo fosse uma armadilha? Um blefe? Tudo era possível.

O dia amanheceu em meio àquela agonia. Olhou no relógio, já eram sete e meia. Seu pai já deveria estar acordado. Tentou mais uma vez o celular e nada. Ligou no telefone fixo de casa, e uma voz estranha atendeu.

— Alô? – Quem será essa mulher? Ele se perguntou.

— Alô, quem está falando? – Leo perguntou, ríspido.

— É da residência dos Albuquerque, senhor. Meu nome é Suelen. Posso te ajudar?

Leopoldo acordou cheio de gás naquela manhã. Sentia-se pleno, disposto, jovem, como nos outros dias, desde o início da gravidez de Malu. Se arrumou para o trabalho, colocou o terno que mais gostava e tomou um café da manhã de rei. Não quis acordar a esposa, mas deu-lhe um beijo suave ao sair. O mundo era seu.

Chegando ao escritório, encontrou Carmem extremamente aflita. Ela se levantou assim que ele abriu a porta e começou a falar sem parar:

— Liguei para o senhor umas cem vezes desde ontem e não consigo falar! Pelo amor de Deus, onde você estava? – Ela tinha uns papéis na mão e uma aparência péssima, de quem não dormiu nada.

— Desliguei o celular, Carmem! Estava precisando de um tempo com minha esposa! Já te falei que escolhemos o nome de nossa princesa? Sempre que me lembro disso, fico todo satisfeito... – Ele falava como se não percebesse a aflição de Carmem. Entrou em sua sala, disposto a tomar um café e ler o jornal com calma.

— Mas as coisas por aqui não andam nada bem, preciso conversar com você, tem que ser agora!

A voz de Carmem era fria e dura, como sempre, mas Leopoldo podia sentir um tom de urgência maior que o comum. Ela nunca se desesperava, aquele comportamento já era além do que costumava manter, parecia ser realmente sério.

— Tudo bem, sente-se. Mas antes, prepare um café para nós dois.

Ela se levantou, fez o café, serviu em duas xícaras e adoçou o de Leopoldo. Ela tomava puro, forte e amargo.

— Vamos lá, Dona Carmem, o que te aflige? – O tom era de brincadeira, Carmem percebeu que ele não estava levando nada a sério naquele dia, então resolveu ser direta, para dar um choque de realidade. Já estava irritada em se preocupar mais que ele por todos os problemas.

— Você se lembra de uma cadeia de e-mails sobre o desvio de verbas da universidade de Flor de Lis, entre você e o reitor de lá? Pois bem. Inexplicavelmente, esses e-mails foram descobertos. Não sei realmente como, mas já estão nas mãos da imprensa. Serão divulgados em breve. Acho bom você se lembrar que não se trata mais de preconceito, nem de um vídeo idiota falando mal de um bando de gentinha. Temos um crime ali, que pode te levar para cadeia.

— Como assim, Carmem? Como você sabe disso? Aposto que é mais um impostor blefando! A polícia já teria chegado até mim! Deixe de ser inocente!

Desde que as investigações sobre a universidade tiveram início, várias pessoas entraram em contato com o escritório de Leopoldo dizendo ter em mãos provas que pudessem incriminá--lo, pedindo dinheiro. Mas ele não fazia nada sem se proteger, sabia que aquilo tudo não passava de impostores querendo se aproveitar da situação. Além disso, caíra em uma chantagem na vida, mas prometera a si mesmo que não cairia nunca mais.

— Dessa vez, não é blefe. A cadeia de e-mails existe. Recebi uma mensagem de celular com a foto das folhas impressas. A pessoa que me mandou isso quer dinheiro, mas disse trabalhar no jornal de Flor de Lis, e que esse documento está lá dentro, para ser publicado a qualquer minuto. Me ofereceram para sumir com isso, mas não soube o que fazer. Olhe aqui.

Leopoldo se levantou e foi até Carmem olhar o que ela mostrava na tela do celular. De fato, as imagens mostravam folhas impressas contendo e-mails trocados por ele com o reitor da universidade. Aquele era o único fio solto do esquema, não sabia como tinham conseguido. E não tinha sido por meio de investigações, porque a imprensa teve acesso antes da polícia, caso contrário, ele já teria oficiais de justiça na sua porta ou algo do tipo. Jornalistas sem caráter são muito perigosos! Em busca de escândalos, eles fazem qualquer coisa. Uma reportagem daquelas, em primeira mão, alavancaria a carreira de qualquer um, mesmo que isso atrapalhasse a vida de um cidadão honesto! – pensava, indignado.

— É verdade, Carmem. Isso chegou às mãos de algum estagiário ou algo do tipo. Se fosse às mãos do dono do jornal, já saberíamos pelo Leo. Precisamos raciocinar sem pânico. Quem garante que com o dinheiro em mãos, esse chantagista vai cumprir o que prometeu? Vamos usar outra via. Leo tem contatos dentro da redação. Ele vai cuidar disso e sumir com tudo.

— Pensei a mesma coisa. Mas será que a pessoa não tem outras cópias? – Dava para ver no rosto de Carmem que sua mente estava a mil por hora, pensando em tudo, nervosa.

— Com certeza esse papel não é tudo que ele tem. Leo vai precisar vasculhar computador, e-mail, HD externo e tudo mais. Ainda tem a nuvem... para garantir que o furo seja de quem descobriu a história, isso não pode cair nas mãos de mais ninguém. Esse chantagista deve ser um colega de trabalho bem próximo, que trabalha ao lado. Um confidente profissional, talvez.

— Pode ser. Precisamos falar com o Leo, já! Liga para ele de uma vez! – Carmem se levantou, pegou o telefone pré-pago e entregou a Leopoldo, que digitou o número às pressas.

— Atende, Leo... Não é possível, você não pode estar ocu... Alô?!

Capítulo 13

— Susuuuu! – Malu berrava de seu quarto. — Traga meu suco!

Suelen já estava acostumada. Mais ou menos naquele horário, Malu acordava pedindo suco, que antes era de laranja, mas descobriram na internet que laranja fazia mal. O suco virou uma água com limão, sem adoçar nem nada. Com própolis. Na cabeça de Suelen, aquilo era uma insanidade, mas a cada dia inventava uma coisa nova e "super saudável" para agradar Malu.

Depois de poucos minutos, Suelen abriu a porta do quarto devagar, fazendo o mínimo barulho possível. Barulho de manhã irritava a patroa. Era a mesma cena todos os dias: Malu recostada em uns quatro travesseiros de fronhas brancas, feitas de tecidos importados, de incontáveis fios de algodão puro, que deviam ser lavados à mão todos os dias. Ela usava produtos na pele para dormir que manchavam o branco do tecido, por isso não podia demorar a lavar.

Ela usava uma máscara que protegia os olhos da claridade, com aroma de camomila, para acalmar, e mesmo após acordada, ficava com a máscara, esperando seu "suco" chegar. O lado da cama de Leopoldo já estava vazio a uma hora dessas.

— Bom dia, dona Malu! Já está na hora da diva acordar! O dia está lindíssimo! – A voz de Suelen era calma e doce, como de uma mãe que acorda sua criança. — Vou deixar seu elixir da juventude aqui na cabeceira e vou ligar a água para encher a banheira. Hoje, vamos usar sais de flor de laranja, depois, vou te fazer uma hidratação com mel arábico. Não deixa dar estrias de jeito nenhum na barriga, melhor opção para as grávidas. Li ontem!

Todas as manhãs, desde que Suelen chegara, ela preparava um banho de banheira para Malu. Ela dizia que relaxava o bebê e acalmava a mãe. Se aquela banheira não era muito usada antes, agora Malu não era capaz de viver sem ela. Todos os dias que ia às compras, trazia mais opções de sais de banho.

A temperatura da água era sempre a mesma, morna mais para quente, e Suelen fazia espumas que cobriam toda a água. Às vezes, jogava pétalas de flores também. Colocava músicas relaxantes na caixa de som que convencera Malu a comprar.

— Seu banho já está pronto. Vamos lá? – Malu continuava na mesma posição. Sem responder nada, levantou a máscara, pegou o copo de água com limão e tomou tudo de uma vez. A boca estava cheia de afta por causa daquele maldito suco, mas era para ficar jovem, então ela tomava sem reclamar. Tirou a camisola perolada e a deixou jogada no chão. Sabia que Suelen a achava glamorosa e fina, então gostava de fazer teatro para impressioná-la ainda mais. Fazia poses e chiliques o tempo todo. Era extremamente antipática. Imaginava Suelen contando para as amigas como era sua intimidade, então agia da forma como queria que elas ouvissem.

—Deixa que te ajudo, cuidado, aqui que está molhado... Vamos lá. Hoje trouxe rodelas de pepino para os olhos, mas você precisa deitar a cabeça assim. Isso. Agora é só relaxar, que mamãe e bebê precisam de paz.

— Não somos mais mamãe e bebê. – Malu começou a falar com uma voz rouca e baixa, extremamente forçada, que fazia

Suelen querer rir. — Agora, somos mamãe e Antonieta. Eu e Lelo decidimos o nome, te falei?

— Mas que nome de princesa! Claro, vindo de você, não é... Fique aí, bem quietinha. Mamãe e Antonieta vão relaxar, descansar, vamos hidratar a pele daqui a pouco... – Suelen disse isso, já saindo do banheiro. — Vou pesquisar receitinhas para fazer para o jantar. Descanse!

Assim que a empregada saiu do banheiro, Malu tirou os pepinos dos olhos, abaixou a música e pegou o celular, para conferir as redes sociais e se atualizar nos sites de fofoca. Adorava aqueles banhos criados por Suelen. Representavam um tempo de paz, sem ninguém que a incomodasse. Podia ficar horas ali, vendo fotos e reportagens na internet, enquanto relaxa naquela água quentinha. Nada a preocupava naquele momento.

Enquanto isso, no escritório de Leopoldo, Suelen tinha acesso irrestrito a tudo. Vários documentos, computador, fotos, até as certidões de nascimento de todos da casa ela encontrou... Tudo o que existia sobre a família do político corrupto que lançaria a carreira de jornalista de seu namorado. Eles se casariam nas montanhas ou, quem sabe, numa praia paradisíaca, quando saísse a contratação num jornal de expressão no país. A ambição de ambos era grande e ela não media esforços para ajudar Gaspar. Tanto talento não poderia ficar desperdiçado em um jornal de interior, onde as pessoas não desejavam crescer e viam esse desejo com maus olhos. – Pensava.

Ela já tinha conseguido acesso a um e-mail confidencial que estava no computador de Leopoldo, quando entrou no escritório um dia e ele havia acabado de sair para uma emergência, deixando o servidor aberto. Imediatamente, enviou ao namorado, mas eles estavam aguardando acumular mais informações para fazer uma reportagem completa. Gaspar era um excelente profissional, sua inteligência era tão absurda que com uma grande matéria, seu nome estaria lançado no mundo. E era isso que aconteceria.

Para ter tempo, precisava ser uma empregada maravilhosa para Malu. Empregada não, governanta, como a patroa gostava de falar. Fazia tudo para agradá-la, cuidava das coisas como se fossem suas. É bom trabalhar aqui até para ir me acostumando com essa vida de madame. É isso que me aguarda no futuro, quando Gaspar for famoso, pensava.

Acontece que, na noite anterior, Gaspar tinha telefonado para ela desesperado. Alguém tinha pegado as folhas que ele imprimiu para analisar com calma, contendo os e-mails comprometedores. Ele tinha outras cópias, mas não poderia mais esperar para publicar aquilo, ou outro jornalista o faria. Estava nadando num tanque de tubarões. E não seria nada justo se alguém conseguisse tal feito, já que o trabalho sujo foi todo feito por ela, se arriscando em se infiltrar na casa de estranhos para ter acesso a tudo aquilo, portanto, o mérito tinha que ser dele.

Gaspar tinha se assustado com um telefonema do irmão, um pouco antes do acontecido, porque sua mãe estava internada na UTI, com um problema sério de saúde. Como o sinal de celular no escritório estava ruim, resolveu descer as escadas para conseguir conversar melhor e saber o que houve. A redação estava praticamente vazia, apenas JP, um colega, se preparava para sair. O dono do jornal tinha acabado de descer também. O telefonema não podia esperar. Desceu, deixando tudo sobre a mesa.

Não se tratava de uma notícia ruim, mas a conversa acabou se estendendo um pouco. A mãe tinha acordado da sedação e pediu para falar com ele. Cada segundo dela acordada era precioso. Ela parecia muito bem, e ambos deixaram a conversa fluir. Amanhã vou visitá-la sem falta! Era o pensamento dele enquanto voltava para a redação. Quando chegou, o susto: Euclides, um colega de trabalho que sentava na mesa ao lado, estava de volta, com uma cara muito estranha, e o novo funcionário, pessoa que Gaspar conhecia muito bem, bem até demais, de pé, o encarando.

Tentou disfarçar o motivo que o trazia de volta ali, porque não podia revelar a reportagem que estava preparando. Era confidencial. Foi então que percebeu que os papeis não estavam mais em sua mesa. Pegaram! Precisava vasculhar e descobrir se levaram dali ou se guardaram em algum lugar. Não é possível que todas as pesquisas que venho fazendo há meses vão acabar assim! Com meu principal documento publicado pelas mãos do outra pessoa. Logo em seguida, Suelen telefonou e a saudade que tinha dela fez aumentar ainda mais a sua raiva, não conseguia controlar. Não sairia dali até encontrar o que queria. Ou, pelo menos, até olhar em todos os cantos.

O desespero era tanto que não raciocinou direito, mas enquanto vasculhava as coisas, sua ficha caiu: Euclides estava acompanhado por Leopoldo Filho... espera aí... esse cara não me roubou para publicar nada! Ele roubou para destruir minhas evidências! Deus do céu! Ele vai descobrir tudo! Talvez Suelen esteja em perigo a qualquer momento!

Algum tempo depois, entraram na edição Otavio, a filha e o namorado, Leopoldo Albuquerque Filho. Eles conversaram rapidamente e Gaspar não conseguiu conter seu ódio. Acabou deixando claro que sabia quem era ele e acabou por ameaçá-lo.

Já frustrado e ansioso com o fato de não enxergar perspectiva em continuar trabalhando no jornal de Flor de Lis, Gaspar andava desesperado por lançar um escândalo de respeito, que colocasse seu nome em todas as manchetes do país. Quando surgiu o vídeo de Leopoldo, a repercussão foi tão grande que chamou sua atenção para o potencial que aquela família teria em vender notícia. Não adianta descobrir podres de quem não interessa, pensava avaliando tudo aquilo.

Começou a pesquisar tudo sobre a família na internet. Catalogou as pessoas que apareciam ao lado deles com maior frequência na mídia, anotou os lugares que mais frequentavam, as preferências, enfim, tudo o que era possível descobrir à distância. O que não imaginava é que em um dia comum de trabalho de Suelen na tesouraria do clube de Flor de Lis, ela se depararia com uma ficha preenchida alguns dias antes, com o nome "Leopoldo A. Filho". Ela, que estava por dentro de toda pesquisa do namorado, começou a reparar em todos que passavam pela porta e logo o avistou. Loiro, cheio de confiança no andar, arrogante, inconfundível.

No mesmo instante, telefonou para o namorado que a instruiu a não perdê-lo de vista, saber com quem conversaria e o que estava fazendo ali. Não era uma simples visita, uma vez que ele estava matriculado no clube. Devia ter algum plano, mas eles seriam mais espertos. Ainda naquele dia, chegaram ao celular de Gaspar fotos comprometedoras, artisticamente tiradas por Suelen, de Leopoldo Albuquerque Filho com... Dora! A filha de seu chefe e noiva de um dos maiores empresários da região! Aquele escândalo não tinha como ser maior... Ele iria saborear a vitória e o sucesso em breve, mas precisava ter calma, ou colocaria tudo a perder.

A partir de então, bolou um plano com Suelen: ela se infiltraria na casa de Albuquerque, na busca por descobrir algo mais. Algo dizia que aquela família escondia muita coisa. Mas precisava de patrocínio, o investimento para viabilizar o plano era alto. Foi então que começou a sondar o escritório de Raul. Ele precisava contar com alguém que o financiasse e sabia que estava no caminho certo. Mas, mostrando fotos comprometedoras desse jeito, não vou agradar um homem noivo, vaidoso e cheio de orgulho. Ele pode ficar com raiva demais e acabar descontando em mim... calculava.

A partir de então, o próximo passo dependia de Raul, e abordá-lo de forma correta e certeira era a única chance de Gaspar. Ele resolveu passar boa parte de seu tempo, discretamente, observando a movimentação do futuro patrocinador: rondando seu escritório, lanchando na padaria próxima, fazendo compras por ali, sempre dizendo no trabalho que estava fazendo pesquisas importantes para uma próxima reportagem, o que não deixava de ser verdade. Foi quando a oportunidade perfeita surgiu: Dora entrou no escritório com cara de poucos amigos, passos aflitos e um ar de muita ansiedade.

O mais óbvio aconteceu: a garota saiu do escritório chorando, e Raul não foi atrás dela. Gaspar sabia que numa cidade pequena como Flor de Lis, todos tinham consciência de que seus atos tornavam-se notícia com rapidez. Obviamente, a estranha amizade de Dora com um forasteiro viraria comentário pelas ruas e Raul, vaidoso como era, não aceitaria a situação facilmente. Aquele relacionamento estava com os dias contados. E não deu outra. Terminaram. Agora é minha hora! – Ele avaliou.

Após uma conversa ríspida, ilustrada com fotos que faziam seus olhos queimarem de ódio, Raul, que já estava abalado com o término repentino, aceitou financiar o plano para desmascarar a família de Leopoldo Filho em rede nacional. Mas não queria apenas escândalo, queria descobrir crimes, levá-los à cadeia. Estava dominado, naquele momento, acreditando ter sido traído, e queria ver aquele homem absolutamente desmoralizado no país.

— Quero que você monte um dossiê com tudo, tudo de ruim que conseguir reunir sobre a família. Coisas do passado, relação com inimigos, tudo. Até lá, precisamos ser discretos sobre a filiação desse cara, ou perderemos a chance de surpreender as pessoas.

Gaspar ouvia aquelas palavras com deleite. Ótimo! O desejo de vingança de Raul era exatamente o que precisava ser despertado. Só assim, com tempo e dinheiro, montaria uma reportagem digna.

Dinheiro não era problema a partir de então. Suelen se mudou para a capital, alugou um pequeno apartamento no subúrbio e foi tentar a sorte. Na primeira tentativa, conseguiu o emprego que pretendia. O ego de certas pessoas é uma coisa previsivelmente impressionante. Faz baixar a guarda, faz perder a proteção, a noção, o bom senso. – Pensava Gaspar, quando recebeu a notícia do êxito de Suelen, que apenas precisou elogiar a dona da casa, fazer parecer que era sua fã.

Tudo caminhava muito bem. A única coisa que deixava Gaspar inquieto era o fato de desconfiar que a família também tinha um plano. Muito difícil acreditar que aquele moleque estava na cidade por livre e espontânea vontade. Mandar o filho para Flor de Lis a troco de que? Será que Otavio também está envolvido no esquema? Mas, há pouco tempo, tinha sido o próprio Otavio quem redigiu uma matéria enorme sobre Leopoldo... Isso está muito estranho. Empregar o cara aqui... Era o que pensava diariamente, desde que Leo começou a frequentar a redação. Não conseguia entender o que estava havendo, mas seguia o plano traçado com total cautela, até que tomou uma rasteira e teve seu material roubado. Tudo podia ir por água abaixo a qualquer momento.

A cabeça de Gaspar girava enquanto ele descia, em direção à sua casa. Pelo menos sua reportagem não vazaria antes da hora, sabia que Leopoldo Filho não tinha interesse em publicá-la. Seu desafio, agora, seria conseguir montar alguma coisa de qualidade em tempo recorde, com o material que já tinha, soltar na mídia e tirar Suelen do emprego. Era só uma questão de tempo para que tudo viesse à tona, e a vida dela poderia estar em perigo. Nós não sabemos ao certo com que tipo de pessoas estamos lidando. Mas, pelo visto, não é boa coisa, ele refletia.

Ao chegar em casa, ligou para Suelen e contou tudo o que tinha acontecido. Eles não podiam abortar o plano até ter outro para ser colocado em prática no dia seguinte. Tratava-se, possivelmente, de uma questão de vida ou morte.

Capítulo 14

— Alô?! Leo, você tá me ouvindo? – A voz de Leopoldo era ansiosa.

— Sim, pode falar. – Leo desligara o telefone na cara de quem atendeu em sua casa. Não conseguia entender direito o que estava acontecendo, mas começou a ligar os pontos. Gaspar... O telefone dele tocou, com o nome Suelen... Na foto que apareceu na tela, parecia ser namorada ou mulher, estavam intimamente abraçados... O e-mail... Tinham encontrado uma forma de se infiltrar em sua família, mas não sabia como, e Gaspar estava envolvido!

— Meu filho, preciso falar rápido, não temos tempo a perder, mas presta muita atenção no que vou te dizer: existe um e-mail trocado entre mim e o reitor na universidade de Flor de Lis, que pode me incriminar. Ele está nas mãos de alguém aí na redação do jornal. Você precisa..

— Eu já sei do que se trata. Estou com ele em mãos. Mas como você soube disso? Tentei te ligar a noite toda para avisar, mas só dava desligado!

— Como assim? Já? Como você conseguiu isso? Já estamos livres do problema?

— Não, pai. Ainda não. Por acaso, encontrei essas folhas, mas com certeza o responsável por isso ainda tem cópias. Preciso saber de você primeiro: como isso vazou? Você confiou na pessoa errada?

— Na verdade, esse ponto ainda não sabemos. Esse e-mail é absolutamente protegido, a chance de terem hackeado é bem pequena, nos resguardamos demais. Mas minha equipe recebeu, nessa noite, a foto dessas folhas impressas, com uma oferta de que todos os documentos seriam eliminados, caso depositássemos uma farta quantia em dinheiro. Você tem ideia de quem pode ter sido?

Euclides! Só podia ser ele! Chantagista! A cena da noite agora parecia fazer mais sentido na memória de Leo. Mas por algum motivo, não quis abrir tudo para o pai. A garganta apertava com uma angústia muito forte, ele não conseguia explicar o porquê.

— Não. Não sei. Mas vou resolver essa situação. Isso não vai chegar na mídia, pai!

— Muito bom, meu garoto! Sabia que podia contar com você, por isso nem estou estressado com isso, sabia? Carmem que está aqui, desesperada. – Leopoldo falava num tom de deboche. Estava mesmo muito disposto a não se deixar abater e a confiar no filho.

— Mas pai, me responde uma coisa: esse e-mail é real? – Leo não resistiu. Diante da adrenalina que viveu nas últimas horas, não tinha parado para raciocinar. O instinto de proteger sua família gritava alto. Mas, enquanto tentava falar com o pai, com aquelas folhas nas mãos, parou um pouco para refletir. Isso aqui é corrupção pesada. É sujeira. Lia e relia, procurando evidencias de que aquilo era uma fraude, mas a forma de escrever parecia muito com a de seu pai. As expressões usadas, a forma seca. A negação insistia em fazê-lo acreditar que isso poderia vir de alguém que o conhecia muito bem. Precisava saber a verdade.

— O que você acha, meu filho? O que você acha? – Leopoldo se irritou de repente. Aquela não era hora para julgar nada. — Você viveu com tudo que sempre quis e agora vem me fazer uma pergunta dessas? E os carros, as viagens, as mulheres... na hora de torrar tudo você nunca me perguntou de onde vinha o dinheiro. Portanto, trate de resolver essa confusão. Se essa reportagem sair, Leopoldo Filho, eu estou arruinado e, comigo, você e toda a sua preguiça para o fundo do poço! – Ele gritava, completamente descontrolado. E desligou.

Leo ficou ali, parado, em choque. Não esperava aquilo de forma nenhuma. Sempre fora poupado, a vida toda, dos problemas do trabalho do pai. Realmente, nunca tinha questionado nada, mas entendia que esse não era seu papel. Ouvia tanto os discursos do pai, que acreditava neles. Sentiu uma revolta crescer em seu peito. Ele foi criado numa mentira. Achava que estava sempre tudo certo, mas não perdia tempo em raciocinar muito sobre isso. É claro que, às vezes, pensava que poderia existir alguma coisa errada, porém, afastava a ideia de sua cabeça o quanto antes. Não era fácil abrir os olhos, quando se está deitado numa cama de lençol de seda, com travesseiros de penas de ganso, com uma fila de mulheres querendo deitar ali com você.

Mulheres. Há quanto tempo não pensava nelas da mesma forma vulgar e promíscua de antes? Assim que chegara a Flor de Lis, recebeu a visita de uma garota de programa que o fez pensar que aquilo seria frequente e fácil. Mas ao conversar com a mãe, um tempo depois, resolveu que não podia manter esse tipo de visita, por ser uma cidade muito pequena. Precisava se concentrar no plano de construir um bom nome, sem furos, então, condicionou a mente para isso e se acostumou. Pensando nesse momento, sobre todo o tempo que passou, enxergava claramente que não foi nenhum sacrifício.

Dora. A princípio, uma espécie de teatro, mas nunca uma obrigação. Sabia que precisaria dela, mas era maravilhoso precisar. Apesar de ser uma menina do interior, estava longe de ser o que ele tinha em mente. Ela era cheia de personalidade, as conversas duravam horas, não viam o tempo passar. Ela era linda, de uma forma diferente, única. As mulheres com as quais convivia até aquele momento eram muito produzidas, sem um fio de cabelo fora do lugar, com plásticas que esculpiam o corpo, unhas enormes e impecáveis. Dora não era assim. Seus cabelos muitas vezes estavam atrapalhados, o que a deixava com ar leve e despreocupado. Não usava maquiagem, não tinha perfumes caros, tudo nela era natural. Acordava tão linda quanto saía, tinha cheiro de flor, gosto de hortelã, voz doce, mente afiada.

Tudo ao lado dela parecia leve e espontâneo. As risadas eram de verdade. Aos poucos, e sem perceber, ele se deixou entregar. Quando ela descobriu quem ele era e o que aquilo poderia significar na cidade, mostrou mais uma vez a força imensa que tinha dentro de si. Disposta a encarar sem medo o que precisasse, mostrava seu senso de justiça: ele não fizera nada para merecer ser julgado. Não deveria ser culpado pelos erros de sua família. Ou, pelo menos, nada que ela soubesse. Ela não vacilou em momento nenhum. Continuava ali, nada mudou. Ele também não se esquecia do fato de ela ter terminado com Raul, pouco antes de começarem a namorar. Raul era um cara importante na região, a amava e daria a ela uma vida de rainha. Todavia, ela não se importou com nada disso.

No meio em que cresceu, Leo não conhecia pessoas como ela e, por isso, não sentia falta. Depois que vira que existem Doras no mundo, ficava chocado ao se lembrar do quanto as mulheres do seu antigo meio podiam ser rasas e superficiais. O tanto que ninguém que estivera com ele realmente o amava. Tudo era status, tudo era loucura, dinheiro, futilidade. Tudo girava em torno da imagem. Até sua própria fama de mau, de cafajeste sem juízo que tanto divertia seus pais, era algo construído e deveria ser alimentado. Só, nesse momento, que ele enxergava isso. E não pretendia voltar a pensar ou ser como antes. Não tinha como. Não vivia mais por imagem, pela primeira vez na vida, fazia as coisas com Dora apenas querendo agradá-la, diverti-la, satisfazê-la. Que ironia do destino! Quando precisei fazer teatro, descobri os momentos mais verdadeiros da minha vida com mulheres. Talvez os únicos, pensava.

Ao refletir sobre todas essas coisas sentiu um aperto forte e seu coração voltou a disparar. O que Dora pensaria quando visse o escândalo publicado? Ele não queria decepcioná-la de forma nenhuma, sentia muita vergonha da situação. Seus sogros certamente julgariam. Sofreriam em ver a filha com ele, mais uma vez. Seus olhos agora se encheram de lágrimas ao se lembrar das últimas palavras do pai ao telefone. Sentia ódio dele, mas, ao mesmo tempo, sabia que ele estava acuado. Por mais que muita coisa tenha sido superficial no passado, o amor dos pais por ele era verdadeiro e recíproco. Disso tinha certeza. Ele sempre recebeu o apoio e o amor que precisava para viver. Não posso abandoná-los quando mais precisam de mim. Mas, não sou capaz de decepcionar Dora. Isso, jamais! – Pensava, surpreso ao ter percebido o quanto havia se tornando tão importante em sua vida. Só agora, em meio à crise, via isso.

O tempo passava, o dia já estava quente lá fora e, em alguns minutos, as pessoas chegariam à redação. Ele precisava decidir o que fazer antes que fosse pego de surpresa.

E decidiu.

Gaspar chegou à redação mais cedo do que de costume com cara de quem não dormiu nem por um segundo. O humor também era esse. Eu não queria agir assim, mas não me restam opções. Jogar todo esse trabalho fora não é considerável. – Foi a conclusão que chegou. Precisava se preparar para os próximos minutos, não seria fácil. Releu as duas reportagens que montou com a sensação de que poderia ter ficado melhor, mas não tinha mais condições mentais de mudar nada agora. Estava exausto.

Otavio chegou ao trabalho aparentando estar tranquilo. Ele sabia que mais tarde todos estariam comentando sobre Leo, mas daria um jeito de por um fim na fofoca. Talvez, apenas se concentrasse profundamente no trabalho até aquela onda de comentários passar. Sobreviveria, isso era certo. Sentia muito por Leo e, principalmente, por Dora. Eles sofreriam mais naqueles dias, mas não podia fazer nada. A filha estava consciente de que isso aconteceria desde o primeiro dia que soubera quem era ele. Ela também parecia preparada.

Entrou em sua sala e levou um susto. Gaspar estava assentado em sua cadeira, com um aspecto péssimo e um sorriso debochado nos lábios, como se o julgasse.

— Gaspar, posso me sentar na minha cadeira, dentro da minha sala? Já não disse que vou te ajudar com sua matéria desaparecida? – Ele ficou nervoso com aquela expressão do jornalista, sentia que vinha alguma coisa por aí e quis se mostrar durão, sem se intimidar.

— Não, não pode, até ouvir o que tenho para te falar.

O tom daquela frase ascendeu uma luz de alerta na cabeça de Otavio. Está acontecendo alguma coisa mais grave por aqui, ou ele não falaria comigo nesse tom, sabendo que pode perder o emprego a qualquer momento. Resolveu, então, baixar a guarda, fingir que não havia notado o tom cínico do jornalista para entender melhor.

— Pois não, meu caro, estou ouvindo.

Gaspar tirou de dentro de uma pasta azul, dois blocos finos de folhas grampeadas e os estendeu a Otavio. Um dos blocos foi entregue primeiro.

— Eu não sei até que ponto posso confiar em você, Otavio. Mas aqui está a reportagem na qual venho trabalhando. Tentaram dar um fim nela na noite passada, mas, como você mesmo pode ver, não obtiveram sucesso. Eu quero vê-la publicada no jornal de amanhã.

Otavio pegou a folha encarando Gaspar nos olhos, pasmo com a ousadia do outro. Uma coisa era certa: não obedeceria àquele tom de ameaça, independente do que estivesse escrito ali. Baixou os olhos para os papeis que lhe foram entregues e começou a ler. A surpresa ficava mais nítida em seu rosto a cada palavra lida.

Gaspar o encarava com satisfação, até que acabou de ler tudo: vários documentos expondo toda a família de Leopoldo Albuquerque. Fotos de todos os integrantes da família, a história de vida de Maria Lúcia, suas origens, o subúrbio de onde viera, entrevista com antigas "amigas", entrevistas de mulheres que tiveram relação com Leo, foto dele com diversas mulheres juntas, fotos de carros luxuosos, boates, ostentação. Havia, também, depoimentos de empregadas domésticas que passaram pela mansão, contando detalhes da rotina deles. Umas falavam bem, outras relatavam, inclusive, agressões verbais que sofreram de "dona Malu". E, por fim, um e-mail extremamente comprometedor, trocado com o reitor da universidade, escancarando a corrupção e deixando a certeza de que aquilo ali era apenas uma prova de crimes cometidos para manter tamanho padrão de vida. Em choque, Otavio desejou estar sozinho, mas aquele ser prepotente permanecia ali, o encarando.

— Gostou? Gostou de ver com quem sua filha está metida? Talvez isso não seja nenhuma surpresa. Foi você que mandou o Leo pegar o e-mail na minha mesa? Você faz parte de algum esquema de ocultação de provas? Nunca saberemos. Aliás, nunca comprovaremos. Eu preparei essa outra reportagem aqui, caso você queira atravessar meu caminho. – Com essa frase, Gaspar indicou com os olhos os outros papeis que estavam sobre a mesa.

A princípio, parecia se tratar da mesma coisa. As frases e as fotos das primeiras páginas eram as mesmas. No entanto, Otavio seguiu na leitura para ver o que tinha de diferente. Pela confiança demonstrada por Gaspar, com certeza tinha alguma informação nova ali.

Quando chegou na parte que diferenciava um texto do outro, precisou se sentar. A cor fugiu de seu rosto e começaram a brotar gotas de suor de sua testa. Ele nunca pensou que passaria por uma situação daquela na vida, desde que começara o jornal. A ética e a impessoalidade sempre foram prioridades na forma em que ele transmitia as notícias. Como qualquer pessoa, Otavio tinha suas crenças, convicções e interesses, mas sabia que se afastar de tudo isso, ao máximo, fazia parte de seu trabalho. Conseguia se portar de forma imparcial e, justamente por isso, seu jornal era tão bem aceito na região.

Vendo a reação de choque estampada no rosto de Otavio, Gaspar comemorava por dentro. Levantou-se da cadeira fazendo movimentos silenciosos e disse, cinicamente:

— Vou te deixar pensar até o fim da tarde de hoje. Já deixo avisado que uma das duas versões será publicada. Cabe a você escolher qual delas.

Leo chegou ao jornal quando a redação já estava cheia. Estava preparado para olhares indiscretos e burburinho, mas nada aconteceu. Sentia-se fraco e trêmulo, o estômago ainda dava voltas. Não conseguiu comer nada antes de sair, tomou apenas um café, para se preparar para o que viria. Dirigiu-se direto à sala de Otavio, precisava conversar e ver o que ele já sabia sobre a cadeia de e-mails. Já tinha decidido o que faria e estava certo de que seria o melhor para todos.

Contudo, quando entrou na sala, encontrou o sogro sozinho, absolutamente lívido, suando, com um olhar parado, encarando a parede. Em sua mão, um copo de água teimava em escancarar o tremor incontrolável. Parecia ter visto um fantasma. Parecia ter virado um. A cena desestabilizou Leo. Ele já sabe de tudo, calculou.

— Otavio? Será que nós podemos conversar? – Leo perguntou numa voz baixa e gentil.

Em vez de responder, Otavio apenas esticou os braços trêmulos em direção a Leo, entregando-lhe dois conjuntos de folhas grampeadas que pareciam reportagens. Ele puxou a cadeira do lado oposto à mesa e sentou-se para ler, já imaginando que seriam sobre o e-mail. Quando se acomodou e começou a leitura, veio o choque. Um dossiê sobre sua família, amigos, funcionários. Depoimentos de várias pessoas de seu círculo social, acusações das mais diversas, fotos suas com bebida, cigarro e mulheres. Muitas fotos com mulheres. Algumas até bastante íntimas, que ele tinha certeza de que nunca foram publicadas em nenhuma rede social. Ele nem tinha mais rede social. A surpresa era enorme, ele se sentia mais traído e inconformado a cada linha.

Deus do Céu... Quem reuniu esses fatos? Gabi... eu nunca imaginei que fosse capaz de publicar isso... a gente se divertia... Diva... você trabalhou lá em casa por tão pouco tempo, como pode saber tanta coisa para falar sobre nós? Paulinho, eu nunca apostei corrida de carro com ninguém... que loucura é essa? Não! Eu não usava drogas, quem é essa Viviane falando isso aqui? Nunca vi essa mulher... Mas tem foto minha com ela! Nem me lembro onde estou aqui... Os pensamentos de Leo se atropelavam em sua mente.

Conforme ia lendo, Leo se desesperava. A maioria dos relatos que estavam ali eram verdades, mas que deveriam ter ficado entre amigos. Ele foi traído por alguns e por várias mulheres raivosas, que foram desprezadas. Mas muita coisa era mentira. Depoimentos diziam que ele se drogava com frequência em camarotes de boate, apostava corrida de carro em vias de trânsito, subornava policiais em blitze. Isso tudo era mentira. Pessoas de seu convívio, presentes em fotos de turma com ele, claramente dispostas a ganhar visibilidade e fama falavam coisas absurdas. Mas quem duvidaria? Além do mais, não tinha como provar o contrário.

Dora. Ela não vai acreditar em mim. Nunca mais. Era só o que passava em sua cabeça. Se deu conta de que o próprio sogro já tinha visto aqueles absurdos e estava em choque. Estava tudo acabado, ele a perderia para sempre. Justo hoje, que decidira ser diferente, fazer a coisa certa, tentar ser uma pessoa melhor para ela. O desespero tomou conta de seu peito, as mãos tremiam ao segurar o papel. Mas ele precisava continuar lendo.

Chegou na parte que falava de sua mãe. A versão contada ali era totalmente desconhecida por Leo. Sabia vagamente sobre um passado de pobreza e de privações, mas apenas isso, aquela realidade retratada na reportagem era novidade. Várias "amigas de infância" contando o tanto que Malu desprezara o lugar onde nasceu. "Ela nunca escondeu de ninguém se casaria com um velho rico e sumiria daqui", relatava uma mulher. Outras narravam episódios de prostituição, furto e agressão por parte de Maria Lúcia. Leo não sabia o que fazer nem o que pensar. Não acreditava em nada do que lia, mas no fundo, não era capaz de duvidar. Nas últimas vinte e quatro horas seu mundo tinha virado de cabeça para baixo, mas nada se comparava à ardência que lhe causavam aquelas ásperas palavras.

Sobre o pai, poucos depoimentos, mas o e-mail que o incriminava escancarava a verdade para quem quisesse ver. O pior de tudo, já que aquelas poucas palavras poderiam levá-lo à cadeia, seria a ruína da família.

Completamente enjoado, incapaz de se colocar de pé após ler cada linha escrita naquelas malditas páginas, Leo levantou os olhos em direção ao sogro, sem se atentar para o segundo bloco de folhas que tinha em mãos. Otavio permanecia na mesma posição e, ao perceber os olhos do genro o encarando, apenas fez um sinal com a cabeça, indicando as outras páginas que ainda não tinham sido lidas. Ainda tem mais? Leo sentia que a qualquer momento, poderia desmaiar. As pernas formigavam, a boca seca o fez tossir. Pegou o outro bloco.

A princípio, o conteúdo parecia o mesmo, mas como o sogro indicou, seguiu relendo tudo, como se passasse por uma sessão de tortura. Ao chegar ao fim da explicação sobre o e-mail, mais um baque. Sentiu uma pontada no estômago. Se tivesse comido algo, vomitaria naquele exato momento.

A reportagem agora seguia, trazendo novos personagens. Otavio era acusado de fazer parte do esquema, o que estaria evidenciado pelo namoro de Leo com Dora. Dizia que ele recebia dinheiro para não publicar nada sobre a família do genro e narrava um furto de documentos que comporiam a reportagem em questão, dentro da própria redação do jornal. O crime foi atribuído a

Leo, guiado por informações vazadas por Otavio, que como chefe e proprietário da empresa, tinha conhecimento sobre todos os trabalhos desenvolvidos por seus jornalistas.

Aquilo ali era demais. Leo seria capaz de qualquer coisa para deter aquela reportagem de ser publicada. Vai ser o fim do jornal, o fim da família de Dora, o fim da alegria dela. Tudo por minha causa. Eu destruí uma família que só fez me acolher e acreditar em mim. Acabei com tudo.

Lágrimas silenciosas começaram a cair em seu rosto, ainda fora do campo de visão de Otavio. Sem coragem de encará-lo, Leo permaneceu com a folha erguida por certo tempo, até que o silêncio absoluto foi quebrado pela voz falha e rouca de Otavio. Ele parecia calmo, mas sem forças.

— Acho que você entendeu com o que estamos lidando, não é? Chantagem. Gaspar quer espaço aqui para publicar a reportagem que vem preparando há meses sobre sua família. Caso eu não permita, disse que já conseguiu outro jornal da região para publicar a segunda versão. Ele sabe que depois disso, vai ganhar visibilidade para conseguir trabalho em um lugar maior, então não teme mais pelo emprego. E não há como negociar com ele. Não sei o que fazer.

O rosto de Otavio demonstrava a apreensão que sentia. Leo, que já estava absolutamente em pânico, não encontrava palavras para dizer nada. A garganta estava fechada. Otavio prosseguiu:

— Você percebe como estou encurralado? Se impeço a publicação, ele vai para outro lugar e me incrimina. Se permito, estou cedendo a uma chantagem, deixando todos os meus princípios de lado. Além disso, não posso garantir que ele não voltará a me chantagear, sabendo que cedi. Ele vai entender que tenho culpa no cartório e pode achar outras formas de me extorquir. Além do mais, outros jornalistas podem ficar sabendo dos meios nada ortodoxos dos quais ele se valeu para publicar o que queria e podem usar isso para me pressionar. Mas, nada disso é o mais importante. O pior vai ser encarar Elisa e Dora. Vou decepcionar muito minha filha se for fraco e ceder, ou se permitir que ela seja envolvida em um escândalo. – A voz dele agora já estava mais firme, mas a cor ainda não tinha voltado por completo às faces. — Não sei o que fazer. Simplesmente não sei. Pela primeira vez na vida, estou sem saída.

Leo ouviu a tudo esperando que Otavio o culpasse, estourasse com ele, o desprezasse. Sem dúvida, seria melhor do que aquela cena lamentável à sua frente, de um homem entregue, desesperado, inocente. Ele iria resolver aquela situação nem que isso custasse sua própria dignidade, ou o que tivesse sobrado dela. Livrar aquela família do problema era sua prioridade. Iria resolver esse assunto. Precisava raciocinar rápido. O primeiro impulso foi ligar para os pais e pedir ajuda, porém, sabia que, se fizesse isso, egoístas como eram, eles dariam um jeito de prejudicar a família de Dora, caso isso fosse aliviar a situação. Não podia correr esse risco, agora era com ele.

Vamos Leo, raciocina! – Ele colocou a cabeça entre as mãos assim que o sogro acabou de falar, sem responder nada. Precisava de uma saída rápida daquela situação. O que minha mãe faria numa situação dessas? Com certeza não ficaria encurralada, ela ia se salvar... Preciso pensar com a mente dela... vamos lá...

Foi quando se lembrou de um episódio de infância... Eles foram a um jantar com um líder de partido, velho conhecido de seu pai, num restaurante francês muito refinado. Ele se lembrava com detalhes daquele dia. O restaurante era um dos preferido de seu pai para reuniões de negócios, porque as mesas eram afastadas umas das outras e os clientes eram sempre discretos. O serviço era espetacular, com pessoal extremamente bem treinado e rápido.

Naquele dia, eles tinham algum motivo muito bom para comemorar. Leo não sabia ao certo o que era, mas se lembra das várias garrafas de vinho que pediram e dos vários brindes alegres e descontraídos. Após algumas taças além do costume, Malu, levemente alterada, começou a relembrar experiências que as pessoas ali presentes tinham vivido juntas. Apesar de seus doze anos, Leo pode perceber a tensão surgindo na mesa, conforme ela ia contando "aquela vez, que fomos ao museu em Roma, e eu quase cai em cima de uma escultura milenar que estava exposta e você me ajudou a equilibrar, e...".

— Eu? Malu, você deve estar se confundindo, eu nunca fui à Roma – A esposa do tal cidadão respondeu.

— Como nunca foi? Aquela viagem que fizemos para comemorar um negócio fechado entre as duas empresas que... – Malu parou de falar. Leo ficou sabendo, depois, que, na verdade, quem estava na viagem era aquele mesmo homem, mas com sua amante e a mulher nem desconfiava, acreditando que ele estivesse viajando a trabalho. Agora não tinha mais volta. Aquele casal era um contato profissional muito importante para Leopoldo e Malu sabia disso. Ela estava encurralada. Foi então que demonstrou sua sagacidade, e com três segundos de raciocínio, começou a gritar:

— Ahhhhhhhhhhhhhh! Um rato! Um rato! Ahhhhhhhhhh! – E todos no restaurante se assustaram. Ela subiu, com salto e tudo em cima da cadeira, gritando, apontando para um rato imaginário, mudando de direção, como se ele estivesse se locomovendo com rapidez, justificando o fato de ninguém estar vendo.

A mulher que a acompanhava também começou a gritar, assim como várias outras que estavam no restaurante, enquanto os garçons pegavam vassouras para tentar escurraçar o intruso. Nada foi encontrado, o que significava que ele ainda estava ali, escondido. Conclusão: o restaurante não cobrou nada pelo jantar nem pelos vinhos, os granços pediram mil desculpas a todos, o foco foi mudado e a adrenalina fez com que, pelo menos por um tempo, todos esquecessem o ocorrido durante a conversa.

No dia seguinte, ao acordar, Leo foi se deitar com a mãe que ainda estava em sua cama, para conversar e entender o que houve na noite anterior.

— Não tinha rato, não é, mãe? Eu teria visto... – Ele perguntava, com a cabecinha confusa.

— Não meu filho, não tinha rato. Isso foi bom para você aprender. Quando não tiver mais o que fazer, finja demência! Comece a gritar, faça alguma coisa que choque as pessoas. Assim, você ganha tempo para pensar. Ninguém vai saber o que aconteceu de verdade, se você armar uma confusão bem armada. Mude o foco da situação. Entendeu? – Ela falava rindo, divertindo o filho, que também ria. Minha mãe é demais, ele pensou na ocasião.

Mais tarde, a ouviu no telefone com a mulher da noite anterior, indignada sobre o episódio do rato em um lugar tão renomado. Depois de uma longa e descompromissada conversa, o assunto finalmente voltou à Roma e Malu já tinha bolado uma forma de explicar que era um outro casal, que ela confundiu, inclusive jurava que eram eles até hoje de manhã, quando foi pegar as fotos para ver. Agora, o tom era muito mais preparado e parecia verdadeiro. Na noite anterior, ela estaria nervosa, assim como os demais presentes em ambas as situações, e não conseguiria fingir tão bem. A mulher acreditou e, tonta, nem pediu para ver as fotos.

Foi então que Leo decidiu os próximos passos que daria.

— Otavio, olha pra mim. Eu vou te tirar dessa, nem que seja a última coisa que eu faça na vida. Vocês são minha família agora. Até o fim do dia, não haverá mais nenhum problema. – A voz dele era firme, parecia realmente um homem que resolve qualquer situação.

— Leo, calma lá. Você é um moleque, inclusive vamos conversar sobre tudo o que li aí mais tarde. Não vou deixar meu futuro nas mãos de uma pessoa com esse nível de responsabilidade. – Ele falava, aparentando a raiva que não tinha vindo à tona até então. Mas Leo não estava disposto a negociar.

— Que outra opção você tem? Se for para alguém se sujar, que seja eu. Você é um homem de caráter imaculado. Fique assim, pela Dora. Vou resolver isso. Afinal, fui eu que criei o problema. Vou te mostrar que não sou tão moleque quanto você pensa. Sei socorrer minha família quando é o certo a se fazer. – O tom de Leo impressionou Otavio, e ele realmente não tinha outra opção.

— Você tem até o fim do dia.

Leo saiu da sala, transformado. Entrou cheio de incertezas e de ansiedade. Saiu cheio de ódio e de adrenalina. Vou resolver isso, e vai ser agora, farei o que for preciso. Depois disso, serei um novo homem, digno da confiança de Dora.

Leo parou na parte de fora da sala de Otavio, antes de virar no corredor que levava à redação. Respirou fundo, atrapalhou o cabelo e agradeceu pelos olhos vermelhos por ter chorado. Foi pisando com força até o local de trabalho dos demais. Quando entrou no campo de visão dos colegas, percebeu que seu aspecto chamara a atenção de todos. As pessoas o olhavam com receio, notando que alguma coisa estava errada. Ótimo, é disso que preciso! – Ele calculou.

Foi direto até a mesa de Euclides, que era ao lado da de Gaspar. Os dois o olhavam de soslaio, tentando fingir que estavam concentrados trabalhando. Parou de frente para Euclides, batendo os dois punhos cerrados em cima de sua mesa, fazendo barulho. Ele se assustou, forçando o encosto da cadeira para baixo, olhando agora fixamente nos olhos vermelhos de Leo, com medo. Leo sentia que Gaspar estava virado para a cena que acontecia ali, observando tudo com um ar ansioso. Ele estava esperando alguma reação de Leo, que ficara bastante tempo na sala de Otavio e, a essa altura, já devia estar ciente de tudo o que ele fez.

Leo se abaixou até chegar próximo do rosto assustado de Euclides, e disse no tom mais grave e baixo que conseguiu:

— Você pode ir até a cozinha e me trazer uma faca que corte osso de frango? –A pergunta saiu engraçada, e diante do pânico que gerou em Euclides, Leo teve vontade de rir, e não segurou. Deu uma gargalhada alta, que o fez parecer ainda mais transtornado. As pessoas da redação não aparentavam ter ouvido bem a frase, e olhavam com curiosidade. Euclides suava. Ele parecia não saber de nada, mas sentia culpa por ter roubado o documento do colega e tentado chantagear o envolvido naquele escândalo, então acreditava que mais cedo ou mais tarde, o que ele fez viria à tona. Será que esse cara já sabe o que eu fiz? Será que foi Otavio que o mandou aqui? Ele pensava, sem saber o que fazer.

— Você não ouviu o que eu te pedi? – Leo voltou a encará-lo.

— É... É que aqui não temos faca assim. Só mesmo faca de cortar pão. – Ele respondeu, sabendo que aquilo não fazia muito sentido.

— Serve! Pega e me traga, rápido! – E outra gargalhada, agora olhando fixamente para Gaspar, que já tinha perdido a cor. Covarde, como eu pensava. Leo pensou, se animando. — PEGA, JÁ MANDEI!!! – Agora ele gritou. Euclides e Gaspar se levantaram juntos, num pulo.

— Vou ali e já volto. – Gaspar falou para o ar, já que não tinha amigos ali e ninguém se interessava pelos horários ou compromissos dele.

—NÃO! – Agora Leo gritava para ele, que dava passos para trás, para se afastar e conseguir fugir. Saiu o mais rápido que pode. Euclides que, em tese levantara para pegar a tal faca, foi direto para a porta da redação e tambémdesceu.

As outras pessoas que não ouviram o início do diálogo perceberam que Leo estava alterado, mas não sentiram tanto medo. Algumas foram para a cozinha fofocar, outras para a janela no lado oposto, só para evita-lo. Leo então, diante da mesa de Gaspar, olhou para a tela do computador e viu o e- mail dele aberto. Antes que algo o atrapalhasse, se apressou em escrever uma mensagem curta e enviou para o e-mail do pai.

Fechou o e-mail e como se nada tivesse acontecido, desceu as escadas da redação, indo em direção à rua. Arrumou o cabelo no caminho,e pegou o celular para ligar para o pai, assim que alcançou a rua e se certificou que não havia ninguém por perto. *Próximo passo.*

— Alô. Pai. Abra o seu e-mail e responda "ok" para o que uma pessoa chamada Gaspar te enviou. Deposite a quantia de cem mil reais na conta que vou te passar por SMS. Agora.

— Você tá louco? Nem pensar que vou depositar essa quant...

— Pai. Agora. Você não tem ideia do que está acontecendo. Não tenho tempo a perder. Aquele e-mail é o menor dos seus problemas nesse momento. Outra coisa, preciso do telefone do tio Serginho. Manda por sms. Vou comprar outro chip e te aviso meu novo número. – Ele desligou o celular, subiu as escadas do prédio e foi até a sala de Otavio. Entrou e o encontrou de costas para a porta, fitando, inconsolável, a janela.

— Preciso que você desça e converse com alguém. Um álibi, caso alguma coisa dê errado. Neste momento! – Ele se dirigiu ao sogro falando o mais baixo possível. —Me manda sair daqui bem alto, como se estivéssemos brigando, eu saio, vou até o banheiro. Você sai, vai para rua e conversa com alguém. Numa cidade desse tamanho, não vai ser problema encontrar um conhecido. Confie em mim, pode ser qualquer pessoa, eu só não quero que alguém acredite que você foi meu cúmplice. Deixe seu computador aberto e sem senha.

— Vou confiar em você, como já disse, porque não tenho outra escolha, Leopoldo. Espero não me decepcionar. – Otavio estava visivelmente abatido e contrariado. — E sobre te mandar sair daqui, minha vontade era nunca ter deixado você entrar. – Uma respiração profunda e ele começou a gritar: — FORA DAQUI, SEU MOLEQUE! FORA! SAIA DA MINHA SALA, JÁ! Nem foi tão difícil fazer aquilo, com toda a angústia que estava presa em sua garganta.

Leo saiu da sala e foi direto para o banheiro, como se quisesse se esconder. Otavio esperou uns minutos para se acalmar e saiu do prédio, pisando firme, mostrando a todos que estava indo embora. Leo aguardou mais um pouco, saiu do banheiro o voltou para a sala de Otavio. Sentou-se à mesa e mexeu no computador. Encontrou a pasta de "controle de pagamentos", o nome de Gaspar, e pronto. Ali estavam seus dados e conta bancária. Leo digitou o número no celular, enviou para o pai e fechou tudo.

Passou pela redação e percebeu que nem Gaspar nem Euclides estavam de volta. Eu realmente assustei os dois! Pensou, orgulhoso do teatro que fizera. As outras pessoas que estavam ali o olharam ainda impactados. Após os gritos de Otavio, já imaginavam que Leo estava aprontando algo. Mas aquilo não as parecia incomodar. Era ótimo ter uma confusão de vez em quando, para quebrar o tédio.

Leo desceu as escadas correndo, pulando os degraus. Não tinha tempo a perder. Já estavam próximos do horário do almoço, e ele só tinha até o fim do dia para resolver tudo. Enquanto corria, tirou o chip de seu celular. Foi caminhando até a avenida que margeava o rio da cidade, que não ficava longe dali, dobrou o chip até quebra-lo, e, meio discretamente, arremessou os pedaços na água. Correu até a banca de jornais mais próxima e comprou um novo pré-pago. Não posso deixar rastros. Se for para fazer coisa errada, é melhor que seja da maneira certa, pensou com convicção

Capítulo 15

Malu estava, há dez minutos, tentando estacionar o carro no shopping. Essas vagas minúsculas deviam ser proibidas! Por fim, desistiu de tentar manobrar seu carro enorme numa vaga comum e foi para o nível superior do estacionamento, entregando as chaves a um manobrista.

— Cuide dele como se fosse seu filho, hein? – Ela dizia, sorrindo, cheia de simpatia. O perfume doce era sentido a quilômetros. Ligara para Leopoldo durante toda a manhã, mas não conseguia que ele atendesse.

Gigi, sua melhor amiga, estava esperando por ela numa mesa reservada no restaurante que mais gostavam de se encontrar. Ela já estava alguns minutos atrasada, mas não se importava. Antes de entrar, avistou a amiga na mesa bem ao centro, num ponto estratégico de boa iluminação. Essa é minha amiga. Meu Deus, como ela engordou! Eu que estou grávida, e ela que ganha vários quilos. – Pensava, enquanto se dirigia à mesa.

— Amiga! Quanto tempo! Estou morrendo de saudade! Nossa, como você está magra! Tá fazendo dieta? Me conta o segredo! – Malu e as amigas eram sempre muito efusivas umas com as outras. Mas nem sempre sinceras.

— Malu, minha querida! Você que está radiante! Não engordou nadinha com o bebê! E esse novo tom de cabelo te caiu ainda melhor! – Gigi se levantava da cadeira para dar um abraço na amiga, já reparando o tanto que a tinta em seu cabelo fazia falta. Ela estava tão apagadinha... – Por que demorou tanto? Aposto que estava com aquela mania miserável de tentar estacionar o carro por conta própria, em vez de ir direto para o estacionamento com valet!

— De forma nenhuma! Demorei porque o trânsito estava um caos, Gigi! A cidade está cada dia pior! E, minha vaga, lá em cima, já é cativa, meu amor! – Elas riam enquanto se acomodavam para chamar o garçom. – Vou pedir carne hoje, estou faminta! Sabe como é, ando comendo por duas... mamãe e Antonieta! – Malu acariciava a barriga, com um rosto angelical.

— Então, já temos o nome da princesa? Ahhh! Não acredito! – A frase saiu tão alta que algumas pessoas do restaurante se viravam discretamente para olhar. — Tem algum significado? Foi a cartomante que sugeriu?

— Não Gigi! É o nome da minha sogrinha. Que Deus a tenha num lugar abençoado. Minha segunda mãe! Mulher de muita fibra, muito respeito. Me adotou como filha, você sabe. Tenho muito carinho por ela. Homenagem mais que merecida. E o Leopoldo também está muito feliz em trazer o nome da mãe de volta aos lábios com tanta frequência. É como se um pedacinho dela ainda estivesse por aqui. – Os olhos de Malu se enchiam de lágrimas.

— Ai, amiga, legal a homenagem, o nome e tudo mais, mas Deus me livre essa história de pedacinho por aqui. Chega a me dar arrepios! – Gigi, fazia diversos sinais da cruz repetidamente, na tentativa de se proteger dos espíritos. — A cartomante falou que estou sendo perseguida por vários espíritos e que eles têm inveja de mim! Já marquei uma sessão extra essa semana, para aprender sobre como lidar com eles!

— Credo, amiga! Mas você precisa mesmo se proteger! Com uma vida tão maravilhosa, a inveja fica por perto, sabe como é. Não deixe de ir! E o Cardoso, como anda? – Cardoso era o marida de Gigi. Empresário do ramo "automobilístico", fez fortuna no jogo do bicho. Com o tempo, tornou-se o agiota mais famoso da capital. Emprestava qualquer quantia a juros exorbitantes. Fez amizade com Leopoldo no início de sua carreira e a parceria deles tornou-se fixa.

— Cardosinho está ótimo! Bem mais calmo! Cortei o glúten da dieta dele, virou outra pessoa, amiga! A nutricionista disse que glúten pode gerar irritabilidade grave, você sabia disso? Alimentos industrializados são um verdadeiro veneno! Mudam até o gênio da pessoa... – Malu segurava a vontade de rir. Há pouco tempo, a câmera de segurança de uma boate havia flagrado Cardoso agredindo Gigi, dando tapas e empurrões nela no camarote privativo em que estavam. Os seguranças precisaram intervir para evitar um dano maior, mas, como era de se esperar, as imagens vazaram. Foi um escândalo.

— Com certeza! Já ouvi falar sobre o glúten agir no organismo do homem dessa forma. E nas mulheres dá câncer. Todo tipo de câncer. Um horror.

— Senhoras, qual será o pedido do dia? – O garçom se aproximou da mesa após ter sido chamado. — Macarrão. – As duas responderam juntas, quase num coro e se entreolharam, rindo, pela coincidência.

— De qual qualidade, madames? Temos os melhores tipos de massa da cidade, frescas, feitas na casa.

— Eu quero aquele de minhoquinha mesmo, com molho vermelho e bacon. – Respondeu Gigi.

Você não deveria estar comendo bacon, Gigi... Engordando desse jeito, seu marido vai arrumar outra mulher para bater, pensava, maldosa, Malu.

— Ótima escolha, amiga! Ela é muito espirituosa, não é? – Malu deu uma gargalhada alta e forçada. – Espaguete à matriciana para ela e penne com escalopes de filé para mim. Obrigada. – Penne! – Gigi praticamente gritava, gargalhando alto – esse nome é muito engraçado! – Malu não conseguiu disfarçar a falta de paciência para os comentários da amiga. Apenas fingiu um leve sorriso sem nem mostrar os dentes, e mudou de assunto.

— Você conseguiu horário no salão aqui do shopping para fazer as unhas hoje, como queria? Vou retocar minhas luzes, seria bom ficarmos juntas lá! Por causa da gravidez, tem um tempo que não tinjo, mas cansei. Não vai fazer mal, não tem como!

— Consegui sim. Foi uma emergência, na verdade, porque um tip meu caiu essa noite.

Gigi olhava distraída para seus "tips", que era o nome bonito dado para a unha postiça que Malu comprava na lojinha do antigo bairro, na adolescência. Os tipos de cola evoluíram, elas não caíam à toa. Melhor nem perguntar o que fez a unha se soltar desse jeito, pensava Malu.

— Que ótimo!

Elas comeram a massa e, depois, a sobremesa, conversando bastante. Depois do café, pediram a conta e foram dar uma volta no shopping. Passaram por várias lojas, de adultos e de bebês, fazendo compras a mais do que fariam se estivessem sozinhas, porque afinal de contas, é preciso demonstrar que as finanças de casa andam bem.

— Olha a hora! Como a gente se esquece do tempo quando estamos juntas! – disse Gigi, tentando olhar o relógio e se atrapalhando por conta das várias sacolas penduradas nos braços.

— Vamos correr para não nos atrasarmos!

— O que será que vou passar nas unhas hoje, Malu? Acho que dourado, com uma das unhas decoradas de animal print! O que acha? Cardosinho chega, hoje, de viagem, quero arrasar!

— Sem dúvidas, o dourado vai ficar lindo. Ponha um pouco de brilho também, para chamar mais atenção para as joias novas. Que tal? E aumenta o tamanho delas, tô achando curto. – As unhas de Gigi eram tão longas que ela mal conseguia fazer as coisas sozinha. Mexer no celular era um desafio. Malu, às vezes, gostava, por pura maldade, de ser debochada secretamente. Ninguém sabia que aquela não era sua opinião sincera, muito pelo contrário. Ela se sentia poderosa com isso. Ria por dentro.

— Falando em joias, preciso comprar um cofre novo! Você sabe onde vende? No meu não cabe mais nada. E não deixo esses anéis do lado de fora, acho que a Vanda pode roubar. Coitada, nunca fez nada, mas é tentação demais! Um anel desses vale muito mais que a casa dela. – A manicure olhou para Gigi por um segundo, com um ar de raiva, mas logo se controlou e voltou os olhos para as unhas douradas. Estava colando os adesivos com estampa de onça nesse momento.

— Tenho um contato que me vende os cofres. Mando para o seu celular. Falando em Vanda, você precisa conhecer a Suelen. Vai esquecer todas as outras que já passaram na sua casa, sério! Ela caiu como um presente do céu para mim.

— Uma empregada perfeita? Duvido!

— Mulher, eu tô falando sério. Ela é maravilhosa. Apareceu na minha porta com currículo e tudo. Fala inglês, dirige, sabe cozinhar. Leva e traz Filipo de todos os compromissos, não preciso mais me preocupar. Dá os remédios a ele, as vitaminas, sabe mexer no alarme lá de casa, no computador. Tira várias receitas fitness da internet. Deixei até a senha do laptop lá de casa com ela, para essas receitas, de tão maravilhosas que elas são. E o melhor você não sabe: ela fala que fui eu que cozinhei. Albuquerque está acreditando que sou eu que estou fazendo os pratos, sabia?

— Não acredito! Mas como ela foi parar lá assim, do nada?

— Ela me conhece das colunas sociais, jornais, enfim, era minha fã. Pediu uma chance para trabalhar lá em casa, era o sonho dela! Aí, fiquei com pena. Poxa, quando temos um sonho e não realizamos é muito triste. Como ela me admira! Faz tudo o que peço, sem reclamar. Cuida da minha família com um carinho que eu nunca vi, parece até família dela. No início, fiquei com medo de despertar inveja. Mas ela é muito pura, não aconteceu isso. E é guerreira, não tem medo de pegar pesado. Quer saber? Foi a aquisição do ano!

— Você pediu referência para o emprego anterior? Não ficou com medo?

— Referência onde? Ela acabou de sair da faculdade. Nunca foi doméstica não, não tem aqueles vícios de quem já está acostumada a enrolar no trabalho. Mas ela não é perigosa, imagina! ! Só de olhar você percebe, tem um aspecto maravilhoso, é bonita, magrinha, com um cabelo enorme, mais parece um manto de seda! Eu que não sou boba nem nada, só deixo ela ficar lá enquanto o Lelo não está. Vou ficar dando sopa pra novinha? Ainda mais nas minhas condições, grávida, estou acima do peso. Não brinco com a sorte não. Ele mal conhece ela!

— Melhor mesmo, amiga. Essas novinhas são terríveis. Fique de olho.

Leopoldo acabara de receber uma mensagem de Leo com os dados de uma conta bancária. Carlos Gaspar... quem será esse? Pensava preocupado. De acordo com as instruções de Leo, ele precisaria depositar uma alta quantia para essa pessoa, além de responder a um e-mail que vinha de um endereço eletrônico de mesmo nome, Carlos Gaspar.

O e-mail dizia: "consegui encurralar o jornal, peguei as informações que queria, queimei os arquivos e desviei todo o dinheiro. Ninguém desconfia que fui eu. Quero seu pagamento até hoje, ao meio dia." Leopoldo leu aquela frase várias vezes, para tentar entender o que Leo estava aprontando. Quem era esse cidadão? Nada fazia sentido. Carmem, ao seu lado, só o desesperava mais.

— Esse menino não tem responsabilidade nenhuma. Te julgou, você não viu? Queria saber a verdade, ele se voltou contra todos nós. Ele está fazendo jogo duplo. Qual seria o motivo para não te explicar o plano? Te deixar assim no escuro? Ele está do outro lado, Leopoldo. Você precisa fazer alguma coisa. – Ela repetiu isso por horas. Desde que falou com Leo pela primeira vez naquela manhã, Leopoldo seguia em seu escritório, com Carmem sentada à sua frente, tentando raciocinar sobre o que fariam e como aquele e-mail vazara. Ele não fazia ideia. Após o segundo telefonema, ficou mais confuso. Parece que não era só aquela informação que estava nas mãos de alguém. Tinha mais coisa.

O celular de Leo não atendia. Mas ele entendia que em certos momentos, é impossível parar para dar muita explicação. Seu filho estava em campo, estava salvando a família. Apesar das palavras irritantes de Carmem, ele não acreditava que havia sido traído. Muita coisa em sua vida pode ter sido uma farsa. Acostumou-se a falar mentira o tempo todo de forma natural. Virou um ator. Mas se tem algo que foi verdadeiro em toda a caminhada, foi o amor que tinha pela família. Malu e os filhos eram tudo que ele mais preservava e mais amava nesse mundo. Tudo o que fazia era pensando no conforto e bem-estar deles. Desejava satisfazer todos os luxos e prazeres da mulher, além de proporcionar a melhor vida possível aos filhos, mas isso tinha um preço. Ele sabia que Leo entenderia isso e ficaria ao seu lado. Laços de família, quando criados, não se rompem assim, da noite para o dia. – Pensava, para se acalmar.

— Ele jogou esse telefone fora, Leopoldo. Vai pegar esse dinheiro e fugir de você. Sua imagem vai parar no lixo, quando ele estiver bem longe daqui. Escuta o que eu estou te falando. – Carmem insistia, quando Leopoldo tentava pela milésima vez falar no celular de Leo e dava desligado.

— Você pensa que conhece seu filho, assim como pensa conhecer sua mulher. Numa hora dessas, em que estamos aqui nesse aperto, onde estará dona Malu? No salão? Numa loja? Num motel, com um manobrista do shopping? Você não saberia dizer...

— CHEGA! – Leopoldo deu um grito tão alto que até ele se assustou, batendo na mesa. — NÃO AGUENTO MAIS! – Estava vermelho e as veias de seu pescoço estavam saltadas. — Você não acredita que meu filho vai me ajudar, não é? Não acredita que minha mulher me ame, nem que eu vou sair dessa, mas eu entendo o porquê disso. Você não tem amor. Você não tem ninguém. É incapaz de amar, de dividir uma vida, de criar laços reais. Você é fria e invejosa. Queria ser a Malu, linda, estonteante. Mas isso não vai acontecer nem se você nascer de novo! – Ele estava com tanto ódio, que agora falava perto dela e era possível sentir seu hálito de café. A sensação era de que ele bateria em Carmem. – Mas agora chega! Saia daqui. Meu filho vai nos tirar dessa, e você vai quebrar a sua cara! – Ele gritava, sem controle.

Carmem tremia. Não de medo ou de ódio. Apenas tinha levado muito susto, mas entendia a situação. Leopoldo estava cego, negando a realidade à sua volta. Sua família o abandonaria em breve, quando o país descobrisse a verdade sobre ele. Então, ele ficaria sozinho, e ela seguiria ali, ao seu lado, como sempre. O patrão estava errado sobre tudo, inclusive sobre ela não conseguir amar. Ela amava sim, e muito. Era louca de amores por ele.

Aparentemente inabalada, ela se levantou da cadeira e saiu. Não chamou a atenção, nem voltou minutos mais tarde para se defender das coisas horríveis que ouvira. Ela apenas saiu, deixando Leopoldo sozinho com sua aflição.

Leopoldo estava desesperado naquele momento, perdera o controle. Por várias vezes, Malu tentou telefonar, mas ele não podia atender ou acabaria despejando tudo em cima dela que estava grávida e não deveria se estressar.

Acreditava nas palavras ditas a Carmem. Num momento de raiva, tudo que se fala soa mais agressivo do que deveria, mas ele imaginava que a assistente trabalhava tanto e com tanta dedicação porque não tinha nada melhor para fazer em sua vida solitária. Ela ganhava muito bem, mas não devia ter prazer em gastar dinheiro sozinha. Deve ser horrível viver feito ela, coitada...

Seu pensamento voava e se distraía, mas lá no fundo, a dúvida crescia silenciosa: Será que Leo é realmente capaz de me trair? Ele não podia acreditar nisso. Jamais desampararia o filho, independente da situação e tinha certeza de que aquele sentimento era recíproco. Ou quase certeza. Decidiu fazer a transferência e responder o e-mail como fora instruído pelo filho. Espero não estar enganado sobre a pessoa que criei e que mais amo no mundo.

Passadas mais algumas horas, a fome do almoço batia forte, mas ele não era capaz de imaginar alguma coisa naquele momento que fosse capaz de lhe apetecer. Só Carmem saberia o que me trazer... Pensou em ligar para ela e pedir desculpas. Exaltou-se, não devia ter falado daquela forma. Além do mais, em situações de guerra, não é inteligente perder aliados. Pegou o celular para fazer a ligação, pronto para se desculpar (e também pedir almoço), quando seu outro celular, o pré-pago que usava para falar com Leo, finalmente tocou. Só ele tinha o número.

Olhou no identificador de chamadas, mas não era o número dele. Não tinha escolha, precisava atender. Assim que apertou o botão e aproximou o aparelho da orelha, uma voz acalmou seu coração.

— Pai, sou eu. Troquei de número para evitar rastros. Você já fez o que te pedi? – Leo falava rápido, claramente agitado e ansioso. Leopoldo sentia um misto de alívio com desconfiança ao ouvir a voz do filho, com aquelas palavras.

— Já, filho. Tudo certo. O que você precisa agora?

— Ótimo. Preciso do número de telefone do tio Serginho. Manda por SMS agora. E pai, confia em mim. Vai ficar tudo bem. – E desligou. Agora sim, o peito de Leopoldo transbordou de amor e orgulho. Seu filho estava fazendo algo, e era em nome de todos. Carmem estava mesmo errada. Ele tinha um anjo em casa. Pegou mais que depressa o outro aparelho, anotou o e enviou o mais rápido que pôde, o contato de Sérgio para o novo número de Leo.

Tio Serginho era Sergio Gomide, um antigo amigo da família. Excelente jornalista, ganhou destaque na primeira eleição vencida por Leopoldo. Naquela época, muito poderoso, o político infiltrou o amigo nas maiores rodas de comunicação do país e não desistiu enquanto não o fez um grande sucesso nacional. Chegou a comprar algumas vantagens para Sergio, diga-se de passagem, mas ele tinha muito potencial, e se manteve bem colocado até os dias de hoje. Era, atualmente, o diretor de um dos maiores jornais do país. Sempre muito grato, jamais publicou algo que prejudicasse Leopoldo.

O que será que Leo quer com Serginho? Ele tentava fazer links entre a situação, o depósito, o amigo, nada fazia muito sentido. Não importa. Ele é inteligente e deve saber o que está fazendo. Agora só me resta esperar, pensou ainda angustiado.

Carmem dirigia calmamente, ouvindo sua playlist de música clássica, como sempre. As palavras de Leopoldo ainda ecoavam em sua mente, mas ela não estava triste. Claro que não era bom ouvir aquelas coisas, porém as pessoas só se afetam mesmo quando escutam verdades ofensivas. E ela não era nada daquilo que ele dizia. Era capaz de amar, de amar muito, capaz de abrir mão de toda uma vida de possíveis vitórias, em nome de apenas estar próxima, diariamente, de um único ser.

As amigas que tinha antigamente acreditavam ser aquele, um sentimento doentio, mas ela não ligava. Elas não sentem isso, nunca vão entender. Afastou-se de qualquer pessoa que não a apoiasse e, por fim, ficou sem qualquer amizade. Ninguém é capaz de entender o que eu sinto, avaliou

Passou toda a trajetória de Leopoldo ao seu lado, comemorando suas vitórias, sofrendo suas derrotas, oferecendo os ombros e ouvidos sempre que preciso. Acompanhou as crises no casamento (sempre torcendo para que fossem mais sérias), mas nunca deixou transparecer nada. Sabia o amor louco que ele tinha por Malu e ela nunca conseguiria desbancá-la na sedução. Por algum tempo, acreditou que eles se separariam e ela teria sua vez, mas, com o passar dos anos, percebeu que não seria assim. No entanto, já era tarde demais, ela não sabia fazer outra coisa que não fosse se dedicar a ele, e aceitou, com resignação, seu lugar em sua vida: braço direito. Orgulhava-se de pensar que ele não dava um passo sem que ela estivesse presente, concordasse. Sabia muito mais sobre os negócios e rotina dele do que qualquer outra pessoa. O papel importante que queria conquistar não era bem esse, mas servia como consolo.

Até que tudo mudou.

A princípio, assim que o primeiro escândalo envolvendo Leopoldo veio à tona, ela tentou bolar uma forma real de contornar a situação, mas quando Leo se mudou para Flor de Lis e passou a dar cada vez menos notícia, percebeu que tinha cometido um erro crasso. Aquele menino não é sujo feito a mãe. Apesar de ter topado o plano, apesar da fama de canalha, ele tem um bom coração. Não vai ser capaz de trair ninguém, nem que isso seja necessário para salvar sua família, concluiu.

Tentou alertar Leopoldo algumas vezes, mas não podia ser muito direta naquele assunto. O filho era a coisa mais preciosa da vida do patrão, era um assunto muito delicado. Percebendo que o plano não daria certo, veio um estalo em sua mente: se Leo trair o pai, eles vão romper relações, com certeza. Leopoldo nunca vai perdoar uma traição. Malu, por mais suja que seja, é mãe, e vai ficar ao lado do filho. Finalmente Leopoldo vai ficar sozinho, traído, com suas falcatruas abertas ao mundo. Não terá mais poder, amigos ou prestígio. Pode ser que perca até sua liberdade. Mas vai ter a mim. E finalmente o terei como mereço: por completo.

Essas fantasias, por mais doentias que pudessem ser (até a própria Carmem reconhecia isso), não saíam mais de sua cabeça. Era sua única chance, pelo menos nessa vida. Ela só teria o amor de Leopoldo, se Malu não o quisesse mais. Essa esperança deu à sua vida uma nova cor, uma nova motivação. Torcia, todos os dias, para que Leo sucumbisse, se apaixonasse por lá e optasse por trocar de lado no plano que combinaram.

No dia em que receberam a foto com a chantagem, Carmem sentiu que era o momento da prova de fogo. Ela não poderia controlar nada, mas podia apostar que por mais que Leo tentasse, ele não seria capaz de contornar a situação. Ele não vai sujar suas mãozinhas. Chegou ao fim a carreira de Leopoldo. Enfim minha vida vai começar! Avaliou.

No entanto, com o passar das horas naquele dia, ela não conseguiu se segurar, deixou seu interesse de lado e falou tudo o que pensava sobre o que Leo provavelmente estava fazendo. Foi instintivo, uma forma desesperada de tentar avisar o que aconteceria e salvar o chefe. Mas ele não deu ouvidos, e, pior, perdeu as estribeiras com ela. Não tem problema. Ele vai se arrepender de cada palavra dita, num futuro bem próximo. – Ela realmente acreditava naquilo.

⚜ ⚜ ⚜

Leo se afastava das pessoas o mais rapidamente possível. O telefone já estava chamando e precisava ficar longe de ruídos para garantir uma boa ligação

— Alô? Tio Serginho? Aqui é o Leo, tudo bem?

A conversa foi mais rápida e mais eficaz do que o esperado. Leo não sabia ao certo porque, mas Sérgio jamais se negaria a fazer qualquer coisa para ajudar seu pai. Antes, achava que era pela lealdade natural das boas amizades, mas, depois desse telefonema, percebeu que poderia haver algo além disso. Mas não importava mais. Conseguira o que queria. Agora era só procurar o sogro e terminar de resolver aquela situação.

Voltou aos arredores do jornal e avistou Otavio dentro de uma padaria, conversando com um senhor barbudo, de meia-idade. A conversa parecia bastante entediante, provavelmente ele se mantinha ali para seguir a instrução de Leo.

— Olá, Sr. Otavio. Tudo bem? – Ele abordou os dois de uma forma bem formal, para não levantar nenhum tipo de curiosidade.

— Oi. Esse aqui é o estagiário que estava aguardando. Preciso ir. Muito obrigado pelo café, Seu João. Até a próxima! – E se afastou da mesa, deixando o homem sozinho. Os dois andaram lado a lado sem falar nem uma palavra, até que não houvesse ninguém por perto. Os olhos de Otavio estavam ansiosos, mas ele mantinha uma postura calma.

— Já está tudo contornado, agora só falta colocar o plano em ação. – Leo disse o mais baixo que pôde, mesmo não havendo ninguém por perto.

— Como assim? Vamos conversar direto, sem rodeios, por favor.

— Nesse momento ainda não dá. Vamos para o jornal e lá você vai entender melhor tudo o que está acontecendo. Se as coisas correrem da forma como planejei, você não tem mais com o que se preocupar.

Capítulo 16

Leo e Otavio estavam sentados na sala de reunião do jornal, aguardando Gaspar entrar. Já haviam solicitado a secretária para localizá-lo e convocar uma reunião urgente.

O que fez Leo, a princípio, bolar todo o plano que colocou em prática, foi sua capacidade de ler as pessoas por meio de seus atos. Ele tinha esse dom desde criança e sempre o exercitou. "Você precisa conhecer seu público para conseguir agradá-lo". Era o que tinha aprendido com o pai, famoso por seus discursos impecáveis. Ele se lembrava bem. Sempre que Leopoldo tinha um discurso para fazer em um bairro ou uma cidade específica, encomendava à sua equipe algumas informações básicas sobre o local, como o clima, algum famoso que tivesse nascido ali, algum ponto específico da história. Mas o principal, era saber sobre as pessoas. Se eram predominantemente de esquerda, de direita, se tinham algum trauma político, se eram pessoas mais jovens, mais velhas, mais mulheres ou mais homens, renda média... Com todas essas informações em mãos, ele montava uma fala exclusiva e sem muito lugar-comum, que agradava a todos.

Leo aprendera a ler as pessoas ao seu redor, a começar pelas mulheres. Gostava de observá-las para saber como as seduzir. Algumas mais carentes, outras mais independentes, algumas tinham mais orgulho do corpo, outras da carreira, assim, ele ia montando suas conquistas. Com o tempo, isso passou a ser natural em sua vida e, mesmo conversando pouco com alguém, já sabia identificar alguns pontos principais. Com Gaspar não foi diferente.

A principal característica que sentira nele foi justamente a que o ajudou: ele era covarde. Chantagistas em geral são, basicamente, covardes que se valem da falta de escolha dos outros para conseguir o que querem, em vez de recorrerem aos próprios méritos ou poder de persuasão. São fracos. Gaspar era exatamente esse tipo. Tinha um olhar inquieto, sempre observando ao seu redor, como se estivesse em constante perigo. Não encarava as pessoas. E, exatamente por isso, fomentar seu medo foi eficaz na primeira vez, e seria eficaz agora. Medo é um sentimento poderoso, com duas faces: quando você sente, se enfraquece, perde a luta. Mas quando faz alguém sentir, é sinal de vitória certa, controle sem limites, de qualquer situação, pensava. A lição da mãe também foi aprendida.

Quando Gaspar entrou, Leo mudou de postura. Novamente assumiu um olhar fixo e estranho, observando cada detalhe do homem de pé a sua frente. Esse menino é um ator, pensou Otavio, que tinha sido instruído a se manter calado, como se estivesse com receio de Leo também.

— Sente-se aí! – Ele disse, numa voz mais alta que o esperado pelos demais. – Você já deu uma voltinha, não é? Esfriou a cabeça ou correu da minha faca? – Leo dava risadas de louco, acuando cada vez mais Gaspar, que permanecia sério, bem menos à vontade do que quando falou sozinho com Otavio naquela manhã. Com quem eu fui me meter? – Era o que parecia estar pensando.

—Senta aí que não tenho muito tempo a perder com você não. – Leo falava num tom de desprezo, enquanto assistia a Gaspar puxar uma cadeira e se sentar, obediente. Ele estava visivelmente nervoso, mas não queria dar o braço a torcer.

— Para quem está encurralado, até que você tá bem confiante, né? Me tratando assim... – Gaspar queria intimidar, mas sua voz trêmula não transmitia a ameaça que pretendia.

— Seu trouxa! Encurralado, eu? Por gentinha feito você? Meu querido, você não sabe com quem está mexendo. Ninguém faz chantagem comigo, não sem sair pior que eu. Enquanto pesquisava minha família, deve ter percebido o poder que temos, certo? E pensou que ainda assim sairia bem dessa? – Leo agora parecia se divertir. — Você não vai publicar nada.

— Vai preferir pagar pra ver?

— Já consegui o que você queria. Não é um emprego de destaque, fora daqui? Pois bem. Tenho uma vaga para você no jornal que você mais admira.

— Não acredito em uma palavra sua.

— Ah, não? Qual é o nome do chefe de lá, responsável por quem entra e quem sai, para quem você já mandou seu currículo cinco vezes só no último ano?

— Como você sabe disso? Sérgio. Sérgio Gomide. – Gaspar estava perdido, sem entender onde aquilo iria chegar. Será que vou me dar bem? Ainda pensava.

— Disque esse número aqui e veja se estou blefando então.

Leo estendeu um papel com um número anotado. Gaspar pegou o celular e ligou, sem saber se estava ou não sendo enganado. Não podia perder aquela chance.

— Alô?

— Por favor, quem fala?

— Sérgio. Você deve ser o Gaspar, certo? Amigo do Leo que quer trabalhar para mim.

— Isso. Sou eu. Que prazer falar com o senhor.

— Podemos marcar uma entrevista aqui na semana que vem? – Gaspar ouviu aquilo e ficou branco. Era real. Ele tinha conseguido o que queria. O emprego dos sonhos. Por alguns segundos, até se esqueceu do plano, da chantagem e de qualquer outra coisa. Marcou a entrevista e desligou o telefone, estarrecido.

— Pronto. Agora que já viu que não estou para brincadeira, você vai me ouvir. – Leo agora falava sussurrando, num tom ameaçador. — Eu e minha família temos muito mais poder e controle das coisas do que você imagina. O maior erro da sua vida foi se meter conosco. Agora, você vai pegar essas reportagens ridículas, vai rasgar e apagar tudo que tiver relação com a gente e para sempre.

— Mas como você vai ter certeza de que ele, de fato, não vai publicar mais nada? As informações e contatos estão na memória dele. A qualquer momento pode vir à tona. Pior, ele pode voltar para chantagear a nós todos, sempre que quiser algo. Otavio falou pela primeira vez, sem teatro. Era aquela realmente sua dúvida, e parecia cético com o desenrolar das coisas.

— Ele não vai fazer isso por vários e simples motivos. O primeiro deles é que ele conseguiu emprego no melhor lugar que poderia querer e não vai colocar isso em risco. Simplesmente me irritar significa que em menos de cinco minutos ele estará na rua, com as piores referências possíveis. Deu para perceber que minha influência naquele lugar é grande, não é, seu traste? Se isso não for o suficiente para você, neste exato momento, existem cem mil reais em sua conta, recebidos por prestar serviços no esquema do meu pai, o que te une a ele, na alegria e na tristeza. Se ele for preso, faço questão de colocar isso na mídia, de uma forma rápida e sumária.

— Mas eu nunca...

— Não já disse que você mexeu com as pessoas erradas? Você vai passar fome. Ninguém quer empregar gente metida com presidiário, quer? A partir de hoje, você trabalha defendendo minha família, caso queira se safar. Se isso não é suficiente, ainda temos Suelen... – Leo falou o nome dela pausadamente, dando arrepios visíveis em Gaspar. — Muito bonita ela, não é?

— MEÇA SUAS PALAVRAS! – Gaspar perdeu completamente o controle, se levantando e partindo em direção a Leo.

— Senta! Calado! Quem manda aqui sou eu. – Leo gritou com autoridade de quem realmente manda. Seguro de si. Nem ele estava se reconhecendo.

— Preste atenção que eu vou falar uma vez só. Você infiltrou uma pessoa na minha casa, para observar minha família. Nós temos controle total de quem entra e quem sai de lá. Todo mundo que trabalha para nós é seguido, temos a ficha, assim como você fez conosco. Você foi esperto por não ter se encontrado com ela, ou eu já teria descoberto esse planinho ridículo há muito tempo. Sei cada passo que ela dá, onde frequenta, onde a família dela mora. Não brinque comigo nunca mais. Você não tem ideia do que eu sou capaz de fazer quando estou com raiva. E quem vai sofrer não vai ser você. Vai ser ela. – Leo terminou a frase friamente, enquanto Gaspar o encarava com o olhar fulminado. Ele tremia muito e já nem fazia questão de disfarçar. Estava com os nervos a flor da pele, prestes a ter um ataque. Mas o medo que sentia o travava. — Ah, e tem mais. Qualquer coisa que o seu amigo Euclides fizer, também é de responsabilidade sua. Ele teve acesso ao e-mail e chantageou meu pai com a sua informação. Se um dia ele der com a língua nos dentes, você sofrerá as consequências. – Leo sabia que aquele era o ponto mais fraco de seu plano, o fio solto.

— Então foi... – Gaspar acabara de entender o que aconteceu na noite anterior. Euclides havia roubado as folhas, não Leo. Agora a cena que vira fazia todo sentido.

— Isso. Bem espertinho, você. Entendeu aos quarenta e cinco do segundo tempo. – Leo sorria levemente. — Agora você vai tirar o celular do bolso e entregar na minha mão. – O tom agora era de uma professora primária, ensinando seus alunos a brincar. — O celular e tudo mais que tiver nos bolsos. Se preciso, uso minha força para tirar tudo o que tem aí.

Gaspar continuava parado, olhando para Leo, sem se mexer.

— Rápido! Não tenho o dia todo. Tire os sapatos também.

Nada de Gaspar se mexer. Um pássaro trombou no vidro da janela, fazendo barulho, Gaspar aproveitou o milésimo de segundo em que Leo dirigiu os olhos para aquela direção e tentou correr para a porta. Mas com um reflexo absurdo, Leo esticou os braços e o segurou. Não era nada difícil, tendo em vista o corpo esquálido do jornalista.

— Sair daqui você não vai. Ainda não entendeu que não estou brincando, não é? Vamos lá, esvazie os bolsos e tire os sapatos! Já estamos quase acabando aqui. – A voz de Leo era calma e controlada, como se estivesse conversando sobre amenidades.

Gaspar tirou os sapatos primeiro, mas viu que não tinha saída e esvaziou os bolsos também. Tinha um gravador com ele, ligado. Era pouco maior que uma caneta, passaria despercebido por qualquer outra pessoa.

— Era isso aqui que eu queria. Você pensa que está tratando com ignorantes, seu traste! Vou te lembrar mais uma vez, você não está lidando com amadores, em nenhum sentido. Não tente fazer de idiota gente mais esperta do que você. Essa é a regra número um para ser um vigarista, pensei que soubesse. – Pegou o gravador e o celular, jogou no chão e partiu os dois aparelhos em mil pedaços. Pisou em tudo o que restou. Desaguou todo o seu ódio naquele ato, aproveitando mais uma vez para trazer drama à cena.

— Como estou destruindo isso, vou te destruir também se você não se emendar, entendeu? Agora você pode se calçar e ir embora. No pedaço de papel que dei a você tem o número de celular que você precisa para garantir o cumprimento do nosso acordo. Mas, não se esqueça: sua vida profissional agora, depende de mim. Eu coloquei você lá, e tiro a hora que quiser. Ouviu bem? – Gaspar o fitava, completamente apavorado. Assim que Leo acabou de falar, ele buscou por seus sapatos e antes mesmo de calçar, saiu correndo da sala.

— De onde veio tudo isso? – Otavio estava sentado em sua cadeira. Parecia nervoso, depois de tudo que presenciara. Não sabia mais se estava fingindo ou se realmente tinha medo de Leo.

— Nem eu sei!

— Como não? Sente-se aqui agora e me explique tudo o que armou. Quem é essa tal de Suelen? O que ela tem a ver com essa história?—

— Eu não faço a menor ideia de quem é essa mulher. Na noite de ontem, enquanto Gaspar conversava comigo ali na redação, o celular dele tocou e apareceu esse nome na tela, junto a foto de uma mulher abraçada a ele. Algumas horas depois, liguei lá em casa para tentar falar com meu irmão, e alguém com esse nome atendeu ao telefone. Liguei os pontos. Ele a infiltrou lá para conseguir dados sobre minha família, misturar coisas reais, admito, com mentiras e criar uma boa reportagem. Não sei quem é ela, mas se não estivesse trabalhando, dificilmente atenderia o telefone, concorda? — Ele precisa ter medo o suficiente de mim, para não pagar para ver. Pessoas desse tipo não têm limites.

— E porque você arrumou o emprego de fato? Só a ameaça não bastaria?

— Não sei até quando ele vai pensar que sou perigoso. A história toda é muito delicada. Tendo um emprego que sempre sonhou, ele não vai ter a inquietude de tentar se vingar de mim. Vai focar na chance que sempre desejou. Se ele se queimar no novo trabalho, se gastar energia com algo obscuro e deixar o trabalho de lado, sua carreira estará arruinada. Além disso, esse jornal especificamente, é muito generoso com minha família, vamos dizer assim.

— Mas como sabe que tudo isso que você fez não vai voltar um dia contra você, aliás, contra nós?

— Eu não sei. Pode ser que dê tudo errado, pode ser que amanhã eu seja preso. Mas tinha uma crise nas mãos e precisava resolver. Isso foi tudo que consegui fazer para salvar minha pele e a sua carreira. Mas não acredito que estamos lidando com um gênio do mal. A meu ver, Gaspar é só um tolo, metido a esperto e ambicioso, desses que encontramos por aí todos os dias.

— Ainda tem muita coisa aberta, como é que você conseguiu contato num jornal tão grande, tão rápido? Sei bem que essas coisas não funcionam assim e...

— Otavio, não estou me sentindo bem, não durmo há muito tempo, preciso ir para casa. Assim que me recuperar, prometo ir até sua casa e explicar tudo o que você quiser saber. Só não consigo dizer mais nada agora, me desculpe. – Leo se levantou, pálido e visivelmente cansado. Precisava relaxar a cabeça, estava aéreo.

— Pode ir, leve com você as reportagens que ele fez, não tenho nada com sua história. Agradeço por ter me tirado da enrascada que você mesmo me colocou, mas sinto muito. Você não vai na minha casa mais tarde. Muita coisa aconteceu hoje, e quero você longe daqui, do meu jornal e, principalmente, da vida da minha filha. Acho que não preciso explicar o motivo, certo? – Otavio estava com um dos braços estendidos na direção de Leo, com as folhas trazidas por Gaspar. Ele encarava o chão, a voz era baixa, mas firme.

— Não faça isso comigo, por favor, eu vou esclarecer tudo, eu, eu...

— Fora, Leo! Sua vida é muito complicada, você quase destruiu tudo o que tenho. Não volte mais aqui.

Leo o observava, sem crer no que ouvia. Piscou os olhos e três lágrimas grossas desceram de uma só vez. Ele já estava cansado, confuso e aquelas palavras entraram em seus ouvidos dilacerando tudo o que tinha por dentro. Mas, naquele estado, não havia mais o que fazer. Precisava sair dali e se recompor. Pegou as folhas e saiu, sem dizer uma palavra com ninguém.

Leo estava debaixo do chuveiro há mais de uma hora. Lavava-se, freneticamente, esfregava o sabão em seus braços com força, com ódio. A água descia quente por suas costas, quase queimando a pele. Os dedos já estavam completamente enrugados e a pele, que era muito branca, estava vermelha como fogo.

Sua mente girava. Nunca se sentira tão mal. Era como se não pertencesse àquele corpo, sentia agonia e aflição. Estava sujo, precisava se lavar. Mesmo depois de tanto tempo debaixo da água escaldante, a sensação não passava. Cansou-se fisicamente, não aguentava mais. Sentou-se no chão do banheiro, ainda da água quente que caia. Recostou-se, cansado, no vidro embaçado e chorou.

Chorou porque se sentia sozinho no mundo, chorou porque não se reconhecia mais. Sua família não era mais a mesma, o que tinha de referência na vida desapareceu. Todos os parâmetros que tinha em mente desmoronaram. Ele não tinha mais amigos, profissão, carreira, emprego, família, não tinha mais nada que o fizesse feliz. O pior era que não se sentia preparado para reconquistar nada, não sabia mais quem era.

O fato de ter se virado de forma tão rápida e eficaz naquela história da chantagem o deixou absolutamente confuso. Será que ele era um ser do mal? Isso existe? Ele manipulou, ameaçou, enganou, cobrou favores, mentiu... tudo sem pensar duas vezes. Aquelas ações todas, simplesmente, fluíram durante o dia, garantindo que ele conseguisse o que queria. Estava em um campo de guerra e, de repente, valia qualquer coisa para defender sua honra, do pai, do sogro. Passou por cima de todos os limites, de forma fluida e bem feita. Fez teatro de forma natural, não sentiu medo ou vergonha em falar nada com Gaspar e colocou verdade em tudo o que disse.

Ele era absolutamente amador em situações como essa, mas se saiu como um profissional. Tanto que fez os outros acreditarem que de fato ele era perigoso. Será que era mesmo? Será que quem nasce de uma família como a dele está predestinado a ser igual? Existe uma força maior, superior, que te leva a isso? Essas perguntas faziam tanto barulho em sua mente, que o ensurdeciam. Não queria acreditar que seria aquela pessoa para sempre. Não queria ser sujo assim, mas não sabia se poderia evitar.

Aos poucos, seus sentidos foram se esvaindo. As imagens estavam borradas, ele não sabia se pelo vapor ou por mal-estar, mas não se importava. Só queria se deitar, colocar a cabeça em algum lugar sólido... Deitou-se no chão molhado do banheiro. A água descia do chuveiro e entrava em seu ouvido, mas ele parecia não notar. Não existia nada, absolutamente nada real dentro dele. Tudo era uma simulação, não existiam sentimentos que valessem a pena.

Fechou os olhos. Desejou ficar ali para sempre. Não que quisesse morrer, mas não queria enfrentar o mundo nunca mais. Não queria ver ninguém, nem que ninguém o visse. Só Dora. Quando pensou nesse nome, o semblante moreno, com olhos redondos e brilhantes dela veio em sua mente. A imagem veio forte, mais que qualquer outra que passara por sua cabeça. Dora era nítida, ela era real. Ouviu sua voz, sentiu seu cheiro. As sensações voltaram a seu corpo, sentiu a água queimando, estava tonto e prestes a desmaiar. Pensou que se não se levantasse dali, ela ouviria apenas a versão de Otavio e teria ódio dele. Ele não teria a chance nem de tentar se defender de tudo.

Foi pensando nisso que percebeu que existia um sentimento forte dentro dele, que era o amor por ela. Isso era verdadeiro, sentia genuinamente. Sendo monstro ou não, ele a amava, amava muito, com todas as suas forças, e não deixaria de lutar pela única coisa real e de valor que tinha na vida.

Com dificuldade, se ergueu do chão. Em meio a manchas escuras, encontrou a torneira do chuveiro e fez cessar a água. Pegou a toalha pendurada, secou o rosto e se cobriu com ela. Fora do banheiro, sentiu frio, muito frio. Sua pele ardia, ele precisava se deitar. Se jogou em sua cama, e não soube ao certo, se dormiu ou desmaiou.

O celular tocava insistentemente e seu som, ao fundo, trazia aos poucos a consciência de Leo. Abriu os olhos sem saber que horas eram, nem onde estava. Assustou-se ao ver que estava nu, deitado próximo a toalha de banho. Enquanto se mexia, sentia todos os músculos doerem, o maxilar estava travado e sua cabeça latejava.

Aos poucos foi se lembrando das últimas horas que passou antes de dormir e uma sensação horrível voltou a inundar sua mente. Cobriu o rosto com as mãos, na tentativa de acordar e conseguir raciocinar melhor, quando o barulho do toque de seu celular trouxe seus pensamentos de volta ao quarto. Dora!. Com o coração acelerado, procurou pelo celular com pressa, e estava certo. Era ela.

— Alô?

— Oi, meu amor! Bom dia! Estou muito preocupada com você! Não nos falamos desde anteontem!

A voz dela estava calma e o tom era o de sempre. Ela ainda não soube de nada, ele pensou. Olhou no relógio, eram quase oito da manhã do dia seguinte.

— Linda, eu não estou bem. Você dormiu fora essa noite? – Ele perguntou, na dúvida se Otavio não tinha contado nada ou se eles não tinham se encontrado ainda.

— Sim! Estou com as meninas aqui na casa da Alice! Vim para cá depois do estágio ontem e resolvi ficar. Mas o assunto foi tão intenso que acabei esquecendo de te ligar antes de dormir! – Ela ria. — Estamos decidindo os últimos detalhes da minha festa! Nossa, vai ter cada coisa gostosa no cardápio que você nem imagina... e as flores? Preciso te mostrar! Mas calma, como você sabe que estou aqui?

— Deduzi. Vem aqui em casa, por favor? Precisamos conversar e tem de ser agora. – Ele precisava vê-la antes do pai, para ter chance de, pelo menos, tentar ser ouvido.

— Agora não dá, baby! Hoje não tive aula, mas preciso ir em casa pegar minhas coisas para o estágio e...

— Dora, por favor, é urgente. É uma questão de vida ou de morte.

— Caramba, você está me assustando. Tudo bem, chego aí em vinte minutos. Você está passando mal?

— Sim, estou. Muito...

Dora correu o máximo que pode, sem explicar nada direito para as meninas. Chegou ao apartamento e tocou a campainha, mas não obteve resposta. Tocou novamente e nada. Aflita, pensou em chamar alguém para forçar a porta a abrir, mas, quando girou a maçaneta com força, jogando o peso do corpo contra a porta, quase caiu dentro da sala. O apartamento estava aberto mas não tinha ninguém. Dora chamou por Leo diversas vezes, procurou em todo os cantos, mas não encontrou nada. Quando já estava saindo, sem saber o que fazer, viu alguns papeis impressos em cima da mesa da sala, com uma espécie de bilhete por cima, com a letra de Leo: "Se sou vilão ou mocinho da história que vai ler, sinceramente, não sei dizer, você é quem vai decidir. Existe muita mentira escrita aqui, mas não há como negar alguns fatos. Só peço que pare um pouco o que estiver fazendo e se concentre, por favor, eu imploro. Depois que acabar, explico tudo o que for dúvida, e estou preparado para qualquer tipo de reação. Desculpa por isso e por tudo."

Dora estava aflita, percebeu que alguma coisa séria tinha acontecido. Sentou- se na cadeira mais próxima e pegou as folhas para ler. Parecia uma reportagem de jornal. Aos poucos entendeu que era uma tentativa de reportagem, tendo como foco a família de Leo. Ela foi lendo cada palavra sobre a mãe dele sem acreditar no que via: Será que tudo isso é verdade?. Ela engolia as palavras lidas, mas parou para respirar fundo quando começaram a citar Leo. Não sabia se estava preparada para o que viria, mas não tinha escolha. Precisava ir até o fim.

Quando acabou a leitura, não foi capaz de se mexer. Continuou sentada onde estava por alguns instantes, fitando a parede à sua frente, sem saber o que fazer. Resolveu ligar para ele, mesmo que as palavras ainda lhe faltassem. Pegou o celular e ligou. Em alguns segundos, ouviu o toque do aparelho atrás de si, e se virou assustada.

Leo estava parado, na porta do apartamento, com a cara péssima. Não sabia o que fazer, se podia se aproximar dela ou não. Dora continuava sentada na cadeira sem nenhum tipo de expressão.

—Me desculpa.. Tive que fazer dessa forma, não tive coragem de ver seu rosto ao ler isso tudo. – Lágrimas brotaram em seus olhos e Dora pode ver o tanto que ele parecia nervoso e alterado. Ele continuou: — Te chamei aqui porque preciso do seu julgamento. Não quero te pedir perdão ainda, nem sei se sou capaz disso depois de tudo que aconteceu, Dora. Preciso que você me ouça, olhe para mim e diga o que pensa.

— Tem mais coisa a ser dita? De onde veio isso aqui? Quem escreveu? É verdade? Alguém já viu isso?

Ela disparou a fazer todas as perguntas que tinha em mente, quando finalmente conseguiu falar. Ele se aproximou dela, puxou outra cadeira da pequena mesa de jantar, sentou-se devagar. Todos os movimentos que fazia eram tensos, silenciosos. O coração de Dora estava a mil.

— Você se lembra de quando estávamos nós três na redação aquela noite? – Leo começou a narrar os acontecimentos desde o momento em que saíra do arquivo. Explicou todos os fatos com riqueza de detalhes, até o momento em que saiu do jornal, no dia anterior. Tudo o que pensou e fez foi dito, com exceção de alguns pontos que poderiam fazê-la descobrir que o pai estava por trás de sua mudança para Flor de Lis, como o celular que jogara fora. Isso já era demais. Mas o resto foi tudo, incluindo também os sentimentos, ou falta deles, enquanto fazia cada ato.

Dora ouvia tudo com atenção, mas sua expressão praticamente não mudou, do início ao fim. Não parecia estar com medo, nem com raiva, mas era impossível saber o que pensava. Leo foi ficando aflito com a falta de reação e, a partir de certo ponto, parou de encará-la ao falar. Sem perceber, já estava debulhando em lágrimas feito uma criança.

— Não quero ser como meus pais, Dora. Dentre as coisas que você leu sobre eles, a grande maioria é novidade para mim. Nunca soube de nada disso, pensei que vivesse numa casa de pessoas normais. De repente, tudo isso é derramado sobre mim e, em vez de me afastar, crio um plano diabólico em cinco minutos e escondo essa história para sempre. Manipulei, ameacei, fiz tudo com tanta naturalidade, Dora, não sei mais quem eu sou. Talvez tenha mesmo nascido para ser assim como eles, um cara do mal. Talvez eu nem tenha os sentimentos certos dentro de mim. Será que isso vem no sangue? Sinceramente, se estou aqui para te pedir desculpa por alguma coisa, é por ser assim. Por ter nascido de pessoas como essas e ser como eles. Passo por cima dos outros para conseguir o que eu quero. Mas não me orgulho de nada disso. Tenho nojo de mim, Dora, você não sabe o que é isso... – As palavras foram ficando baixas e sumiram. Leo não conseguia mais falar. Escondeu o rosto nas mãos.

— Leo, olhe para mim. – A voz dela era calma. Ele ergueu o rosto e Dora pôde ver que toda aquela dor existia mesmo dentro dele. Ele estava, realmente, sentindo tudo aquilo, e ela não temia estar sendo manipulada, mesmo depois do que descobrira. — Você não precisa se sentir assim, você não é, nem nunca foi como eles. – Dora estendeu um dos braços e secou as lágrimas de Leo. O toque da pele dela o paralisou. — Olha o estado em que você se encontra. Se isso não chama remorso, sentimento de culpa, eu nem sei o que é. Você tem um coração cheio de emoções batendo aí dentro, eu posso ver. – Ela se levantou, parecia agitada. — Eu não sei do que seria capaz se alguém viesse me chantagear com um texto desse tipo. Inclusive, estou aliviada por estarmos fora de risco, já que o nome do meu pai foi colocado de maneira completamente injusta em meio a isso tudo. E a culpa é minha, por ter te trazido para dentro da minha família, então de certa forma, eu deveria ter ajudado a resolver e...

— Não fale que a culpa é sua, por favor. Tudo o que você fez foi acreditar em mim e confiar no meu caráter, mesmo depois de saber de onde venho. Jamais deixaria você se envolver ou se culpar. Eu causei tudo, tive que resolver.

— Agindo assim, você acabou por me poupar de ter que tomar qualquer atitude com relação a essa confusão. Você evitou uma grande catástrofe na minha casa.

— Não me louvo por isso, já que apenas evitei a catástrofe que eu mesmo fui responsável por criar. Ainda assim, Dora, depois de reler tudo isso e pensar o que fiz da minha vida até aqui, não sei mais quem eu sou, entende? Sempre me achei o dono do mundo, era o rei da minha turma, todos queriam estar comigo. Nunca enxerguei os outros muito bem, era tudo muito voltado para as minhas vontades. E meus pais sempre alimentaram isso. Eles sempre me apoiaram, inclusive nas coisas erradas que eu fazia. Nunca houve punição, então, eu seguia achando que estava certo tratar as pessoas de qualquer forma, fazer tudo para conseguir o que se deseja... Nunca me ensinaram que eu deveria ter limites. E daí vieram alguns desses depoimentos que você leu. Nem todos verdadeiros, mas, nessa altura, não dá para provar nada para ninguém. A verdade se perdeu em meio a tanta sujeira. – Leo apontou para as folhas que estavam sobre a mesa. Ele mantinha certa distância delas, como se tivesse medo de rever o que estava escrito.

— Mas, hoje, principalmente depois de ler tudo isso, vejo as coisas sob a ótica dos outros, sabe? Muita coisa escrita aí não era o que eu queria que parecesse, no momento que fazia. Só não media consequência de nada. Eu juro que nunca desejei o mal a ninguém, Dora... Me sinto, apesar disso, muito sujo. – Mais lágrimas desciam em seu rosto. Dora estava de pé, agora com os braços cruzados, recostada na parede oposta a ele, como se precisasse de ajuda para se manter erguida. — Tudo que era certeza para mim, ficou embaçado. É como se eu tivesse acabado de descobrir minha vida sob os olhos de outra pessoa. O que eu acreditei ser certo não era, as pessoas que me ensinaram tudo, hoje me envergonham, e eu, que pensei ser uma pessoa do bem, ajo como um monstro. Não tenho vontade de voltar para casa, nem de ligar para lá. Aliás, não tenho vontade de ver ninguém. Só você. Quando voltei para casa ontem, não via sentido em mais nada. A única pessoa que me deu forças, literalmente, para me reerguer, foi você. A única certeza que me restou.

— Você é cheio de amor, Leo. Sua família pode ter errado em muita coisa, mas eles te amam muito, e por isso você conhece esse sentimento. Você ama, sofre, sente remorso, culpa... tudo isso prova que existe um ser humano aí dentro. Você só é capaz de sentir tanto amor, transbordar amor por mim, porque foi amado. E isso muda tudo. Você errou muito, mas reconheceu e está pronto para ser alguém melhor. Isso é evoluir. Você devia sentir orgulho de si. Muita gente termina a vida fazendo tudo errado, mas sem ser capaz de entender o que você entendeu agora.

— Eu fiz tudo tão rápido, me livrei do problema com tanta habilidade, assim como fiz várias outras coisas erradas na vida... com tanta naturalidade... Tenho jeito para ser vigarista, Dora, eu minto muito bem. É natural para mim. Quando percebo, já convenci as pessoas de fazerem o que eu quero, já mudei o pensamento delas, já manipulei a situação a meu favor. Cada um tem um dom. Acho que o meu é ser manipulador. Não sei se consigo fugir disso.

— Não são nossas habilidades que mostram o que realmente somos...

— São nossas escolhas. – Completou Leo, encarando Dora como se tivesse acabado de acordar de um pesadelo.

— Você também cita J.K. Rowling na vida? – Ela abriu um sorriso. De repente, o clima que, até aquele momento estivera absolutamente tenso, foi desanuviando e ambos sentiram os ombros pesarem menos.

— Cito. Essa também é uma das minhas passagens favoritas. Obrigada por me lembrar. Na verdade, no fundo, o que mais quero na vida, é ser a pessoa que você enxerga em mim. Você só vê o bem aqui dentro. Por isso, eu quis saber se a sua versão mudaria depois disso tudo, mas não mudou. Tendo você por perto, acho que consigo manter meus parâmetros, fazer as escolhas certas. Vou ser um ser humano melhor, Dora. Mas só se você estiver ao meu lado. Só assim vou conseguir. Eu te amo.

Eles se abraçaram e, finalmente, Leo se sentiu melhor. A vida dele seria aquela, dali para frente, com Dora. Ele se decidiu, se encontrou. Era como se o mundo tivesse parado de girar por alguns segundos, seu coração se aqueceu. Ele encontrou a certeza de que precisava para seguir. Era ela. Para sempre seria ela.

Capítulo 17

Gaspar pegou o telefone e ligou. Precisava acabar com aquela história logo, tinha muita coisa em jogo.

— Alô, Raul? Preciso conversar com você, é urgente. – Gaspar atropelava as palavras.

— Pode passar aqui. Já temos nosso material pronto?

— Não dá tempo de passar aí, preciso falar agora mesmo. Nosso plano acabou. Euclides acabou com tudo, arruinou o que já tínhamos conseguido.

— Como assim? Quem é esse? – Raul estava confuso. – Ele trabalha comigo na redação. Pegou parte dos dados que Suelen conseguiu lá na capital e enviou para os Albuquerque, pedindo dinheiro. Eles descobriram tudo, inclusive que lidavam com uma infiltrada dentro de casa e agora estão nos ameaçando. Não tive escolha, cara. Precisamos recuar. Já me livrei de todo o material que tinha reunido. E não era muita coisa também... – Gaspar mentia, precisava desencorajar Raul a querer seguir com o plano por conta própria ou ele sofreria as consequências. – Mas você pode ficar tranquilo, seu nome nunca apareceu em nada.

Raul deu um soco na mesa. Não podia acreditar. Eles chegaram tão perto de desmascarar aquele cara que agora desfilava por aí com Dora ao lado... Tão perto... – Não há mais nada que possamos fazer mesmo?

— Não. Confie e mim, cara. Estou saindo da cidade, consegui um emprego longe para evitar correr riscos por aqui. Vou ganhar melhor e prometo te pagar cada centavo que gastou com meu plano falido. Ele tinha potencial, Raul, se não fosse por esse fio solto que eu não fui capaz de prever.

Raul desligou o telefone, consternado. Expor aquela família era sua motivação diária. A sede de vingança apertava sua garganta, mas ele sabia que em breve sairia vencedor, depois de toda aquela humilhação. Dora se arrastaria aos seus pés. Agora estava tudo acabado. Não tinha mais plano. Foi por um fio, mas deixou de ser, por um fio solto... Por um fio solto!

Carmem tomava seu café da manhã com calma. O celular estava ao lado, mas estranhamente em silêncio. Ele está demorando a ligar. Ela já tivera várias brigas sérias com Leopoldo, mas ele sempre ligava pedindo perdão pouco tempo depois. Não que ele tivesse muito arrependido, mas não conseguia dar um passo sem ela na vida profissional, então precisava ligar. Mas, dessa vez, sentia que algo diferente estava acontecendo. Eles discutiram sobre a crise de Flor de Lis, e ela tocara num assunto muito delicado para o patrão: o filho. Diante desse silêncio que já durava mais de vinte e quatro horas, o arrependimento de ter falado aquelas verdades bateu.

Carmem tinha convicção de que estava certa. Leo trairia o pai. Ele, certamente, viraria as costas. Ela percebera isso antes de todo mundo. A crise na família finalmente seria instaurada, era chegada a hora, Leopoldo ficaria sozinho... Com ela. Mas o telefone demorar tanto a tocar significava que estava tudo bem? Será que o plano tinha sido bem-sucedido no fim das contas? Ela precisava saber, mas não daria o braço a torcer, correndo o risco de colocar tudo a perder.

Decidiu que faria o que já devia ter feito há muito tempo. Levantou-se da mesa, guardou tudo meticulosamente em seu lugar, fez um carinho em seus gatos e foi tomar banho. Em poucos minutos, estava pronta. Há muitos anos não sentia nada parecido com a euforia que tomava conta dela. Pegou uma mala antiga em cima do guarda roupa que, por sinal, nunca havia sido usada, e a encheu com algumas peças de roupa. Assim que terminou, pegou um de seus gatos no colo:

— Mamãe vai sair por algum tempo, mas não vou deixar vocês sem cuidados, está bem? Vou arrumar alguém para vir aqui todos os dias! Comportem-se direitinho, hein?

Juntou suas coisas e saiu, fechando a porta silenciosamente. Após combinar com o porteiro de ir diariamente tratar de seus gatinhos, foi para a garagem, guardou a mala no porta-malas e começou o ritual exatamente igual, que fazia todos os dias: primeiro entrava, colocando a bolsa no banco ao lado, no mesmo lugar onde sempre colocava. Depois, acertava o cinto, ligava o carro, o som, abria os vidros até um pouco abaixo dos olhos. Era assim que gostava. Estava se sentindo muito bem. Flor de Lis, me aguarde. Estou chegando, pensou quase triunfante.

Leopoldo seguia deitado. Naquela manhã, não quis se levantar. Não falava com Leo desde o dia anterior e a espera começou a angustiá--lo novamente. Confiava na capacidade do filho, mas temia por sua integridade. Não tinha dimensão de que tipo de gente estava do outro lado e o fato de não estar presente para protegê-lo o incomodava muito. Malu dormia suavemente ao seu lado, trazendo a paz que ele precisava naquele momento, para não surtar. Não havia contado nada a ela, apesar de saber que a mulher era forte feito rocha. Não podia colocar em risco sua Antonieta.

Agora só restava esperar. Tentou dormir mais um pouco, sem sucesso. O despertador de Malu começou a tocar um pouco mais tarde. Ela se virou para desligar e percebeu a presença do marido.

— Bom dia, amor. Não foi trabalhar? O que houve?

— Acordei um pouco indisposto. Você tem algum tempo para ficar aqui comigo?

— Claro que sim! – Ela o abraçou com ternura, feliz pela mudança da rotina – Vamos só descansar então. Vou pedir a Suelen para trazer um chá para você se sentir melhor. Aliás, cadê ela, que sempre vem me acordar?

— Não sei. Não passou ninguém por aqui.

Ela deve saber que Leopoldo não saiu, e não quis vir nos atrapalhar. É muito sábia essa mulher. Não erra nunca. – Pensou Malu, satisfeita com a funcionária.

Leo tinha voltado para a cama. Dora precisou sair para terminar de resolver os preparativos de sua festa que já seria no próximo fim de semana, depois de algum tempo juntos, muitos beijos e juras de amor. Ele ainda se sentia cansado, mas bem melhor. Agora precisava pensar no que seria sua vida dali para frente. Primeiramente, precisaria cortar o vínculo financeiro com seus pais e começar a se manter. Independência nesse momento seria muito importante. Mas não sabia nem por onde começar. Precisava voltar para faculdade, arrumar um emprego.

Não tinha mais como adiar, precisava conversar com os pais. Não sabia como seria a reação deles ao descobrir que queria se casar com Dora e constituir família de verdade. E o sogro? Talvez essa seria a parte mais difícil... Mas agora ele tinha coragem e enfrentaria todos esses problemas, um a um.

Pegou o celular e discou para o pai.

— Meu filho, que paz em ouvir sua voz! Graças a Deus você está bem! – Leopoldo atendeu antes do segundo toque, saindo, rápido, do quarto para que Malu não ouvisse a conversa.

— Oi, pai, tá tudo bem por aí?

— Sim. Mas o que importa é você. Meu filho, volte para casa. Já não aguento mais essa história. Imagino que tenha dado tudo certo ontem, não é? Você não deu mais noticias e o mundo não caiu por aqui ainda... – Leopoldo sentia orgulho do filho

— Deu. Deu sim. Mas precisamos conversar, pai. Foi tudo pior do que você pode imaginar. Gaspar, o cara que conseguiu ter acesso às suas mensagens, tinha coisas contra nós que nem eu sabia que existiam. Passado da minha mãe, meu... Tantas coisas que nem sei por onde começar. Foi muito difícil ler aquelas páginas.

— Leo, olha só, não sei do que você está falando, mas podemos explicar. Com certeza são mentiras ou fatos destorcidos. Eu sei que muitos falam o que não devem e, meu Deus, essas pessoas vão me pagar por magoar você, meu filho, olhe, eles têm é inveja de nós... – Leopoldo parecia sem rumo.

— Não, não, pode poupar as explicações. Não quero saber de nada, isso não me importa. O passado de vocês não é problema meu, nunca mais quero voltar a falar naqueles assuntos. Prefiro deixar as coisas como estão, de verdade.

Silêncio. Leopoldo sentiu medo, muito medo, pavor. A sensação de que o filho daria as costas para ele bateu com força. Ele não suportaria. A voz de Carmem, avisando-o, prevenindo-o, soou metálica na sua lembrança.

— Pai, você tá me ouvindo?... Pai?

— Estou estou. Pode falar. – A voz agora era fraca.

— Não tenho muito o que falar, só preciso continuar por aqui. Preciso voltar para a faculdade, tocar minha vida e decidi que isso será feito aqui.

— Mas isso é parte de algum plano? Meu filho, não precisa ir tão longe, volte para casa, nada mais me importa...

— Essa história acabou, pai. Não sou mais o Leo que saiu daí, eu cresci. Preciso de espaço, de tempo. Me envolvi, de verdade, com as pessoas, estou descobrindo uma nova realidade.

— Meu filho, você está nervoso, a gente precisa conversar pessoalmente. Venha aqui. Venha ver sua mãe grávida, volte para sua casa.

— Eu não vou mais voltar, minha casa agora é aqui. Mas claro que vou visitar, eu sinto muita saudade de vocês. Falamos mais depois...

— Nós te amamos acima de qualquer coisa, Leo. Mesmo que você não queira, essa casa estará sempre de portas abertas para você voltar.

Essas últimas palavras foram golpe baixo. Leo estava machucado, chateado, mas amava muito aquelas pessoas ali. Esperava que Dora conseguisse entender isso.

Assim que desligou, mandou mensagem para Alice: "Preciso falar com você urgente. Saia de perto de Dora e me ligue, por favor!". Alguns minutos depois, seu telefone tocou e eles conversaram rapidamente. O frio invadiu a espinha de Leo, mas era um frio de expectativa. Estava em êxtase.

— Leo, já estamos aqui há duas horas, estou morrendo de fome! Você precisa se decidir! – Disse Alice. Ela estava acompanhando Leo na joalheria para ajudar na escolha de um anel de noivado para Dora.

— Mas não consigo me decidir, Alice... Olha , precisa ser a escolha perfeita. Já vacilei muito com ela, dessa vez não quero errar. – Ele estava entre três modelos de anel: um de ouro branco com brilhantes, um de ouro amarelo com esmeraldas e outro de ouro amarelo com um brilhante solitário. – Vamos votar de novo, chame todas as atendentes da loja, vai...

— Não, já sei quem vai nos ajudar!

Betina chegou à loja em vinte minutos, super animada com a notícia.

— Não acredito que vocês não me chamaram antes!

— Tem duas horas que estamos aqui, na maior dúvida! – Alice contou, abraçando a amiga.

— Quais são as opções? – Ela se abaixou para ver os modelos que estavam sobre a mesa, dentro de três caixinhas. Observou cada um com atenção.

— Tá, mas qual é a dúvida? – Perguntou olhando para Leo. – Os preços são equivalentes?

— Não estou preocupado com preço! Não hoje. Quero o que for agradá-la mais!.

— Então, não há dúvida. Já está escolhido. – Segurou uma caixinha nas mãos e entregou a Leo. – Pode mandar embrulhar!

Dora estava confusa. Depois de toda aquela história no jornal, o pai não aceitava mais sua relação com Leo. Ele já tinha oferecido resistência no passado, mas agora estava pior do que nunca.

— Você não vai namorar uma pessoa envolvida em tanta confusão. Não pode dar certo isso, Dora. Você não viu o que eu vi. Ele está envolvido em histórias horríveis. Simplesmente, não vai namorar com ele. Ponto final! Não enquanto estiver aqui, debaixo do meu teto. – Eles estavam sentados à mesa de almoço, mas ninguém tinha encostado na comida ainda. Elisa apenas ouvia a discussão dos dois, sem dar opinião.

— Pai, eu vi tudo... Li todas as páginas e, ao contrário do que você pensa, o Leo não está me manipulando ou fingindo ser quem não é. Nós conversamos abertamente sobre tudo, já está tudo claro. E quer saber? Nada mudou. O passado dele é problema dele. O que importa é o que ele é agora, comigo.

— As pessoas não mudam, não seja ingênua. Ninguém transforma ninguém. Deixe de ser romântica, Theodora! Seja realista uma vez na vida, você está se envolvendo com um bandido filho de bandido!

— Ninguém até agora pediu minha opinião, mas vou falar assim mesmo. – Elisa começou a falar com uma voz baixa e calma. Ambos estavam tão alterados que, realmente, não consideraram a presença dela na mesa. Isso nunca acontecia.

— Claro que queremos sua opinião, mãe. – Dora viu nascer uma esperança sobre a sentença do pai.

— Não concordo com sua posição, Otavio. Mas por um único motivo: sua filha já é maior. Ela já está na faculdade, em breve terá profissão, vida independente de nós. Se quiser sair de casa para viver com esse rapaz, diante do tanto de dinheiro que sabemos que ele tem, ela vai amanhã mesmo, sem precisar de nossa ajuda. Então, proibir não é o caso aqui. Existem situações que, simplesmente, saem do nosso controle.

— Obrigada, mãe, é justamen...

— Eu não acabei, espere eu terminar. – Elisa nunca falava assim com a filha, o clima estava realmente pesado, e Dora, de repente, começou a sentir medo do que viria pela frente.

— Se você acha, minha filha, que consegue viver com uma pessoa criada de forma tão diferente de nós, com muito dinheiro e glamour, mas sem honestidade, raízes e caráter, a escolha é sua. Não te criamos para fazer escolhas desse tipo, mas se é essa a vida que vai te fazer feliz, boa sorte! Não vou desgastar minha relação com você, como seu pai está fazendo, porque você é minha única filha e eu te amo mais do que a mim mesma. Fico decepcionada ao ver uma menina tão esclarecida, caindo numa conversa de amor eterno tão barata, mas não posso fazer nada.

— Mãe, eu não sou assim! – agora foi inevitável, as lágrimas vieram com tudo, e Dora se desesperou. — Você sabe que não ligo para dinheiro, poder, nem estou com ele por nenhum tipo de glamour. Eu amo o Leo. Ele não é esse monstro, isso é julgamento errado de vocês, reducionistas, que acham que a família sempre representa o que o filho vai ser. Estamos aqui mesmo, diante de um exemplo de que isso é mentira! Eu não sou tão quadrada como as pessoas que me criaram. Não tenho o coração tão duro e cheio de preconceitos. Viram? Vocês nunca vão enxergar que estão errados? Me dêem uma chance para provar isso, por favor!

— Nós já demos, Dora. E penso diferente de sua mãe. Não vou assistir, passivamente, minha única filha se envolver com gente assim, simplesmente para não brigar com você. Vamos brigar até o último dia da minha vida se for preciso.

— Pai, por favor. Por favor! Você precisa acreditar na minha capacidade de avaliar a situação. Estou apostando nele porque tenho algo dentro de mim, dizendo que vale a pena. Enxergo nos olhos dele uma verdade que as outras pessoas não veem. Pai, eu estou falando sério. Por favor, uma última chance. Até a minha festa, mais uma semana, aceite, conviva com ele, avalie, novamente, a situação. Passando a festa, nós conversamos de novo. Mãe, peço o mesmo para você. Deem a ele a chance de se aproximar, só essa semana, e olhem vocês mesmos a pessoa que ele é. Por favor...

— Vou subir para o quarto. Preciso pensar. – Elisa se levantou elegantemente e saiu da sala, deixando Otavio e Dora à mesa. Otavio estava sério, olhando para frente sem conseguir disfarçar o quanto estava transtornado. Não disse uma palavra por vários minutos, que pareceram horas para Dora, que continuou ali, a espera de uma resposta.

— Não posso negar uma semana de prazo a você. Isso não vou fazer. Mas saiba que minha opinião já está formada. E não posso falar por sua mãe.

— Obrigada, pai. Você não vai se arrepender, eu juro. Obrigada.

Uma pontinha de esperança surgiu no coração de Dora e já foi o suficiente. Ela conseguiria reverter a situação a favor dos dois, e Leo a ajudaria. Ele era muito habilidoso. Mais tarde, já em seu quarto ela telefonou para ele e contou tudo o que aconteceu no jantar. A reação dele foi exatamente o que ela esperava.

— Se temos uma semana, estará tudo resolvido. Se tivéssemos um dia, resolveria em um dia. Vou fazer o que precisar para ficarmos juntos e em paz, Dora. Vou pensar em como vou fazer, deixe e comigo.

Naquela noite, Dora pensou se estava fazendo uma grande besteira. Nunca foi tão contra a opinião dos pais, nunca agiu tão impulsivamente. Será que era isso que as pessoas enganadas sentiam? Será que elas tinham um amor tão cego que as impediam de enxergar a realidade? O medo se apossou dos seus pensamentos, mas ela não conseguia se desviar deles. Alguma coisa dentro dela gritava que Leo merecia aquele voto de confiança e que eles seriam muito felizes. Ela se lembrou das palavras de Alice e o maior desejo que teve foi poder de assistir a um vídeo de sua vida dali a cinco anos, para ver se estaria feliz com ele ou desolada por ter sido enganada. Ou abandonada pela família. Ou presa. Meu Deus, e se ele fosse preso? Não conseguiu dormir. Por que ninguém me avisou que a vida adulta seria tão cheia de escolhas difíceis?

Na manhã seguinte, Leo chegou cedo ao jornal. Um antigo colega de trabalho o barrou:

— Desculpa , cara, mas todos temos ordem de não deixar você entrar aqui. Não sei o motivo, mas foi o Otavio quem...

— Pode deixar, João. Deixa que eu resolvo. – Otavio ouviu a movimentação e se dirigiu à porta. – Obrigada.

Leo se dirigiu à sala do sogro. Estava disposto a tentar convencê-lo de que ele merecia confiança, apesar de tudo. Ambos entraram na sala de Otavio e a porta foi fechada. A conversa foi longa e cheia de emoção. Leo falou tudo o que sentia, abriu o coração, disse que amava Dora e não sabia mais viver sem ela. Ouviu tudo o que o sogro tinha a dizer também, com paciência e calma.

Por fim, mostrou a ele o anel que comprou e pretendia entregar na festa de aniversário. Otavio ficou chocado. Por essa, ele não esperava.

— Olha, rapaz, vou dizer a você o que disse a minha filha. Não posso negar a ela uma nova chance. Se você fosse o único interessado nisso, pode ter certeza de que negaria, mas Dora é uma pessoa maravilhosa, que merece minha confiança pelo bom coração que tem e por ser minha filha. Se é até o aniversário que vocês querem que eu aguarde, tudo bem. Mas minha opinião sobre você já está formada e posso te adiantar que ela não vai mudar. Esse anel vai voltar para loja de onde saiu. – Otavio se levantou e indicou a porta. – Agora pode sair. Tenho muito trabalho a fazer.

Carmem já estava em Flor de Lis se ambientando, olhando de longe, tudo acontecer. Por sorte, em seus primeiros momentos na cidade, avistou Leo, atravessando a rua logo à frente do seu carro. A partir de então, saber onde ele morava e o que estava aprontando foi fácil. Ela nunca apareceu em veículo de comunicação nenhum, era uma completa anônima e não tinha cara de representar perigo algum para as pessoas. Pelo menos, foi isso que descobriu ao conseguir informações das mais diversas, ao se aproximar de desconhecidos em locais como padarias, lojas e supermercados.

Descobriu, inclusive, que uma festa estava sendo preparada para comemorar o aniversário da tal namorada de Leo no próximo fim de semana.

Fora isso, nada de suspeito, nada que indicasse uma traição ou fuga. Leo andava pelas ruas de forma displicente e destemida, não parecia alguém perseguido ou com medo. Ele parecia até mais maduro do que antes. Usava roupas mais simples e aparentava estar feliz.

Se tivesse traído o pai, como ela imaginou, já teria fugido e a mídia já estaria cheia de informações a respeito daquela mensagem que tinham em mãos. E nada disso aconteceu. Esse moleque resolveu o problema do pai e segue no nosso plano, sem demonstrar sequer sinais de desgaste. Ele vai seguir aqui. Eu estava errada. Se quiser fazer com que isso mude, preciso agir ou Leopoldo seguirá em sua vidinha cercada de família, e agora, sem mim.

O desespero se apossava de Carmem. Havia passado tempo demais sem que Leopoldo entrasse em contato e ela temia que, dessa vez, fosse para sempre. Talvez, ele estivesse realmente determinado a seguir sem ela, o que jamais aconteceria. Não enquanto ela vivesse.

Capítulo 18

Finalmente, chegou o grande dia! A festa de Dora, que começou como um pretexto para ajudar Alice, transformou-se em um grande acontecimento para todos os envolvidos. Os pais estavam animados por receber tanta gente querida. De certa forma, estavam aguardando por isso desde o casamento frustrado de Dora e Raul.

Alice não podia estar mais ansiosa para que tudo desse certo. O bufê precisava ser mais do que perfeito, já que era sua chance de se promover. Além disso, ela e Betina sabiam que essa festa seria um grande dia na vida de Dora. Ela ficaria noiva! Ambas estavam absolutamente eufóricas. Antes da novidade contada por Leo, elas já tinham reservado uma diária no hotel da cidade para se divertirem mais um pouco, comentarem sobre a festa e agradecer a Dora pela generosidade em fazer a festa para ajudar Alice. Uma noite do pijama de respeito. Tomar um super café da manhã de hotel, no dia seguinte, com as amigas, não seria nada mal. Quando souberam do noivado, já avisaram a Leo que não mudariam os planos.

Dora, por sua vez, sentia-se feliz e triste ao mesmo tempo. Estava muito feliz pela festa de aniversário, mas sabia que passada a ocasião, não teria mais a tolerância de seus pais com o namoro e o milagre que ela esperava ainda não tinha acontecido. Apesar da conversa que Leo tivera com seu pai no jornal, e outra com sua mãe, a atitude deles não parecia ter mudado. Sempre que pensava nisso, tentava afastar o problema da cabeça e focar só nos momentos felizes que teria.

Escolheu usar um vestido rosa seco, bem clarinho, com a cintura alta marcada, deixando as costas de fora. Ele tinha uma saia rodada até o chão, num godê leve, trazendo um ar de princesa que Dora amava. O decote da frente chegava bem próximo ao pescoço, o que dispensava qualquer acessório.

Resolveu deixar os cabelos soltos, todo moldado com ondas leves e naturais, que chegavam até o meio das costas, que estavam de fora. A maquiagem foi leve na pele e carregada nos olhos, com tons de marrom e brilhos dourados, discretos. De acessórios, optou apenas por um brinco com um ponto de brilhante e um anel solitário, que pegou emprestado da mãe.

Há muitos anos, Dora não se sentia como naquela noite. Seria o centro das atenções para muitas pessoas, praticamente para todas aquelas que importavam em sua vida. Estaria cercada de amor, mas, com certeza, temia por algumas saias justas, como o fato de ter convidado a família de Raul para a festa. Não teve jeito, os pais eram de certa forma próximos, a cidade era pequena, não havia saída. Desde que eles terminaram, não tivera oportunidade de conversar com os ex-sogros, e fazia de tudo para evitar que essa oportunidade surgisse.

Também temia pelo comportamento dos pais, diante de todos, com relação a Leo. Talvez, eles quisessem deixar claro que não aprovavam a relação e acabassem sendo grosseiros sem motivo.

Outra preocupação era o fato de nem todo mundo saber sobre a real origem de Leo. Tinha medo da hostilidade gratuita de alguns convidados, caso descobrissem... Os pensamentos negativos de Dora foram longe, até serem interrompidos por sua mãe, que entrou no quarto e a encontrou sentada em sua penteadeira, encarando em silêncio o próprio rosto.

— Filha, você está linda. Muito mesmo, uma princesa. Desejo que sua noite seja maravilhosa. – Elisa segurou as mãos de Dora e a encarou nos olhos, esperando ouvir qualquer coisa que ela quisesse falar. Conhecia Dora o suficiente para saber que ela estava se sentindo sufocada. Mas ela permaneceu em silêncio. — Esse vestido é tão deslumbrante que, se fosse branco, você seria a noiva mais linda que já vi. - Foi a forma que Elisa encontrou de chegar ao assunto que queria.

— Pena que talvez você nunca vá me ver de noiva, né, mãe? Diante de tudo que tem acontecido... – Dora interrompeu a frase. Estava prestes a entrar em sua festa e não queria ficar chateada, nem irritar a mãe.

— Dora, olha só, preciso falar isso antes que a festa comece. Conversei por muito tempo com seu pai na noite passada. Nem sei dizer por quanto tempo, mas chegamos a uma conclusão. Não podemos agir como se você fosse criança. Me dói muito enxergar isso, mas você cresceu, já é adulta. Por mais que ainda dependa financeiramente de nós, isso é um ponto muito fácil de se romper, principalmente diante da condição financeira do Leo. Se você quiser mesmo ficar com ele, não há nada que possamos fazer para impedir e virar as costas para você não é uma opção nem para mim, nem para seu pai.

O coração de Dora disparou, mas ela continuava a encarar a mãe, sem nenhuma reação, já imaginando a conclusão daquela conversa. Elisa prosseguiu:

— Nós não criamos você para ser nada além de uma pessoa do bem. Sempre tentamos te proteger de más companhias, más influências... Mas, chega um dia que não podemos mais agir dessa forma, porque agora é você quem faz as escolhas sobre com quem vai se relacionar, quem vai te ajudar a construir seu futuro. Se o Leo é a sua escolha, tudo bem. Não me agrada, nem a seu pai, mas entendemos que se você veio até aqui, não vai desistir. Estávamos esperando que você cedesse, mas como isso não aconteceu, tudo bem. Você não vai ter seus pais como empecilho para suas decisões. Nosso papel aqui, a partir de agora, é apenas aconselhar. – Elisa fez uma breve pausa para respirar fundo. — E como você já deve saber, a essa altura da vida, nós não sabemos tudo, não somos donos da verdade, e podemos nos enganar também. Tomara que estejamos redondamente enganados sobre esse rapaz, e que ele te faça muito feliz. Mas se não fizer, estaremos aqui, como sempre estivemos, para te acolher.

Nesse momento, Dora notou que o pai estava parado na porta, observando a cena, também com os olhos marejados.

— Ah, mãe, nem sei o que dizer. Vocês são os melhores pais do mundo. Obrigada por tudo, inclusive por essas palavras. Eu também não sei se estou certa, mas estou seguindo meu coração. Prefiro me decepcionar no futuro, do que ter a sensação de que devia ter tentado, sabe? Eu sempre vou ouvir vocês antes de decidir qualquer coisa, mas preciso ouvir meu coração também. E, se tudo der certo, vocês estarão errados e todos nós seremos felizes para sempre! – As lágrimas desceram, mas o sorriso de Dora era largo. O pai se juntou a elas em um forte abraço.

— Essa sua frase combinou bem com esse vestido de princesa, se quer saber! – Disse o pai, dando-lhe um beijo na testa. – Agora precisamos ir, senão seus convidados vão chegar antes de você!

Capítulo 19

Dora ficou encantada quando entrou no salão. A decoração estava ainda mais linda do que imaginara. Flores em diversos tons de rosa misturavam-se com as folhagens que pareciam feitas de camurça. Pontos de luz aqueciam o ambiente, dando a impressão de que o salão todo brilhava. Pequenos potinhos de vidro desciam do teto presos por cordinhas transparentes até quase tocarem os convidados, em diferentes alturas, com delicadas velas acesas dentro de cada um. Tecidos pendiam do teto até o chão, como cortinas, dividindo alguns ambientes, deixando tudo ainda mais aconchegante.

A louça das mesas e os vasos de flores eram quase todas em tons de branco e azul, como os azulejos portugueses, da forma que Dora pedira, e as taças eram todas transparentes, de maneira que nada era conflitante no ambiente. Ela tinha que reconhecer, Alice tinha se superado. Apesar de ela ser a responsável direta apenas pelo bufê, reunira uma excelente equipe de decoração e todos juntos foram capazes de produzir a festa. Ela seria um sucesso, não restavam dúvidas.

Aos poucos, os convidados foram chegando e ocupando as mesas. O salão, que antes era frio, foi se aquecendo. As vozes se misturaram à música e o clima era o melhor possível.

Dora cumprimentava a todos, com empolgação. Leo, que chegou mais cedo do que a maioria das pessoas, seguia a seu lado, sorrindo para todos, enquanto já começavam a beber e a degustar a comida preparada por Alice.

Após várias fotos, posadas e espontâneas com os convidados, Dora foi dançar com as amigas. Sentia-se animada como nunca, leve. Ainda não tivera tempo a sós com Leo para contar da conversa que tivera com os pais, mas, na sintonia dos dois, ele já tinha sentido que tudo estava favorável para o pedido.

Depois de todos os convidados beberem, comerem e dançarem bastante, a música parou. No susto, Dora olhou para onde estava o DJ, achando que havia acontecido alguma coisa, quando viu Leo, de pé no centro do palco, com um foco de luz em cima dele. Ai meu coração. Foi o que ela conseguiu pensar, levando as mãos ao colo, geladas. O que será que ele está aprontando...

Antes que pudesse perceber, Alice e Betina já a rodeavam, excitadíssimas. Leo pegou o microfone com as mãos trêmulas. Isso não era normal para ele, sempre tão extrovertido e natural diante de qualquer plateia.

— Boa noite a todos. – Começou a dizer, com a voz ainda mais trêmula que as mãos. – Para quem ainda não me conhece, meu nome é Leopoldo, Leo para os íntimos... – E deu aquela risadinha absolutamente irresistível, que fez o coração de Dora disparar ainda mais. – Sou o namorado mais apaixonado desse mundo, pela aniversariante de hoje! – Muitos gritinhos surgiram com palmas e vivas.

— Dora, venha até aqui! – Chamou o DJ. Ela, muito tímida, resistiu um pouco quando as amigas a empurraram em direção ao palco. Ela fazia sinal de "não" com as mãos, enquanto as pessoas puxaram um coro de "sobe... sobe...". Os pais se aproximaram para encorajá-la e, enquanto todos acompanhavam esses movimentos, uma mulher desconhecida subiu ao palco e pediu outro microfone. O DJ, sem saber o que fazer, passou a palavra à mulher, pedindo silêncio.

Ninguém reparou, mas Leo estava imóvel, em choque, olhando aquela mulher pedir a palavra. Ele não parecia ouvir nem enxergar mais nada além dela. Dora olhou para o palco curiosa. Será que aquela era a mãe de Leo? Não parecia nada com as fotos que vira... Mas quem seria? Um burburinho começou a crescer no salão, nos poucos segundos em que a mulher preparava para falar.

Quando Leo teve sua primeira reação de se aproximar dela e segurá-la pelo braço, já era tarde.

Dora sentiu que algo errado estava acontecendo. Leo não parecia bem, pelo contrário. Ele segurava no braço da mulher e tentava falar alguma coisa em seu ouvido. Parecia conhecê-la e não aprovar o fato de ela estar ali. Pelo visto, aquilo não fazia parte da surpresa. O salão todo fez silêncio absoluto, a curiosidade das pessoas era evidente em suas expressões.

— Boa noite a todos, meu nome é Carmem. Não vim tomar muito tempo da festa de vocês. – Enquanto isso, Leo tentou ir até o DJ, pedir a ele que desligasse o microfone dela, mas percebeu que isso seria um erro. Não fazia ideia do que aquela mulher estava fazendo ali.

— Só não acho justo que vocês todos sejam enganados por esse jovem que está aqui. Ele é filho de Leopoldo Albuquerque. Vocês se lembram do escândalo? Pois então. Acho que ninguém ficou sabendo disso por aqui, não é? – A surpresa tomou conta do salão. As pessoas ficaram agitadas e começaram a cochichar entre si, gerando um burburinho, enquanto Otavio corria para subir a escadinha do palco. — E tem mais. Vocês não sabiam disso, porque ele mesmo fez questão de esconder. Eu fui assistente do pai dele e só estou aqui em nome da verdade. Não concordo com as proporções que essa história tomou. — Nesse momento, Otavio alcançou a mulher e estava prestes a chamar os seguranças para tirá-la da festa, quando a seguinte fala o paralisou: — Tudo o que aconteceu aqui foi parte de um plano.

Dora continuava petrificada, observando aquilo tudo acontecer. Mal tinha forças para respirar. Isso não está acontecendo, é um pesadelo... Ela pensava. As amigas agora estavam mais próximas a ela, dando suporte inclusive físico, caso ela caísse. Elisa apenas encarava o palco, sem expressão, sem saber o que fazer. Otavio, que subira no palco para calar aquela estranha, agora não permitia que ninguém se aproximasse dela, até que acabasse de falar.

— Otavio, precisamos tirar essa louca daqui. Já! – Leo se aproximou do sogro, numa tentativa desesperada de salvar a noite e a própria pele.

— Espere, Leo. Agora ela vai acabar de falar. Depois vemos o que fazer. Se for mentira, você também vai ter sua chance de se explicar. – O tom de Otavio deixava claro a confusão que ele estava vivendo naqueles segundos.

— Tudo o que aconteceu, desde que Leo chegou a Flor de Lis, foi premeditado. Ele veio fingir que tinha rompido com o pai para limpar a barra da família. Veio conhecer a filha do jornalista para conquistar a imprensa... Resumindo: ele veio fazer a todos vocês de trouxa, e tem conseguido como ninguém. Mas agora, tudo está acabado. Seu plano deu errado, meu querido.

Carmem olhava sorrindo para Leo, cheia de cinismo, vingança e ódio. Ele não estava entendendo nada, sua cabeça girava. Por que ela veio aqui fazer isso? Meus pais mandaram? Eles estão aqui?

Ele a encarava, com muitas perguntas na cabeça, torcendo para tudo aquilo ser um pesadelo, do qual acordaria em breve.

— Ele usou vocês. Ele só quis melhorar a situação do pai, de alguma forma. Isso é mentira, Leo? Venha cá, já acabei, a palavra é sua. Venha continuar o que ia fazer, você não é o namorado mais apaixonado do mundo? – Carmem estendia o microfone a Leo, encorajando-o, ironicamente, a falar com as pessoas. Ele olhou nos olhos de Dora. Mesmo de longe, ele podia sentir a aflição nos olhos dela. Ela esperava que ele pegasse o microfone, negasse tudo, e as coisas ficariam bem. Mas ele não podia mais fazer aquilo. Tinha prometido que seria uma pessoa melhor para ela, e manteria a palavra, mesmo que isso custasse sua felicidade.

— Por favor, silêncio. – Leo retomou a palavra, tentando cessar um mar de vaias. Precisava escolher bem o que dizer, aquele discurso salvaria sua vida ou o condenaria para sempre diante daquelas pessoas. — Não era bem isso que busquei quando subi nesse palco, não mesmo. Mas a vida nos pega de surpresa. Não eram bem essas pessoas que esperava encontrar em Flor de Lis quando me mudei para cá, mas de novo, a vida me pegou e me virou do avesso. Não era bem aquele pai, não era bem aquela mãe, não era bem esse futuro. Tudo o que tinha em mente para mim se desfez com o tempo. O que era verdade virou mentira. O que era preconceito virou amor. Não vou dizer que nunca vi essa mulher na minha vida, porque estaria mentindo. Conheço Carmem desde que nasci, ela trabalha para meu pai sim. E foi ela quem teve a ideia de me mandar para cá inicialmente, quando estourou todo aquele escândalo, no intuito de conhecer vocês, entender melhor o que estava se passando por aqui, observar as forças contrárias que poderiam surgir dessa região e, de fato, me aproximar da imprensa. – Leo fez uma pausa, que foi preenchida pelas pessoas com um "ooohhhh". Mas ele não se abalou e seguiu. — Não tive escolha. Não sabia que meu pai era aquela pessoa que apareceu no vídeo. Também me revoltei, acreditem. Mas, quando a revolta passou, sim, eu fraquejei. No intuito de salvar meu pai do ódio das pessoas, entrei no esquema e vim para Flor de Lis.

Dora escondeu o rosto nas mãos e começou a chorar copiosamente. Algumas pessoas estavam filmando, com seus celulares, aquilo tudo e, quando apontavam para Dora, se aproximando dela, logo recebiam um empurrão de Betina, que tentava proteger a amiga enquanto Alice a abraçava.

— Vim cheio de preconceitos, sem saber o que encontraria. Não foi fácil largar a vida de luxo que tinha para cair aqui, sem conhecer ninguém. Morri de medo. Mas com o passar dos dias, conforme fui conhecendo e convivendo, principalmente, com Dora e suas amigas, comecei a enxergar relações e sentimentos que desconhecia. As pessoas dessa cidade são diferentes. Vocês, pelo menos a parcela que conheço que está presente aqui, são pessoas de verdade. Acreditam no ser humano, acreditam no sentimento dos outros, porque têm verdade dentro de vocês. Conheci aqui pessoas que gostaram de mim sem saber tudo o que tenho, sem saber o que podia oferecer. Sem interesse, só sentimento. Descobri aqui que tenho a capacidade de ser conquistado. Eu sempre conquistei as pessoas, sempre atraí, tenho facilidade para isso, mas sempre me fechava, no fundo, diante delas. Aqui, baixei a guarda, me deixei gostar, me deixei amar. Descobri que sou capaz de agradar sendo eu mesmo, que não preciso estar sempre munido das palavras certas para ser amado, basta ser natural. Essa simplicidade de sentimentos que conheci aqui, a forma com que fui acolhido, mudou tudo dentro de mim.

— Dora. Dora, olhe para mim. – Leo estava o tempo todo com os olhos fixos nela, como que para criar coragem. — Sei que você queria que eu negasse tudo o que essa mulher disse. Sei que seria mais fácil para todo mundo. Mas não posso fazer mais isso. Para ser digno de você, da sua família, eu preciso ser verdadeiro e aprender a agir feito vocês, preciso aprender a lidar com a verdade. Por isso, estou aqui, me expondo, colocando minha história para todos. Vim atrás de aceitação forçada. Vim consertar erros do meu pai. Mas não sou como ele. Em vez de resolver o problema dele, me apeguei, aprendi, convivi, me apaixonei. Me apaixonei perdidamente. Agora que foi tudo colocado às claras, não teria mais motivos para estar aqui. Poderia, simplesmente, sair por aquela porta, humilhado, e voltar para casa. Com o tempo, todos iriam esquecer o que houve hoje e pronto. Mas não. Quero ficar, quero que vocês me aceitem como o ser humano errado que fui, como o ser humano tentando melhorar que sou. Dora, você mudou minha vida, e não no sentido clichê dessa frase. Você mudou minha perspectiva de felicidade, do que é verdade, do que é família. Você e essa cidade, de repente, se tornaram tudo o que mais valorizo no mundo, e a prova disso, é que minha antiga realidade se voltou contra mim. Ou vocês acham que essa mulher está aqui, hoje, apenas para salvar vocês de uma mentira? Ela está aqui para se vingar de mim, por não ser como eles. – Ali, naquela frase, Leo acabou de vez com as vaias e os olhares revoltados. Ele estava começando a convencer. Então, prosseguiu: — Vocês poderão dizer aos filhos e aos netos que já presenciaram um ser humano mudar. Que já viram o bem vencer e o amor curar. Eu sou a prova viva disso. O homem não é condenado a seu meio, ele se regenera. Hoje, quero ser uma pessoa melhor, porque quero ser digno de integrar a família da mulher da minha vida. E sim, Carmem, eu sou o namorado mais apaixonado do mundo sim. – Aplausos tímidos surgiram. Algumas pessoas já se emocionavam, Elisa era uma delas. — Eu poderia passar a noite aqui falando, mas quero poupar vocês. – Todos riram. — Mas, antes de acabar, queria pedir a Dora para subir aqui, se ela ainda me quiser. – Silêncio absoluto. Todos os olhares curiosos se voltaram para Dora, na expectativa. Ela estava parada, olhando para o palco. Respirou fundo e se dirigiu às escadas. Mais aplausos, palmas e emoção dos convidados. Ela subiu, deu um beijo em Leo e pegou o microfone.

— Festa emocionante como esta, acho que Flor de Lis nunca mais vai ver, né? – Sua voz estava trêmula, apesar do sorriso nos lábios. — Queridos amigos, vocês sabem que eu detesto microfone, mas não podia deixar de falar depois de tudo isso que aconteceu. Sei que muitos vão me julgar por ter acolhido Leo, mesmo sabendo quem ele era. Mas sou muito intuitiva, e quando estou com ele, sinto que é uma pessoa do bem. Um ser humano como qualquer outro, encontrando seu lugar no mundo. E pelo que ouvi essa noite, acho que ele encontrou. Seu lugar é aqui, ao meu lado. Eu amo você. – Dora beijou Leo, agora mais longamente, e as pessoas seguiam vidradas no casal, como se estivessem assistindo a um filme de romance ao vivo. Queriam mais. Quando menos esperavam Leo se ajoelhou diante de Dora e tirou uma caixinha vermelha do bolso. Pegou o microfone e perguntou:

— Você quer casar comigo?

Carmem, que assistiu à fala de Leo ainda de cima do palco, mas já acolhida nas sombras, agora estava totalmente atordoada. A cabeça girava após desmascarar Leo e ver como ele conseguiu dar a volta por cima e ainda improvisar todo aquele discurso, terminando como herói e noivo. Como assim? Ela sabia da capacidade que ele herdara do pai, mas aquilo que vira era demais. Ele está indo mais longe do que imaginei, com tudo isso. Inacreditável.

Ela estava errada. Acreditou na fraqueza de um homem forte. Ele era imbatível. Agora, sem emprego, sem credibilidade, sem o amor que esteve tão perto, estava arruinada. As coisas saíram do controle de uma forma absurda e repentina mesmo após dar sua cartada final. Como pode, essa menina ser tão idiota? Tudo foi perdido por causa de uma pessoa ingênua a ponto de assumir um papel de trouxa no próprio aniversário, diante de todos os amigos. – Ela pensava, enquanto olhava Dora e Leo descendo do palco juntos, de mãos dadas, para receber abraços dos amigos. A música voltou ao salão e o ambiente foi tomado de alegria.

Imaginou uma forma de ir embora dali discretamente, mas ficou surpresa ao perceber que, no momento em que saiu da sombra do palco, indo em direção à porta que levava à rua, do outro lado do salão, ninguém olhou em sua direção ou pareceu notar sua presença. Ela era invisível, dispensável, irrelevante. Não despertou nem o ódio das pessoas, mesmo depois de tudo que fez.

Parou de andar assim que cruzou com um garçom que servia uísque. Pegou dois copos de uma vez e bebeu todo o conteúdo, mal sentindo o gosto. De alguma forma, o mundo girava mais devagar agora. A pressa e a urgência, que sempre foram suas companheiras, não estavam mais presentes. Não tinha porque correr, nada para resolver, o escritório estava fechado. E era para sempre.

Não se sabe por quanto tempo ela ficou ali, no meio do salão, observando Leo e Dora dançarem felizes, ao som de uma música qualquer, cercados por sorrisos e abraços doces, enquanto o amargo de sua saliva apertava.

— Nossa, meus pés estão acabados, não consigo levantar daqui! – Dora ria, jogada em uma cadeira da festa, com as pernas esticadas apoiadas sob o colo de Leo, que aproveitava os momentos de descanso da dança para comer uma pequena porção deliciosa de risoto que estava sendo servida. Já tinha bebido muito e sabia que comer faria bem.

— Tire essa sandália! Não vai se sentir melhor?

— Não! Não quero descer do salto, hoje é meu diaaa! – Ela gritava se sentindo nas nuvens. Olhava para o anel que ganhara a toda hora e, todas as vezes, se espantava com sua beleza e brilho.

— Até agora não acredito que você vai dormir com as meninas no hotel, sabia? Poxa, hoje era para ser nossa noite! Ficamos noivos!

— Leo, já estava tudo combinado com elas faz tempo! Desde que planejamos a festa, marcamos fazer essa comemoração só nossa. Sabe como é, amamos inventar uma moda.

— Mas justo hoje...

— Nós teremos a vida toda para ficarmos juntos. Pensa nisso! A vida toda para dormir e acordar um ao lado do outro...– Ela se levantou e abraçava Leo, ainda sentado, pelas costas, falando em seu ouvido. — Hoje começa o nosso "felizes para sempre". Não vamos brigar agora... Vem, vamos dançar, porque daqui a pouco a festa acaba! Quero viver essa festa como se fosse a última!

❧ ❧ ❧

Carmem cambaleava sem rumo pelas ruas vazias da cidade, não sabia nem para que lado ficava o hotel em que estava hospeda- da. Virava as esquinas de forma displicente, já com os sapatos nas mãos, sentindo a aspereza das pedras da rua nas solas dos pés.

Depois de andar muito, sem nenhuma noção de há quan- to tempo vagava sem rumo, acabou se deparando com o hotel. Os pés reclamavam de exaustão e, por isso, decidiu entrar. Ao passar pela recepção, pensou que chamaria a atenção das funcionárias de plantão por seu estado deplorável, mas elas foram naturais ao en- tregar-lhe a chave.

— A festa deve ter sido animada, hein? Para valer voltar sem os sapatos! – Uma delas disse, tentando agradar. Carmem não res- pondeu, apenas pegou a chave do quarto e subiu. Jogou-se na cama, pensando que sentiria alívio. Mas tudo o que conseguia pensar era no vazio absurdo que só crescia em seu peito. As cenas da festa, de Leo e Dora dançando tão felizes com os amigos... A vitória do pla- no que ela ajudara a bolar com Leopoldo agora era absoluta e ela não tinha os créditos. Pelo contrário! Foi descartada da vida dele de uma forma cruel, apenas por desacreditar em seu filho... Agora ele receberia a notícia do noivado longe dela e comemoraria, com a esposa e os detestáveis filhos, a aliança com a cidade que o mas- sacrou... Tudo por culpa dessa garota sonsa, que não foi capaz de perceber que estava sendo enganada, e pior, ignorou quando ela contou a verdade...

Os pensamentos sobre como tudo parecia fora do lugar to- maram conta da cabeça de Carmem. De olhos fechados, ela se perguntava em que momento perdera o controle de sua vida.

Lembrou-se da infância, do carinho que recebera dos pais, de como se sentia feliz, mesmo sendo um pouco sozinha. Sentiu saudades do pai. Ele morrera há algum tempo, mas ela estava no meio de uma campanha de Leopoldo e não teve tempo nem de refazer do luto. Na morte da mãe também não. Não teve tempo para se despedir propriamente. A única coisa que fez questão de fazer foi ir até a casa onde os pais moraram e buscar a coleção de armas que o pai tanto amou. Ele passava horas polindo cada uma delas, enquanto contava à pequena filha sobre seus grandes feitos na época em que não era tão velho para caçar.

Aquela era uma memória que, de certa forma, aquecia seu coração. O pai fora um herói e ela era forte feito ele. Tinha sua coragem e seus nervos de aço, por isso não tinha tempo para bobagens, sentimentos tolos. Estava sempre pronta para o trabalho. Nunca seria um ser fraco e manipulável feito Dora, a garota mais idiota do mundo. Ela era firme, coração de pedra. Mas, no fundo, desejava ser feliz feito as mulheres tolas. Desejava sentir o coração bater forte, ser reconhecida, ser lembrada.

A memória do pai fez a guerreira que ela acreditava ser, voltar a corar sua face. Levantou-se da cama e se dirigiu, cambaleante, até o cofre do quarto de hotel. Não importa quão bêbada ou arrasada estivesse, Carmem sempre se lembrava de todas as suas senhas.

Ao abrir a portinha do cofre, a viu reluzir. A menor arma da coleção de seu pai, que ela mantinha consigo sempre, como uma forma de se lembrar dele e de se sentir forte. Venha para a mamãe...

Por volta das seis horas da manhã, naquele mesmo dia, a polícia de Flor de Lis foi acionada para atender a um chamado no único hotel da cidade. Hóspedes ouviram o que parecia muito ser um barulho de um único tiro.

O telefone da casa dos Albuquerque tocou cedo. Com investigações em curso e uma gravidez delicada, um simples telefone tocando gerava tanto pânico em Leopoldo que eram necessários vários minutos para que o coração voltasse a bater normalmente.

— Alô?

— Por favor, o Sr. Leopoldo Albuquerque?

— Sou eu. Quem fala?

— Aqui é o Inspetor Peixoto, da delegacia de Flor de Lis. Tivemos uma ocorrência no hotel da cidade e encontramos seu contato. Você tem algum parente na cidade? – Leopoldo podia jurar que seu coração tinha parado. Não o sentia pulsar. Não sabia do que se tratava, nem se sabiam que Leo era seu filho, não queria piorar as coisas. Ao mesmo tempo, não podia deixar Malu nervosa, era sua filha que estaria em risco. Mas precisava ir até Flor de Lis imediatamente.

— O que foi que houve, meu bem? Quem é no telefone? – Malu sentou-se na cama ao perceber a tensão do marido. Ele precisaria atuar melhor se quisesse disfarçar.

— Olha , por favor, estou indo imediatamente ao local, mas moro na capital, então, precisarei me deslocar e isso vai demorar algum tempo. Me passe o endereço exato de onde posso encontrar o senhor e saber ao certo o que está acontecendo.

— Pois não, senhor. Mas já adianto que se prepare. Temos pelo menos uma vítima no local. Ainda vamos investigar o que houve. – Leopoldo não ouvia mais nada. A visão escureceu e ele caiu desmaiado na própria cama. Malu começou a gritar pela ajuda de Filipo, e chacoalhava o marido desesperada, sem saber que notícia ele recebera pelo telefone que o deixara naquele estado.

Filipo chegou ao quarto correndo, assustado.

— Filho, me ajude, seu pai desmaiou, não sei o que houve, mas ligaram para ele e parece que era uma notícia muito ruim e... – As lágrimas desciam no rosto de Malu. O desespero tomou conta dela de uma forma que Filipo nunca presenciara antes. Ele precisava agir rápido. Entrou no banheiro da suíte, pegou um vaso de flores que ficava na pia, jogou as flores no chão e levou até o pai. Despejou a água fria toda de uma vez no rosto dele, que voltou imediatamente à consciência.

— Pai, o que houve? Você desmaiou ao telefone, o que aconteceu?

— Precisamos ir até Flor de Lis, imediatamente, filho. – Ele falava baixo agora, enquanto recobrava a consciência e sentava na cama.

— Flor de Lis? O que houve? Cadê meu filho? Eu quero falar com meu filho pelo amor de Deus! – Malu não sabia se gritava, chorava, estava em pleno ataque histérico quando Filipo gritou:

— Mãe, chega! Não adianta agir assim, não sabemos o que houve! Pai, responde, o que aconteceu? – Leopoldo sabia que não podia falar a verdade, por causa da gravidez de Malu. Mas não podia deixá-la para trás. Ele não desgrudaria de nenhum deles até descobrir o que houve.

— Na verdade, acredito que não é nada sério, acho que tive uma queda de pressão porque levantei rápido para atender o telefone. Mas quem telefonou foi a polícia de Flor de Lis. Eles disseram que preciso me dirigir até lá, fui chamado. Provavelmente, o Leo se meteu em alguma confusão, não seria a primeira vez. Vamos, arrumando as malas, Pipo. Corre lá no seu quarto. Sairemos em vinte minutos.

Mas Filipo conhecia o pai o suficiente para saber que aquilo não era verdade. Aconteceu algo mais. Ele precisava saber, mas não adiantaria perguntar na frente da mãe. Resolveu tentar falar direto com Leo. Se ele estivesse preso, isso não surtiria efeito, mas não custava tentar.

No terceiro toque, o irmão atendeu.

— Pipo, aconteceu alguma coisa? Minha mãe está bem? – Leo acordou sobressaltado, já que tinha praticamente acabado de ir dormir, após a festa mais cheia de emoções que já vivera.

— Cara, por aqui está tudo bem, mas parece que a polícia daí ligou agora aqui para casa, estamos indo para ái. Você se meteu em alguma confusão essa noite?

— Nossa, você não imagina o tamanho da confusão! Só que o final foi o melhor possível. Mas espera, você falou polícia? Não, não. Não foi confusão desse tipo. Não tô entendendo nada! Acalma a mamãe aí, eu estou deitado na minha cama, maravilhosamente bem. Comigo nada aconteceu, nem com minha noiva! Agora eu tenho uma, mas depois te conto direito. Mais tarde vamos descobrir o que houve, venham com Deus. Amo vocês.

— Noiva? Leo? – Mas o telefone já tinha desligado. Leo estava tão exausto que não conseguiu finalizar a ligação com o irmão, nem raciocinar nada. Dormiu feito pedra.

Filipo voltou ao quarto dos pais correndo:

— Gente, gente, acabei de falar com Leo. Ele está ótimo!

— Leo?! Você falou com o Leo? Onde ele está? Me dá esse telefone aqui! – Leopoldo já tinha perdido o autocontrole há alguns minutos.

— Já desligamos. Ele está em casa, dormindo e muito bem. Disse alguma coisa sobre confusão, noiva... não entendi direito. Mas o que importa é que ele está bem e não parece assustado, nem nada.

— Noiva? Você disse noiva? – Malu, que estava berrando em sua cama, chorando desesperadamente, querendo falar com o filho, de repente, voltou a si e se acalmou.

— Não entendi direito também, mãe. Mas o que importa é que está tudo bem. Leopoldo já estava ligando para o filho, mas o celular não atendia mais.

— Graças a Deus ele está vivo e bem! Graças a Deus! – Repetia ele, enquanto seguia tentando falar.

— Leopoldo, preste atenção aqui. O que você ouviu no telefone?

— Era a polícia de Flor de Lis. Me disseram que teve uma ocorrência no hotel da cidade, com vítima, e acharam meu nome escrito lá em algum lugar. Eles estavam em busca de informação. Não pude entrar em mais detalhes por medo de você passar mal. Precisamos ir até lá ver o que está acontecendo.

— Podemos ir, mas agora não há necessidade alguma de sair assim, descabelada. Vou me arrumar com calma e saímos mais tarde. Meu filho está bem e em segurança, posso recuperar minha dignidade aqui, pessoal? Essas olheiras não me levam a lugar algum. Só espero que isso não seja um trote daquela cidade maldita. – Dito isso, Malu se levantou, enxugou as lágrimas, vestiu seu robe de plumas brancas e foi tomar seu banho. Se Leopoldo a conhecia bem, demorariam mais de uma hora para sair.

— Pipo, vá à cozinha, peça Diva para arrumar nosso café, vamos comer com calma. Ainda não desisti, vou tentando falar com Leo.

Enquanto isso, em Flor de Lis, Leo dormia profundamente, ignorando o celular ao seu lado que vibrava sem parar.

Capítulo 20

A polícia estava à porta do hotel quando a família chegou horas depois. A área estava isolada e a atmosfera era tensa. Leopoldo desceu do carro e pediu que Filipo aguardasse com sua mãe, até que ele entendesse o que estava acontecendo. Deixou o ar condicionado ligado, havia trazido água e comida de casa, para a esposa não sentir qualquer tipo de mal-estar.

Aproximou-se, sozinho, da entrada do local e se identificou.

— Pois não, sabemos quem o senhor é. – Respondeu o policial, secamente. Foi aí que ele se lembrou que nunca tinha estado naquela cidade após o escândalo. Seu estômago revirou. Não estava contando que enfrentaria hostilidade numa situação complicada como aquela. — Existe uma carta, deixada em seu nome. Foi nela também que encontramos seu contato. Queira me acompanhar, por favor.

Leopoldo seguiu o policial até o hall do hotel, sentou-se e recebeu uma folha de papel para ler. Suas mãos tremiam.

"Meu querido Leopoldo", dizia o texto, "quando ler essa carta, já estarei morta. Mas gostaria que soubesse que tudo o que fiz em vida, foi por você. Eu, e apenas eu, estive ao seu lado por todos esses anos. Acompanhei sua trajetória de perto, te servi e me fiz submissa, li seus pensamentos, salvei sua pele. Te amei. Encerro minha trajetória por aqui, para provar a você que não sou fria e incapaz de amar. Quero ser lembrada por isso. Na verdade, me mato por amor absoluto ao único homem da minha vida: Leopoldo Albuquerque.E como prova do meu amor incondicional, levo comigo tudo o que sei. Carmem."

Leopoldo foi levado ao quarto de hotel onde a perícia estava sendo realizada.

— O senhor a reconhece?

— Sim, senhor. Trata-se de Carmem, minha secretária. Trabalhava comigo há muitos anos, mas se afastou do escritório há poucos dias, por problemas pessoais.

— Vamos tomar seu depoimento mais tarde. O caso ainda vai ser investigado.

— Vocês podem contar com minha colaboração, sem nenhum problema. Meu telefone está tocando, posso ir ali fora atender?

— Sim, o senhor está liberado.

Ao sair do quarto, Leopoldo topou com três meninas jovens que passavam pelo corredor, curiosas. Uma delas, a mais gordinha, se aproximou e perguntou:

— O senhor sabe o que houve aqui? Estávamos hospedadas em outro andar, não ouvimos nada, mas tá essa confusão... Nem conseguimos tomar café da manhã ainda, acredita? Tô morrendo de fome! – Enquanto a menina falava, cheia de curiosidade, os olhos de Leopoldo pararam na outra pessoa, logo atrás dela. Uma linda garota morena, que o fitava levemente pálida. Sem responder, ele saiu em direção a seu carro, sentindo os olhos das três em suas costas.

— Credo, que grosso, nem me respondeu! – Alice disse baixo, ainda olhando ao redor em busca de informações sobre o que houve.

Leo acordou com a campainha tocando insistentemente. O sono ainda não o deixara abrir os olhos. Quem será a essa hora? – Pensava, ainda confuso pelo sono.

Ao abrir a porta, ainda inebriado, levou um susto que o despertou imediatamente. De pé, do lado de fora de seu apartamento, estavam os pais e o irmão. A emoção invadiu seu coração de uma vez e ele se jogou na direção deles. Que saudade estava daqueles abraços. A mãe grávida, ainda mais linda. O irmão já tinha cara de homem feito, o pai estava abatido e magro como nunca vira antes.

— Quanta falta vocês me fazem! Entrem, venham conhecer minha casa! – A alegria era tanta que ele se esqueceu de estranhar o fato de estarem ali, após aquele depoimento de Carmem ainda mais estranho. Os olhos dos pais estavam cheios de lágrimas.

— Meu filho, como senti medo de perder você! Não imagina a dor no peito quando pensei que você poderia ter sido a vítima que a polícia falou – Leopoldo segurava o rosto de Leo entre a mãos, depois de abraçá-lo com muita força.

— Nem me fale! Quase que meu coração parou até entender que você estava bem e seguro em casa! – Malu abraçou os dois, também muito emocionada.

— Esperem, do que vocês estão falando? Aliás, o que trouxe vocês aqui?

Todos se sentaram e Leopoldo narrou tudo o que tinha acontecido desde que o telefone tocara aquela manhã.

— Meu Deus, então Carmem se matou? Sinto muito pai, eu não sabia. Mas não me impressiona. O que ela fez na noite passada mostra o tanto que ela estava descontrolada. Por alguns minutos, pensei que vocês pudessem estar por dentro de toda aquela loucura, mas, no fundo, sabia que não me trairiam dessa forma.

Agora foi a vez de Leo contar tudo o que houve na festa de Dora, desde a chegada dramática de Carmem.

— Meu Deus! Toda essa história é uma loucura, mas a parte mais chocante é que você contornou tudo pedindo essa menina em casamento! Vocês dois não acham que isso tudo está indo longe demais não? – Malu ouviu a narrativa toda em choque. Ela estava ao lado do filho, segurando sua mão, como que para não deixá-lo se afastar novamente.

— Não, vocês não entenderam. Eu não faço parte de plano nenhum mais. Na verdade, tudo o que disse, o que sinto, é verdadeiro. Eu nunca me senti tão completo quanto me sinto aqui, mãe. É com essa mulher que vou me casar e, se o destino assim quiser, é em Flor de Lis que vou morar pelo resto da vida.

Os três se entreolharam, esperando por um sinal de que aquilo fosse brincadeira, mas não parecia ser.

— E tem mais. Participei daquela história da chantagem do jornal por instinto de proteção a vocês. Não me arrependo. No fim das contas, o próprio Gaspar conseguiu o que queria, mas peço, de coração: não me envolvam em mais nada desse tipo, porque não vou ajudar. Não concordo com o que foi feito, não quero acobertar mais nada. Não estou aqui para julgar vocês, mas cada um tem que ser responsável pelos próprios atos. Pessoal, me desculpem por ser assim tão direto, mas se eu não falar sobre isso, acho que vou explodir. – Leo falava sério e determinado. Os pais seguiam observando suas palavras, incrédulos.

— Na verdade, até agora não sabemos bem o que houve ali. O que você fez? Quem eram os envolvidos? – Leopoldo perguntou, com a voz baixa e claramente tensa.

Leo, mais uma vez, começou a história pelo começo, desde a noite que saiu tarde da redação, até o desenrolar final. Só não explicou exatamente o que havia nos relatórios sobre cada um. Ele não queria saber se aquilo era verdade. Em parte, porque tinha medo de ouvir que sim. E, de outra parte, porque preferia apenas amar a todos eles, sem julgar. Não podia evitar o laço que o ligava com aquelas pessoas. Eram a base dele. Com todos os defeitos e pecados, eram parte dele, e que assim permanecessem.

— A Su? Não a-cre-di-to! Ela me apunhalou pelas costas, dessa forma? Eu não acredito! Ordinária! – Malu estava estarrecida com a traição de Suelen, pessoa que ganhou tanto sua confiança.

— Malu, tá vendo que perigo? Por causa da sua ingenuidade, nossa família quase foi arruinada! Se não fosse pelo Leo, a uma hora dessas, eu estaria na cadeia e você, nem sei dizer, melhor nem pensar!

— Eu não podia imaginar, ela era tão, tão... – Malu se recusava a acreditar.

— Mas agora isso é passado. Nada aconteceu, está tudo bem. Vocês precisam ser mais atentos a quem entra em casa. Eu preciso me recuperar dessa história toda, já que fui o único que saiu realmente queimado com a família de Dora. Até consegui arrancar deles algumas lágrimas e palmas ontem, mas conheço aquelas pessoas, ainda tenho um caminho árduo até provar que sou uma boa pessoa, que vou ter responsabilidade para cuidar de Dora quando nos casarmos...

Malu soltou uma gargalhada alta e afetada.

— Você só pode estar brincando comigo, não é, Leo? Esse lugarzinho horroroso, com essa gentinha da roça, e você preocupado em estar à altura? Meu filho, se enxerga! As pessoas aqui precisam brigar a tapa para ter alguém como você na família! Com a educação que você tem, a cultura, fala três línguas, conhece o mundo inteiro. Fora os contatos, não é? Sem falar do dinheiro. Pelo amor de Deus. – Ela revirava os olhos, expressando sua falta de paciência. — Com esses olhos azuis, meu amor, qualquer uma cai aos seus pés. Se esse povo te destratar, você arruma quem te valoriza em dois dias!

Leo não se irritou, ele entendia a mãe. Aquele era o mundo dela. Mas não podia deixar passar.

— Aí que você se engana, mãe. Essa gentinha da roça, como você diz, são as pessoas mais verdadeiras que já conheci. Eles me valorizaram sem saber quem eu era, gostaram de mim pelo que sou. São pessoas da melhor espécie, com valor, com sentimento. Gente que respeita e é respeitado, que é leal, que se ajuda. Vocês vão me desculpar, mas só fui aprender esses valores aqui. De onde viemos, os sentimentos são quase todos rasos, as pessoas são hedonistas. Quando puderam ganhar cinco minutos de fama em cima de mim, meus "amigos" não pensaram duas vezes em acabar comigo. Fui pintado como o pior monstro da capital e quase que isso vaza no jornal. Se meu sogro me odeia por isso, ele tem toda razão. E se vocês não aprenderem a respeitar a escolha que eu fiz, por favor, não fiquem aqui.

— Leo tem toda razão, Malu. Precisamos respeitar as pessoas que ele ama agora. E se ele está em maus lençóis nesse momento, a culpa é toda nossa, ele se expôs para nos salvar. – Disse Leopoldo.

— Olha só quem fala! O mesmo que foi para rede nacional sambar na cara dessa cidade! Sem hipocrisia, Leopoldo! Me poupe! – Malu começou a ficar nervosa de verdade, mas, no fundo, só estava sentindo que perderia a maior riqueza que tinha na vida: seu filho.

— Não nego nada que já fiz, mas vou respeitar o meu filho. Fiz muita besteira, mas nunca quis te por numa situação de precisar lutar por mostrar o quanto é bom, Leo. Pode contar comigo para o que precisar, para realizar seu sonho de casar com quem ama, de ser feliz. – Pai e filho se abraçaram emocionados.

— Está bem, vocês venceram. Desculpe sua mãe, querido. Me dá um beijo aqui, não falo mais assim. Também vou te apoiar, é claro. Faça o que desejar, você merece toda a felicidade do mundo. É o melhor de todos nós.

Filipo, que até agora só ouvira tudo, sem falar uma palavra, pela primeira vez foi ouvido:

— Obrigado, viu, mãe? Adorei ouvir isso. – Todos riram e se abraçaram. Eram uma família como outra qualquer. Cheia de erros, dificuldades, diferenças. Mas se amavam.

Eles continuaram conversando por mais algum tempo. Leo contava sobre os planos que tinha feito de voltar para faculdade, conversaram sobre atualidades, amenidades... havia muito a ser dito. Malu ficou mais quieta do que de costume, estava pensativa.

Após algum tempo, Leopoldo voltou ao assunto da redação:

— Filho, sei que você não quer mais falar sobre isso, mas tem uma coisa me incomodando. O tal Euclides, que me mandou a foto pedindo dinheiro. Ele leu o e-mail, sabe o que houve. Mesmo que Gaspar queira evitar, ainda que faça de tudo para calá-lo, pode ser que ele se volte contra nós. Já pensou nisso?

— Pai, não consegui pensar numa forma de garantir que ele se cale. Dentro do meu plano, esse é o único fio solto.

Esta frase ficou na cabeça de Leopoldo: Ainda temos um fio solto...

Epílogo

Dora conheceu a família de Leo. Todos foram muito gentis com ela, inclusive, a primeira impressão que deixou na sogra foi boa. Dois dias depois, a família foi embora da cidade. Apesar de tudo, eles não eram bem-vindos ali. A cidade acolheu Leo, razoavelmente bem após o discurso da festa de Dora, mas, com o resto da família não foi bem assim. Muita fofoca os envolvia àquela história, ainda mais após o suicídio de Carmem. Alguns, inclusive, juravam que Leopoldo mandara matá- la: "foi vingança e queima de arquivo! Certeza!" – Afirmavam com a maior convicção do mundo.

O casal decidiu morar em Flor de Lis, por ora. Leo voltaria para a faculdade no próximo semestre e Dora seguiria até terminar a sua. Viveriam de forma modesta, dentro do padrão que conseguissem manter. Leo não queria ajuda dos pais, não seguiria no luxo deles, para a tristeza de Malu. Ele voltou em casa, pegou a coleção de relógios, de ternos e os dois carros esportivos que tinha e vendeu tudo. Com isso, conseguiria manter os dois com alguma tranquilidade, até que se firmassem em futuros empregos.

Optaram, também, por não fazer festa de casamento, apenas assinaram os papeis necessários e foram os dois, acompanhados dos pais de Dora, receber uma benção na igreja. As emoções da festa de aniversário e noivado já foram suficientes na opinião dos dois.

Além disso, não queriam mídia, nem aproximar os pais de ambos, para evitar qualquer conflito.

A única coisa que aceitaram de Leopoldo e Malu foi a viagem de lua de mel, que ganharam de presente de casamento. Passaram um mês viajando por vários países, durante as férias da faculdade e dos estágios, realizando um dos maiores sonhos de Dora.

As investigações contra Leopoldo ainda seguiram, mas cada vez mais devagar, por conta da "falta de provas". A família está confiante de que aquele tormento acabará logo.

O bufê de Alice seguiu crescendo a cada dia. Depois da festa mais comentada dos últimos tempos, os pedidos não pararam de chegar, e Betina se juntou a ela na empresa, agora tão promissora.

No maior mercado da cidade, num dia de chuva torrencial, duas mulheres conversavam na porta, esperando a chuva passar:

— Você escutou sobre a morte daquele moço do jornal?

—Não! Qual moço?

— Aquele gordinho... Esqueci o nome dele... Acho que é Eurico...

— Euclides! – A outra completou. – Lembro bem do Euclides. Ele morreu?

— Menina, parece que ele foi encontrado morto nesta noite, de madrugada. A polícia foi chamada por um vizinho que sentiu um cheiro estranho. Como ele morava sozinho, ninguém ficou sabendo de nada.

— Mas morreu de quê?

— Não sei muito bem, parece que tomou um choque num eletrodoméstico.

— Eletrodoméstico? Um choque? Que horror! Devia ter algum fio desencapado, Não é?

— Parece que sim... um fio solto.

Dora se sentia completa. Tinha alguém ao seu lado que amava muito, que a fazia feliz. Em nenhum momento se arrependeu pelos votos de confiança que deu a Leo. Seu coração não estava errado, cada segundo ao lado do marido fazia valer a pena todo o sofrimento que passou. Os pais ainda eram resistentes, às vezes, mas cada dia menos.

Leo também nunca fora tão feliz. A vida foi muito irônica com sua família, que perdeu o filho mais idolatrado justamente para o lugar que mais os condenou. Mas ele não podia evitar, seu lugar no mundo era Flor de Lis.

Numa noite qualquer, com Dora aninhada em seus braços, quase adormecendo, ele chegou à seguinte conclusão:

— Sabe o que eu acho? Que todos os erros do meu pai, a investigação, minha vinda para cá, a chantagem no jornal, a festa, a Carmem... tudo isso só aconteceu para me trazer para esse ponto em que estamos. E ainda bem. Passaria por tudo de novo, se precisasse. Não poderia estar em outro lugar, que não fosse aqui, com você. Tudo faz sentido agora.

Dora não ouviu, já estava dormindo, mas, naquela noite, Leo sentiu paz. Se perdoou, perdoou os pais. Estava pronto para seguir sua vida.

[1 ª Edição, Agosto 2019]

Esta obra foi composta em Chronicle Text e impressa sobre
papel Pólen Soft 70 g/m² pela Artes Gráficas Formato,
para a Quixote+Do Editoras Associadas.

MISTO
Papel proveniente de
fontes responsáveis
FSC® C092828

PRINTED WITH
SOY INK